心理検査の
フィードバック

監修 **藤田和弘・熊谷恵子**
編著 **熊上崇・星井純子・熊上藤子**

図書文化

藤田 和弘

　本書では，「心理検査のフィードバック」について，知能検査に焦点を当てながら，基本的な考え方，主要な二つのフィードバックの方法（文書方式と面接方式），フィードバックの実際などを取り上げている。

　既存書にはみられないまったく新しい視点から，フィードバックに関する理論的根拠を踏まえて，臨床現場のリアリティに富んだ実践例が，幼児から小・中・高校生，特別支援学校に在籍する生徒，大学生に渡って詳述されているのが最大の特徴である。

　検査結果のフィードバックは，何よりも受検者（子ども）の支援に実際に役立つものでなければならない。それは，単に検査結果の伝達をするものではない。子ども自身の自己理解を深め，子どもを取り巻く支援者（保護者・教員等）の子ども理解とエンパワメントを促進するものである。それはまた，チーム支援につながる情報共有としてもとらえられる。子どものニーズと支援者のニーズに応えるフィードバックであることが重要なのである。

　こうした基本的な考え方に立脚すると，文書によるフィードバックでは，既存の検査報告書の形式だけでなく，子ども用，保護者用，学級担任用など，きめ細かい形式のシートの作成が求められよう。また，面接方式のフィードバックでは，面接者（検査者）と被面接者（子ども，保護者，その他の支援者）の関係を，情報の送り手と受け手という一方向ではなく，両者間の相互のやりとりとしてとらえ，対話を重視した進め方をすることが重要になる。被面接者が，①子ども本人，②保護者，③支援者（教員等）の場合で，また①＋②，②＋③，①＋②＋③の場合で，その進め方を工夫する必要がある。①＋②＋③の場合は，関係者間の連携と子ども参加型チーム援助の考え方（⇒44ページ）が不可欠になる。

　第7章では，幼児から大学生まで八つの実践例が詳しく取り上げられている。もちろん，これらの事例だけでフィードバックのハウツーがすべて網羅されるわけではないが，有益なヒントが提供されているので，読者には大いに役立つはずである。

　編著者の熊上崇，星井純子，熊上藤子先生は，専門家である検査者の目線だけではなく，子どもや保護者，非専門家の目線を何よりも大切に本書を編んでいる。また，本書の分担執筆者も臨床経験が豊かな人たちばかりである。

　おわりに，受検者の権利と検査の義務について，本書の中から筆頭編著者の熊上崇先生の言葉を引用して締めくくりとしたい。――心理検査（知能検査）は，本人がよりよい学校生活や社会生活を送るために受けるものである。検査の結果は本人のものである。知ることは受検者本人の権利であり，伝えることは検査者の義務である――

はじめに

編著者代表　熊上　崇

　本書は，おもに教育・学校分野における幼児から青年期までの児童生徒に対する心理検査（おもに知能検査）のフィードバック（結果の伝え方）について，その理念・倫理，報告書の書き方，専門用語の説明の方法，面接での留意点をまとめたものです。特にWISC-Ⅳ（対象：5歳0カ月～16歳11カ月）やKABC-Ⅱ（対象：2歳6カ月～18歳11カ月）などの認知・知能・学習に関する検査を中心に，実際のフィードバック面接やコンサルテーションの例についても豊富に紹介しています。

　おもな読者対象は，心理職をめざす大学生・大学院生と，臨床の現場で実際に検査者としてフィードバックの報告書作成や面接の実務を行う心理職です。

　では，なぜ，フィードバックについて時間をかけて学ぶ必要があるのでしょうか。これまで，知能検査に関する大学・大学院の講義（「心理的アセスメント」など）や検査法の講習会では，検査の種類や概要，実施手順，採点，解釈を学ぶことが中心でした。もちろん知能検査を正しく実施・解釈することは基本なのですが，その実施や解釈の結果を検査者だけが正しく理解していても，支援にはつながりません。保護者や学校の先生，ときには検査を受けた子ども本人にも適切に検査結果を伝えて，支援につながる理解に役立ててもらうことが重要です。

　ところが，熟練した検査者でも，「フィードバックする」「検査結果を伝える」という行為については，試行錯誤しながらよりよい方法を検討しているというのが現状です。検査技術はもちろんのこと，心理職としての高度な倫理観と技術がさらに求められています。

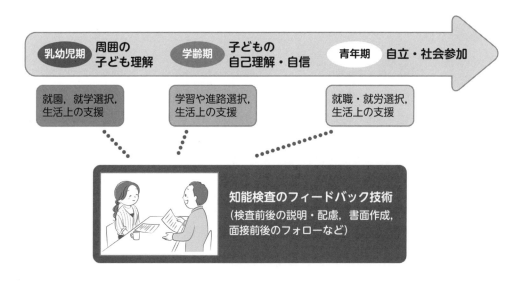

そこで本書は，次のような構成でフィードバックの検討を行いました。

　序章：保護者や教員等（フィードバックを受ける側）の視点から，知能検査に求められるものは何かをアンケート結果等をもとに検証しています。

　第Ⅰ部：基礎知識編（第1章～第4章）──第1章では，フィードバックの定義と，「何のために，だれのためにフィードバックをするのか」という心理職の倫理について詳述します。第2章では，フィードバックの2本の柱である「検査結果報告書」と「フィードバック面接」について，その基礎とプロセスを説明します。第3章は，フィードバックがどのようにチーム支援へ貢献できるか説明します。第4章では，フィードバックに関する歴史や研究について紹介します。

　第Ⅱ部：実践編（第5章～第7章）──第5章では，よりよいフィードバックにつなげるための検査の事前説明について実際例を示し，情報共有についての承諾書の試案も掲載しています。第6章では，フィードバックにおける報告書と面接の具体的な手順や方法について具体例をあげながら詳説します（第2章とセットで読むと理解が深まるでしょう）。第7章では，教育・司法・福祉の場でのフィードバックの実践例を紹介します。子どもの発達段階別に，①小学生，②中学生，③高校生，④特別支援学校高等部生徒，⑤就学前児童の保護者，⑥幼児の事例を取り上げました。⑦も小学生の事例ですが，チーム支援の動きに焦点を当てたので，第3章とセットで読むと理解が深まるでしょう。⑧の大学生の事例では，解釈のプロセスについてほかの事例より詳しくふれました。検査の数値と本人の情報から何を読み取るか，これを支援につなげるためには検査者の解釈の努力がいかに重要かを確認いただけると思います。

　第Ⅲ部：用語集──検査の専門用語を，検査の非専門家である子ども・保護者・学校教員等にどのように伝えるかについて検証し，「誤解なく正確に」「役に立つように」表現することをめざしてアイデアを示しています。

　巻末：一つ目に，「フィードバックに関する研修プログラム」について紹介し，研修を企画する際のポイントも示しました。二つ目に，読者の疑問・質問にお答えするコーナーとして「フィードバックQ&A」を設けました。

　本書のねらいは，知能検査を「子どもの自立と社会参加」により役立つものにしていくことです。読者のみなさんには，検査の情報が「この子どもや家族の人生にどのような影響を与えるか」をイメージしながら，さらに，子どもの発達段階（乳幼児期・学齢期・青年期）に応じながら，柔軟にフィードバックのあり方を工夫していただければと思います。

　「受けてよかった」「元気と意欲が出る」フィードバックをめざすことは，保護者や子どもたちをエンパワメントし，生涯発達をサポートすることになります。この積み重ねが，私たち検査者の研鑽にもつながっていくことでしょう。

contents

保護者・教員等は検査結果に何を期待しているのか

1 ｜ 保護者が検査に期待することとは

　心理検査者 (以下，検査者) として最も緊張する場面は，結果を子どもや保護者に説明するときではないだろうか。検査の採点を行い，何冊も参考書を読んで報告書を書き，いざ説明を，という場面である。

検査者：「本日は，お子さんが受けられたKABC-Ⅱの結果を説明します。まず，IQに相当する数値『認知総合尺度』ですが，お子さんは90ですので，平均より下ということになります。信頼区間は85から95です。次に，認知特性についてですが，お子さんは同時処理尺度が100，継次処理尺度が85で，同時処理尺度が高いので，全体的，統合的に情報を提示するほうが得意といえます」

保護者：(呆然とした様子)

検査者：「(しまった。何かまずいことを言ったかな？)継次処理が低いですが，気にすることはありません。(まずい，もっと励まさなくては……)学習尺度が比較的高いので，お子さんは一度記憶すると忘れづらいです。学校の先生に説明するときは，同時処理が優位なので，それを配慮してもらうとよいと思います」

　保護者はますます困った顔になり，「何かご質問は？」の検査者の言葉に，「いいえ，別に……」と言いながら立ち上がり，足早に面接室を後にした……。

　──以上は極端な例ではあるが，子どもの検査結果にショックを受けたり，保護者が困惑した姿で帰っていくのをみるのは，検査者にとってもつらい瞬間である。

　振り返ると，私たち検査者は，普段どのように結果を説明 (フィードバック) しているだろうか？　独りよがりな説明になっていないだろうか？　わかりやすく説明できているだろうか？　説明内容は子どもや保護者のためになっているだろうか？　そもそもフィードバックは何のためにやるのだろうか？　こうした問いが生まれたとき，まずは当事者の話に耳を傾けてみることが大切である。検査結果の説明を聞く側は，どのような思いをもち，どのような説明がほしいのか。それを知ることから検査結果のフィードバックのあり方を考えてみよう。つまり，**「検査者中心ではなく，受け取る側 (子ども・保護者，教員等)を中心にしたフィードバック」**とは何かを考えてみるのである。

1 検査に対する保護者の思い・願いとは

　ここで，心理検査（知能検査）の結果を受け取る側（保護者）の気持ちや検査者に対する願いをみてみよう。

保護者の思い・願い

1　知能検査を受ける動機について

（1）　診断名（ASDなど）はすでにあり，「一般的な」特性は理解できているけれど，うちの子の「独自な」特性は何かを知りたい。

（2）　子どもの具体的な長所と短所，得意・不得意を知りたい。

（3）　日常で具体的にどのように子どもにかかわると効果的なのかを知りたい。

（4）　他者（学校・関係者等）への説明を具体的にどうすればよいのかを知りたい。

2　知能検査の説明（フィードバック）を受けて残念だったこと

（1）　知能検査結果しか説明してくれなかった。

（2）　口頭での説明のみで資料（書類）をもらえなかった。

（3）　専門用語ばかりでわからなかった。

（4）　結果説明書などの形式が，（検査者によって）違う。

3　保護者からの願い

（1）　「みんなと比べてどうか」ではなく，わが子への対応が知りたい。

（2）　この子が生きていくために，親ができることを知りたい。

（3）　本人・保護者に具体的に理解できる言葉で説明してほしい。

（4）　保護者にできることを伝えて，その気にさせてほしい。

（5）　保護者のエンパワメントを向上させてほしい。

（6）　生活場面で具体的に活用できる基礎資料としてほしい。

（7）　ほかの支援者にも理解できる資料としてほしい。

（8）　子どもが一人でも生きていける力をつけられるよう，子どもの自己理解を促して対応力をつけられるような情報がほしい。

2018年，第27回日本LD学会での自主シンポジウム「心理検査の結果をどのようにフィードバックするか」における奥脇学氏（大阪LD親の会「おたふく会」）の提言より

　以上の内容から，保護者が検査者に求めているものは，「わかりやすく，具体的な説明で，保護者・子どもの理解を促し，元気・意欲が出るようにする」であることがみてとれる。また，検査の数値やその意味も大切だが，それ以上に，子ども独自の特性，得意・不得意，日常生活での具体的なかかわり方を，「口頭だけでなく，書面で伝える」ことが，保護者にとって安心できるフィードバックになることがわかる。

　一方，保護者が残念だったことの一つに「専門用語ばかりでわからなかった」があるが，専門用語を一般の人にわかりやすく説明することは，案外むずかしい。例えば，「IQとは

何ですか？」「信頼区間とは何ですか？」「IQは勉強すれば上がるんですか？」「認知特性とは何ですか？」と保護者から聞かれたら，どう答えるであろうか。保護者から質問してくれればまだよいが，9ページの例のように，保護者が「何を質問していいのかさえわからない」状態になってしまうと，ただ落胆したまま面接室を後にすることになりかねない。保護者にわかりやすい説明を行うためには，専門家向けの事典とはべつに，保護者など知能検査の非専門家に専門用語をわかりやすく説明するためのツールも必要となってくるだろう（⇒第8章用語集参照）。

さらに，検査のフィードバックに対する保護者の願いからは，保護者・子どものエンパワメントが何よりも大切なことがわかる。すなわち，フィードバックを受けたら元気や意欲が出て，前向きに行動しようと思えることを保護者は検査者に期待しているのである。「受けてよかった」と思えるようにしたいものである。

2 フィードバック後の保護者の感情と行動

次に，わが子が心理検査（おもに知能検査）を受けるに際して，保護者はどのような気持ちや感情を抱くのか，そのプロセスを追った研究を紹介しよう。熊上ら（2019）は，大阪LD親の会「おたふく会」の会員にグループインタビューを行い，検査を受ける状況や感情，その後について，12ページの図のようにまとめている。

検査を受ける前の状況は，子どもによってさまざまである。乳児期から発育の遅れなどで通院していた子どももいれば，学校や幼稚園・保育園などでの集団生活上の不適応を機に検査にいたった子どももいる。しかし調査からは，①検査を受けた年齢やそのときの状況よりも，検査を実施し，そのフィードバックを受けたときの，②保護者・子どもの感情と，③その後の支援へのつながりが大切であることがわかってきた。

フィードバックを受けて，保護者が「納得・気づき，喜び・安心，期待」などのポジティブな感情をもった場合は，結果に基づく指導や連携など，支援につながる行動が多くみられた。一方，保護者が「混乱，驚き・ショック」などネガティブな感情をもった場合は，検査の結果を覚えていなかったり，検査の結果を家族にも伝えたところ家族関係が悪化してしまったり，学校の支援が得られなかったりすることがあった。このように，保護者にネガティブな感情が生じ，それが子どものみならず家族や学校へ悪影響が多く及んでしまうとすれば，検査の実施・フィードバックは逆効果となる。

ただし，注意しなければならないのは，保護者に喜び，期待，安心などのポジティブな感情を無理やり抱かせるフィードバックが望ましいわけではないということである。結果によっては保護者に混乱やショックが生じることは自然であると，あらかじめ念頭におく

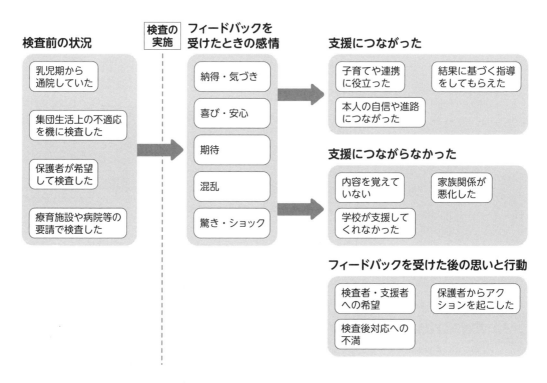

フィードバックを受けたときの保護者の感情と支援との関係

ことが，検査者にとって大切だということである。仮に保護者に混乱やショックが生じても，そのことで家族関係が悪化したり，学校の支援が乏しくなるのを防ぐことが重要である。それゆえ検査者には，子ども・保護者の代弁者（アドボケーター）となるべく，保護者の驚きやショックを代弁するような気持ちで検査結果報告書を作成し，混乱の中にも希望や期待がもてるフィードバックを行うことが求められる。

　このように考えると，フィードバックは単なる検査の結果説明という一場面ではなく，子ども・保護者の今後の意欲を左右する重大なイベントだといえよう。

　保護者が検査の結果を聞きに来るときには，「結果が悪かったらどうしよう」と不安感を抱いているものである。しかし，検査結果は子どもの姿を表すものであり，悪いものでもよいものでもない。大阪LD親の会の方々が述べているように，結果はこれからの支援のスタートツール，共有のための「資料」であり，具体的な指針である。検査者は，このような保護者の感情や願いを心に留めて，フィードバックの口頭説明や書面作成，具体的指針の作成を行いたい。

〔序章1節　引用参考文献〕
・熊上崇・熊上藤子・熊谷恵子（2019）．心理検査のフィードバックを保護者はどのように受けとめているか
　―親の会へのインタビュー調査の分析―，K-ABCアセスメント研究，21, 25-33.

私たちが検査に求めるもの　～保護者の立場から～

奥脇　学（大阪LD親の会「おたふく会」副代表／㈲奥進システム代表取締役）

「お子さんが受けた検査の結果は，こちら（機関・園・学校等）で把握すればよいことですので，親御さんは知らなくていいんですよ。内容も専門家向けですので」。

——ひと昔前は一様にこう言われたものです。知能検査を受けても，本人・家族には結果を教えてもらえない。「何のために受けたのか」と私たち保護者はため息をついたものです。

現在は，「結果の説明はなかった」という話はあまり聞きませんが，「結果説明が書面か口頭の片方だけだった」という話はよく聞きます。書面だけでは，疑問があっても質問できませんし，口頭の説明だけでは，メモはとれても大方の内容は忘れてしまう人が多いと思います。ですから，検査の結果は，報告書と口頭をセットにしてフィードバックしていただけると，子ども本人と私たち保護者は大変助かります。その際，検査者の先生方には，わかりやすい言葉で，本人や家族が日常でできることを具体的に教えていただきたいです。

また，保護者の多くは，自分の子どもの得意・不得意は大方把握している一方で，不得意なことの背景にある脳機能の特性等については理解していません。このことは，「何度も言っているのにどうしてできないの？」などと，子どもをしかってしまうことの一因にもなっています。子どもをしかったあとは，保護者も落ち込み，ストレスが大きくなりますし，しかる行為が日常化すれば子どもの二次障害の要因になります。ですから，検査のフィードバックでは，その子の苦手なこととそれを補う具体的な方法とあわせて，「なぜそうなるのか」というメカニズムもできるかぎり教えていただきたいのです。そうすれば，保護者は納得でき，子どもに無理強いしたり，むやみにしかったりしなくて済むと思います。

子どもの特性とその背景，具体的な対応策を保護者が理解できれば，周りの支援者と情報を共有することができ，子どもの支援がスムーズにいくようになるでしょう。また，子ども自身が自分の特性を理解して，不得意をリカバリーする術を身につけ，周りにもそれを理解して協力してもらえるようになれば，子どもが社会を生きていく道筋がみえてきます。

「幸せに生きてくれますように」——これは子どもが何歳であっても親の変わらぬ願いですが，子どもの発達段階によって知能検査への期待は変わってくる印象があります。学齢期には進学のこともあり，「いかに学力をつけるか」に親の関心が向かいがちですが，年齢が上がるにつれ「本人が自身の尊厳を守りながら，対応力をつけて生きていくにはどうしたらいいか」にシフトしていきます。検査者の先生方には，子どもと保護者のニーズに応えつつ，エンパワメントにつながるフィードバックをしていただければと思います。

2 ┊ 教員（学校）が検査に期待することとは

　近年，子どもたちが，医療機関や地域の教育センター等で，心理検査（おもに知能検査）を受検する機会が増えている。その結果が，保護者を通じて学校に伝えられたり，学校に送られてきたりすることも少なくない。けれども，その結果を受け取る教員たちの多くは，保護者と同様に検査の「非専門家」である。

　本節では，検査の結果が教育場面でさらに活用されるために，学校の現状を押さえたうえで，教員が検査にどのような期待をしているかを考えてみたい。

1 なぜ，検査結果は学校の金庫で眠ったままになるのか

　ある特別支援教育の巡回相談員が，「気になる子がいる」と学級担任から相談を受けたときのことである。小学校2年生のカオルさん（仮名）は，1年生のとき，読み書きにやや苦戦し，2年生となった現在は，かけ算の九九が覚えられずに，学習意欲が低下しつつあるという。

相談員：「カオルさんのこれまでの指導や支援，検査等の記録はありますか？　例えば就学前の様子がわかる就学支援シート，1年生時の指導記録，また，どこかで知能検査を受けたことがあれば，その記録とか……」

担　任：「そういえば，カオルさんは幼稚園のころ療育機関に通っていたと聞いているので，入学前に検査を受けていたかもしれません。でも，記録は大事な個人情報なので，校長室の金庫に保管されていて，今日は校長が不在なので見ることはできません。私は入学前にその記録を見ましたが，詳しい内容までは記憶していません。……でも，ちょっと待ってください。入学当初から気になることが多かったので，メモ程度ですが簡単な記録を残してあります」

　──担任の先生は，忙しい中でもカオルさんの学習面でのつまずきの内容について，入学当初から現在までの記録を残していたため，それらをもとに経過を伝えてくださった。しかし，入学前に苦労して作成されたであろう就学支援シートや検査の報告書は，小学校での指導・支援には生かされていない様子であった……。

　このようなエピソードが，けっして稀ではないのは，なぜだろうか。

　児童生徒の個人情報は，紛失や不適切使用を避けるため卒業まで校内で厳重に管理されていて，たとえ保護者の同意が得られている場合でも，学級担任などが容易にアクセスで

きないことが多い。そのため，検査結果を子どもの支援に具体的に生かすためには，支援関係者が必要とするとき，適切に情報共有できるための校内システムづくりが大切になる。さきの例でいえば，「校長不在時には，教頭や特別支援教育コーディネーター等が一定の条件（例えば，職員室内で閲覧簿への記載等）により記録を見られる」といった校内ルールが設定されていれば，スムーズな支援につながるだろう。

　また，多忙な学校現場では，情報にアクセスできる場合でも，検査の報告書は一読されるだけで活用されないケースも少なくない。例えば，「全検査IQが70台では通常学級では支援がむずかしくなってくる。通常の学級の中では特別な配慮は無理ではないか」とか，「言語理解が高いから，会話や全体指示には問題がないはずだ」などと，数値を確認するのみで，その後は大切に金庫に保管してしまうということもある。

　検査の報告書が，「子どものよさ（長所）を指導・支援にどのように生かせるか」を考えるために，日常的な支援者同士の話し合いにおける客観的資料の一つとして，具体的に活用されるまでにはいたっていないのが現状である。

　しかし，このような状況は，学校だけに要因があるとはいえない。教員からはこんな話を聞くこともある。

　「報告書には弱い部分のみの記述が多く，具体的な支援方法の記述が少ない。例えば，『生活や学習で○○の困難が予測されます』と書かれていても，どんな配慮をすれば困難の回避や軽減につながるのかといった提案がない。そのため，あまり参考にはならず，一読後は保管資料となり，その後，ほとんど見ることはない」

　報告書を読む当人にとって有益な情報が書かれていなければ，保管資料として金庫で眠ったままになるのは当然といえるだろう。

　通常学級の担任も，特別支援学級の担任も，日々多くの児童生徒の学習指導に加え，生活指導など日常の支援までを行っている。学校の教員たちは，限られた時間の中で，今困っていることの背景や対処方法のヒントとなる情報など，明日から活用できる有効な具体的情報が提供されることを検査報告書に期待しているのである。

2　検査報告書に対する教員の期待と課題点（アンケート結果から）

　次ページのアンケート結果は，都内のある地域で，小学校の特別支援教育に携わる教員（特別支援学級担任や特別支援教育コーディネーター等）約30名に筆者（星井）が依頼した調査（2018年実施）から得られた，知能検査報告書に関するアンケート結果である。

　アンケート回答者は一定の研修を受けた特別支援教育に携わる教育者であるが，検査に関する専門性を有していないことを前提に，後述の分析をお読みいただきたい。

検査報告書に関する教員へのアンケート結果

1　心理職が作成した知能検査の報告書に対して，日ごろ感じていること

支援に生かせる点（自由記述）

・子どもの能力の目安がわかる。

・子どもに対してもっているイメージと違う結果が出るときがあり，新たな発見がある。

・数値化されていてわかりやすい。

・手だてなど指導につなげられる様子の記述があり，わかりやすい。

・子どもの知らなかった力や苦手な分野がわかるなど，見取りを確認できる。

支援に生かすための改善点と要望（自由記述）

・苦手部分の下位検査内容を具体的に知りたい。

・作成者の記述内容によっては，子どもの困り感や支援が思い浮かびにくいことがある。

・検査結果からわかったことや提案などの総合所見が大切なのに，その部分が少ない。

・作成者によって内容の質が異なり，わかりにくい報告書もある。

・子どもの特性を理解するために有効なものであると思うが，実際には就学時の判断に使うデータ以外には日常的にあまり活用できていない印象がある。

・実際の姿と結果に差があると支援の方法に困る。

・保護者用と指導者用があるとよい。

2　報告内容が支援にかかわるチームで共有されたか

・過半数以上が，すべてまたは概ね「共有された」との回答であった。

・共有されなかった場合の理由として，「校内委員会があまり機能せず，特別支援教育に対する理解が少ない学校では共有がむずかしい」という回答があった。

3　報告書に使用された用語は理解できたか

・回答者の過半数が用語について理解していたが，「わかりにくい用語もあった」という意見もあった。例：「同時処理や継次処理という言葉はしばしば耳にするが，実際にはよくわからない」「『長期記憶と検索』の具体的な意味がよくわからない」

4　報告書をみて考えたこと（自由記述）

・今後の指導・支援・環境調整等を検討する資料になりそうだ。

・これまでの指導・支援等を見直すきっかけになった。

・子どもの弱いところ（苦手）がわかり，配慮の必要性を感じた。

・子どもの強みがわかり，活用していこうと感じた。

・在籍学級担任にも生かしていただかなければ，と思った。

・強みに関する報告が少ないので増やしてほしい。

5　報告書を踏まえて，今後取り組んでみようと考えたこと（自由記述）

・強い（得意な）やり方ができるよう，子ども・保護者や関係者と一緒に考える。

・強い（得意な）やり方ができるよう，言葉かけをしたり，環境を整えたりする。

・弱い（苦手な）ところに配慮し，負担を少なくする。

・弱い（苦手な）ところを自分で補う方法を考えさせる。あるいは，自分で補う方法を一緒に考えたりヒントを教えたりする。

・個別の指導の場だけでなく，在籍学級担任にも具体的な配慮をお願いし実施してもらう。

● **アンケート回答者と回答内容・結果についての補足事項**

・近年，特別支援教育のニーズの増加に応じて，特別支援教育に携わる経験年数の少ない教員数が増えている実情があり，本アンケートの回答者の多くは経験年数5年未満である。

・回答者の一部にベテランの教員も含まれているが，回答内容に大きな相違はみられなかった。

・近年の特別支援教育従事者は若手教員が多くを占めている実態から，回答結果は学校現場の実情ととらえてほぼよいと思われる。

・今回のアンケートの回答者に，通常の学級の担任は含まれていない。

(1) アンケート結果からみえてきた課題点

① 見聞きしていてもわかりにくい検査用語

　特別支援教育にかかわる教員の中には，知能検査の研修を受けたり，自主的に講習会・研究会等に参加したりするなどして，学習している人も増えている。また，特別支援教育コーディネーターには，教員経験年数にかかわらず，特別支援教室担当者や特別支援学級担任が指名されることが多い。このアンケートに回答した教員たちも，そのような立場で校内の支援を要する児童の入級や入室にかかわり，知能検査の結果を確認したり活用したりする機会が多いと思われる。

　しかし，アンケート結果では，「報告書の用語について理解していた」という回答者が過半数にのぼる一方で，「わかりにくい用語もあった」という意見もみられた。検査者は，フィードバックの相手が専門性を身につけていると思われる場合でも，情報共有の際に専門用語を多用することは避けるべきであろう。

② 検査報告書の「質のバラツキ」

　教員が検査報告書の内容にどのような印象をもっているかについては，「数値として示されるため，客観的に子どもの力がわかる」といった肯定的意見がある一方で，「報告書の作成者によって，わかりやすさや具体的な活用のしやすさなどに差がある」と，報告書の質にバラツキがあることがアンケートで指摘されている。

　ただし，報告書を作成する検査者の多くは学校外の心理職であることが多いため，「子どもの日常の実態に関する事前資料が少ない中で報告書を書いている」という実情がある。そのため，「報告書から読み取った児童生徒の特性を生かして，実際の指導や支援を展開するのは，教員の専門性である」と，役割分担の必要性を指摘する検査者もいる。今回は検査者（報告書作成者）の視点については調査できていないが，検査者の立場に立つと，このような主張があることも理解できる。情報をつなぐために，互いの専門性と役割に対する理解と尊重のもとに歩み寄ることが重要になるであろう。

③ 検査や用語に生じる誤解

　従来に比べて知能検査の実施は増えており，特にWISC-Ⅳは，多くの自治体の就学支援委員会の資料として使用されていることから，各指標の名称やおおよその意味が認知さ

れてきている。しかしその一方で、「WISC-Ⅳのみで子どもの情報がすべてわかる」と認識されている場合があるなど、誤解も少なくない。また、WISC-Ⅳでは、「全検査IQ、言語理解指標、知覚推理指標、ワーキングメモリー指標、処理速度指標」のほか、「一般知的能力指標、認知熟達度指標」といった幅広い解釈に必要な情報が得られるが、このような指標名のイメージが一人歩きしているケースも見受けられる。

　例えば、「この子は言語理解指標が高かったので、年齢よりもむずかしい言葉を用いて説明しても理解できるだろう」「処理速度が高いのに支度が遅いのは甘えているからだ。もう少し厳しく注意して自覚を促そう」などと、誤った解釈のもとに子どもの実態を置き去りにした指導が行われ、子どもや保護者が混乱し、行き詰ってしまうことがある。

　こうした誤解を生まないためも、検査者は教員に対して情報を的確に伝えることが重要になる。情報共有の相手が通常学級の担任であればなおさら、多くの教員は知能検査の非専門家であることを念頭に置き、むずかしい専門用語を用いずに、検査結果をわかりやすく、具体的なイメージをもてるよう説明することが求められる。

3　さまざまな立場の人々と情報共有するために

　このように、検査報告書は「専門的知識がある関係者だけが読むもの」という従来の認識は薄くなっている。今後は、保護者や教員をはじめとする非専門家や、多様な支援者の存在を想定して報告書を作成することが求められる。

　天気予報を例にすると、「今日は午後から雨が降る」という同じ情報に接しても、「帰りは夕方なので折り畳み傘を携帯しよう」「自転車のカゴにカッパを入れておこう」「傘は失くす心配もあるので、多少濡れてもよいから持たずに出かけてしまおう」などと、その人の持つ雨具の種類やその日の予定、濡れてもよいと思える程度などによって、情報の受け止め方や対策の立て方は異なる。同様に検査の結果も、支援者の理解度・立場・考え方は多様なので、その受け止め方や対策の立て方が各人異なる可能性がある。

　したがって検査者は、検査中の行動観察記録から得られた情報や相談内容（主訴）、背景情報など、それらを総合的に解釈した内容を報告書に盛り込み、フィードバックを受けた人が、数値のみにとらわれず、情報を多面的に判断できるように結果を伝えることが求められる。検査報告書の読み手・フィードバックの聞き手の立場や理解度によって、内容や記述方法、口頭での伝え方等、書式モデルを活用し、地域や受け取り手の実態に即して対応できる柔軟性が、これからの検査者には必要になるだろう。

第 I 部

基礎知識編

フィードバックの定義と倫理

1　本書におけるフィードバックの定義

1　フィードバックの定義

⑴　アメリカ心理学会におけるフィードバックの定義

　心理職の現場である医療や福祉・教育・司法，産業の分野で「心理検査（おもに知能検査）のフィードバック」といえば，「検査の結果の説明」というイメージであるだろう。しかし，はたしてそれだけだろうか。アメリカ心理学会（American Psychological Association，以下APA）の『心理学大辞典』によると，フィードバックとは，「相互作用のある要素が，その相互作用を維持・増幅，あるいは修正するプロセス」とある。フィードバックには，正のフィードバックと負のフィードバックがあり，正のフィードバックは「相互作用パターンの増幅・再編成」をするものであり，負のフィードバックは，修正・改善しながら「相互作用パターンの維持・安定」をするものである。また，フィードバックとは，「人やグループの行動やパフォーマンス，特に修正したり改善したりすることを目的として提供される情報のこと。提案が伴うこともある」と記載されている。

　この定義によると，フィードバックとは，一方通行ではなく相互作用であることがわかる。検査の結果について伝える人と伝えられる人という上下の関係ではなく，対等な関係性の中で，検査を受けた人が自ら状況を安定させたり検査者が改善や再編成を手伝ったりという「相互作用」であり，その中に「情報提供」や「提案」が含まれるといえよう。

　フィードバックとは，検査者が受検者に一方的に行うものというよりは，検査者と受検者との対話から始まり，その過程で必要となる情報提供や提案を検査の結果から築き上げていくものであるというイメージがわいてくる。

⑵　本書におけるフィードバックの定義

　APAの『心理学大辞典』のフィードバックの項目には，さらに「訓練生に提供される

フィードバックはトレーニングの指導のうえで重要であり，他者に自分の行動がどう解釈されるかを知覚することが困難な個人にも役立つもの」とある。スポーツや学業，仕事などのトレーニングを受ける人へのアドバイスにあたって，その人自身が気づきにくい特性の理解を促す，すなわち，フィードバックには，「自己の特性理解」への支援という側面もあることがわかる。

また，APAの『心理学大辞典』には「フィードフォワード」という項目もあり，「問題を未然に防ぐように，個人や集団・製品・システムのパフォーマンスを予測するために使われる情報」と説明されている。すなわち，「フィードフォワード」には，「フォワード（前）」という字義どおり，未来や将来のことを予測するという意味合いがある。

実際の検査のフィードバックの話題には，過去のことだけでなく，将来に起こる可能性のある出来事への対処法に関する対話や提案・アドバイスも含まれる。むしろ，受検者の関心が高いのは，過去のことよりも将来・未来のことである。本人や家族等が，これから直面する課題に対してどう向き合えばよいのか，それを共有することが検査を受ける目的でもあるからである。

そう考えると，検査のフィードバックといっても，実際には過去の行動の背景・原因を探る「フィードバック」と将来・未来への展望や対処を語る「フィードフォワード」は共にあるものとも考えられる。そこで本書では，検査のフィードバックを以下のように定義する。

> **本書における知能検査のフィードバックの定義**
>
> 検査者と受検者（家族・支援関係者を含む）が，対等な関係のもと，相互に対話をする中で，受検者が自分の特性について理解しつつ，過去の行動や状況の背景を知り，未来の出来事によりよく対処していくために，両者が協働して提案をしていくこと。

---

2 フィードバックの構造

フィードバックの構造については，「だれが（who），だれに（whom），何を（what），どのように（how）行うか」という要素が藤田（2019）によって示されている。筆者（熊上崇）は，これにフィードバックの基本姿勢として，「何のために」をつけ加えたい。

(1) 「何のために」は検査者の基本姿勢

フィードバックは，「何のために」実施されるのか。これはフィードバックの倫理・理念に関することであり，すべての検査者に問われる基本姿勢である。「フィードバックが受検者のために行われることは当然のこと」と思われるかもしれない。しかし，実際には，

障害の程度や知的能力の判定，司法上の裁判や処遇・判定，産業分野における復職の判定など，本人ではなく「第三者側のニーズ」で検査が行われる場合も少なくない。こうした場合，フィードバックの実施も，検査者側の都合によるものになりがちである。しかし，このようなケースでも，最終的に検査は受検者の将来の幸福・安定をめざして行われるものであり，フィードバックも受検者の権利であるという倫理・理念を押さえておくことが大切である（検査者の倫理と受検者の権利の詳説は次節参照）。そのうえで，実際の場面に即して，「だれが，だれに，何を，どのように」フィードバックを行うのかを整理する必要がある。

(2) フィードバックの構造

フィードバックの構造

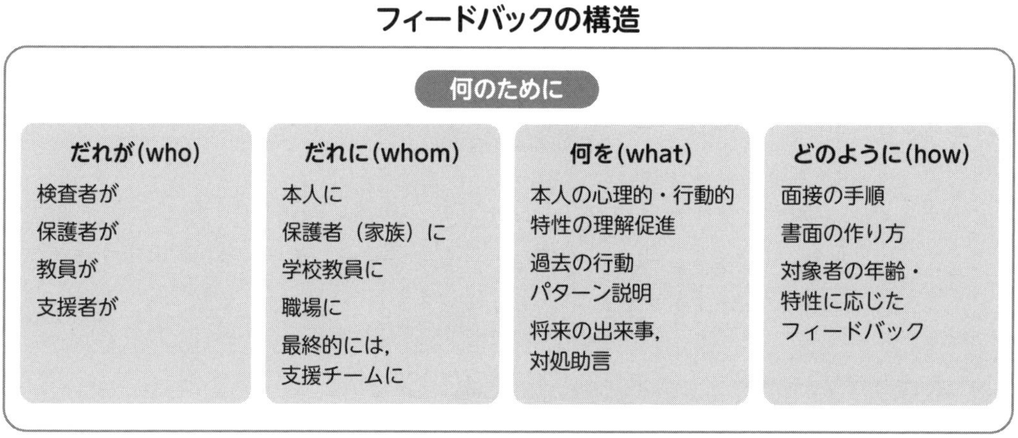

藤田（2019）を参考に筆者（熊上）が図に構成

図 1-1 フィードバックの構造

　このように，フィードバックの実施にあたっては，まずは「フィードバックを何のために行うのか」という基本姿勢を確認したうえで，上記の構造（図1-1）に即して具体的なフィードバックの手順を考えていく。検査者が直接本人に説明するのか，保護者に説明するのか。あるいは，学校の教員や関係者に説明するのか。また，検査結果を本人に説明するとすれば，本人に対して，面接をどのように行うのか，検査結果を伝える書面はどのように作成するか，その際，本人の認知特性に合わせるためにどのような工夫をすればよいか……。こうした事前の設計を行うことによって，受検者の幸福や意欲につながるフィードバックが行われると考えられる。

※なお，藤田（2019）は，フィードバックを「だれに」行うかについて，受検者本人だけでなく，保護者や学校の教員等の支援者も対象に含まれるとしている。それにより，子どもを取り巻く支援チームの形成が促進される。

> **検査のフィードバックの意義**
>
> 検査のフィードバックとは単なる検査結果の伝達ではない。受検者の自己理解を促進し，過去・未来について思考・想像する素材となるものであり，チーム支援の基礎となる情報である。

3 フィードバックの位置づけ

次に，フィードバックの位置づけについてみてみよう。「フィードバックは知能アセスメントのプロセスの一つである」(Pope, 1992) とみると，図1-2に示したように，フィードバックは，検査実施，採点・解釈，支援計画作成に続くプロセスに位置づけられる。

このフィードバックが，今後の支援の成否を左右するといえる。

フィードバックによって，子どもや保護者，学校関係者等の支援者に支援の道筋がわかれば，意欲をもって支援を行うことができる。一方，フィードバックがうまくいかなければ，的確な支援につながらないばかりか，子どもの意欲を低下させてしまうことすらある。

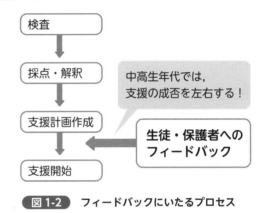

図1-2 フィードバックにいたるプロセス

また，「面接のときは緊張してしまって，検査結果の内容についての説明は，ほとんど覚えていない」という受検者・保護者は少なくない。これほどの緊張感に加えて，フィードバックが口頭のみであれば，説明を「ほとんど覚えていない」のも無理はないだろう。これでは，「何のために」実施されたのか，意味をなさなくなる。たとえ，文面での説明があった場合でも，当人にとって説明が難解で理解できない場合や，何をしていいのか具体的な内容が示されていない場合には，当人はもとより，保護者や教員はどのように子どもにアドバイスや教育をしていけばよいのかわからず，支援につながらない。

検査者は，フィードバックは知能アセスメントにおける欠かせないプロセスの一環であることを自覚して，以下の点を念頭に置いておきたい。

> **検査者の心得**
>
> 検査のフィードバックは，「実際の支援」に役立てるためのものである。
> 検査者は，「フィードバックがその後の支援の成否を左右する」と心得て，臨むことが肝心である。

2 検査者の役割と倫理

1 フィードバックに関する基本的な倫理

(1) 米国にみる「受検者の権利としてのフィードバック」

　子どもが心理検査（おもに知能検査）を受けた保護者からは，検査結果の説明で残念なこととして，「口頭での説明のみで資料（書類）をもらえなかった」という声が聞かれる（⇒10ページ）。ではなぜ，検査者は口頭のみの説明で，書面にして渡さないのだろうか。その理由として，「書面にしてしまうと責任が生じてしまう」「保護者等の非専門家向けの書類を作成したことがない」「学校関係者等に，書類がどのように使われるかわからない」といった不安が検査者にあるからではないだろうか。検査者がフィードバックに消極的になってしまう気持ちも，わからないわけではない。

　そこで，フィードバックの倫理に関する論文としてよく取り上げられる，「フィードバックはサイコロジストの責務である」（Pope, 1992）を紹介する。ここでPopeは，フィードバックは「心理アセスメントのプロセスである」とし，「検査の中の欠かせない要素である」と述べている。さらに，フィードバックの役割として，「過去ではなく未来に向かう」「（クライエントの）危機への対応方法を伝える」と述べ，そのためには「記録化，書面化，フォローアップ」が必要であると論じている。

　次に，学会や関係する法律からフィードバックの倫理に関する項目をみてみよう。アメリカ心理学会（APA）は，その倫理綱領9.10の「explaining assessment results」（APA, 2010）にて，「サイコロジストは，個人あるいは指定された代理人に対して結果の説明が与えられることを保証する」と記している（水野，2006）。アメリカ心理学会でも，「検査を受けた人には，フィードバックを受ける権利がある」と考えているのである。

(2) 日本における倫理基準とは

　検査者としての指導を受けても，初心者のうちは，検査のプロセスのうち，検査の実施や採点，解釈をするだけで精一杯であろう。しかし，検査を受けた子どもやその保護者，教員等の支援関係者にとって大切なのは，検査の結果そのものよりも，その結果がどのような意味をもつものであり，どう受けとめればよいかが具体的にわかること，そして，子どもの特性がわかることである。これらを受け取り手にわかりやすく伝えることによって，

支援や療育への意欲が高まるという心理的効果の側面も見逃せない。

　日本公認心理師法（2015）にはフィードバックに関する条文はないが，第42条では，「公認心理師は（中略）保健医療，福祉，教育等が密接な連携の下で総合的かつ適切に提供されるよう，これらを提供する者その他の関係者等との連携を保たなければならない」と，多機関連携がうたわれている。ここでは，おもに専門家同士によるフィードバック，アセスメント情報の共有が想定されていると考えられる。ただし，公認心理師法では，本人や保護者の権利とまでは位置づけられていない。

　受検者の権利としてのフィードバックについて踏み込んでいるのは，「特別支援教育士倫理基準」（特別支援教育士資格認定協会，2009）である。第3条4項では「アセスメント結果に関する情報を求められた場合は，情報を伝えることが対象者の利益になるよう，受取手にふさわしい用語で伝えなければならない」と記載がある。検査者には，子どもやその支援者の利益として検査結果をフィードバックすることが求められているといえる。

　また，心理検査（知能検査）は医療・福祉・教育分野だけでなく，司法分野でも行われているが，発達障害者支援法の改正（2016）では，「司法手続きへの配慮」（12条2）が新設され，「国及び地方公共団体は，発達障害者が，刑事事件若しくは少年の保護事件に関する手続その他これに準ずる手続の対象となった場合（中略）個々の発達障害者の特性に応じた意思疎通の手段の確保のための配慮その他の適切な配慮をするものとする」と記されている。このことから，司法領域においても，対象者にフィードバックを行うことは，合理的配慮の一つとして想定されていると考えられる。いずれにしても，検査者の基本的な倫理として，フィードバックを以下のようにとらえておきたい。

> **検査者の基本的な倫理**
> 　検査のフィードバックとは，実施するかしないかを，検査者や検査実施機関側が決めるものではなく，検査を受けた人の権利である。フィードバックの過程では，受け取り手に理解しやすく，わかりやすい言葉で，その人の役に立つように実施することが求められる。

2　検査は何のために行うのか，結果はだれのものか

　読者も健康診断を受けたことがあるだろう。診断結果は直接伝えてもらうことにより，今後の健康維持について考えるきっかけになる。例えば，コレステロール値が高ければ，適度な運動や食生活の改善が必要であるが，診断結果を書面で渡されるだけよりも，保健師や管理栄養士の面談がセットになっているほうが，具体的な生活習慣のアドバイスなどももらえて生活改善への意欲が高まる。しかし，健康診断の結果が検査を受けた本人に知

らされず，医療機関や学校，勤務先などの組織だけが知っているとしたら，どんな気分になるだろうか。「自分の健康診断の結果は当然教えてほしい。そのうえで，生活習慣改善のためのアドバイスを受けたい」と考えるであろう。

　ここで問いたいのは，「検査は何のために行うのか，検査結果はだれのものか」ということである。緊張しながら検査を受けた本人や保護者は，不安と期待の中でその結果を待っている。それなのに，フィードバックが抽象的であったり，記録や記憶に残らないものであったりしたら，「何のために検査を受けたのか」と落胆するであろう。

　あなたが受けた健康診断は，所属組織のために行われるのではなく，あなた自身の生活のためであり，健康診断の結果も，あなた自身のものである。同様に，心理検査（知能検査）も，学校や組織のためではなく，検査を受けた本人のために実施されるものであり，その結果は，学校や組織だけに知らされるものではなく，本人に知らされるべきであり，本人のためのものであると考えるべきであろう。なぜならば，心理的・教育的支援の主人公はあくまでも検査を受けた本人であり，本人・保護者等に対して，知能検査，認知検査の結果や心理的側面の状況を伝え，その特性に応じた具体的な支援方法を示すことが，本人のよりよい学校生活や社会生活に資すると考えられるからである。

　「フィードバックは何のため，だれのものか」は，検査の基本的倫理・姿勢にかかわるものである。フィードバックが子どもにどのような影響を与えるかを想定し，検査結果の数値をどこまで伝えるか，専門用語を安易に用いずにどのようにわかりやすく説明するかといった検討を事前に行うことである。それによって，例えば，言語理解力が高い高校生であっても，数値による評価に固執してしまう場合には，数値の代わりに折れ線グラフを示し，個人内差を強調するといった配慮ができるのである。

受検者の権利と検査者の義務

　心理検査（知能検査）は，本人がよりよい学校生活や社会生活を送るために受けるものである。
　検査の結果は本人のものである。
　知ることは受検者本人の権利であり，伝えることは検査者の義務である。

3　「受けてよかった」と思えるために

⑴　「受けてよかった」と思えるフィードバックの要素と検査者の技術

　特に，子ども本人に対して行うフィードバック面接は，うまくいけば子どもの学習や生活の改善，成長につながる。その一方で，不適切なフィードバックが行われると，子どもを傷つけ自信を失わせる可能性があることも，十分自覚しておきたい。

　また，フィードバックにあたって，初心者のうちは，えてして受検者のたりない点，できないこと，標準からはずれている点を指摘しがちである。例えば，「○○さんの言語理解はほかの能力に比べて低いので，なるべく本を読んだり，書いたりしましょう」というフィードバックをしたとしても，そもそも読み書きが苦手な子どもが，改めて自分の短所と向き合うことになってしまう。ほかの子どもと比較してできない点の指摘を受けて負の経験が蓄積しているのに，さらに欠点や短所のみを指摘されると，検査に対する嫌悪感や拒否感，さらなる自信喪失につながってしまうであろう。したがって検査者は，子どものニーズとともに得意な能力をも見立て，後述する「長所活用型指導」（藤田，熊谷，熊上，小林，2016）を提案することによって，子どもの意欲を喚起するフィードバックとなるよう，周到な準備が求められる。

　検査を受ける子どもは，学業や日常生活への困難を抱えて自信を失い，場合によっては周囲の大人への不信感を抱いている状態のこともある。このような困難状況の中で，子どもが「検査を受けてよかった」「フィードバックを受けてうれしくなった」と思えることが，困難状況下での一筋の光となるかもしれない。では，「受けてよかった」と思える理由は何か，その中身をみてみよう。

- ・検査結果が見やすく，理解しやすいこと。
- ・検査結果の説明が，わかりやすいこと。
- ・自分の特性がわかること。
- ・自分の短所だけでなく，長所，強みがわかること。
- ・どうすればよいか，具体的な方法のアドバイスがあること。
- ・あたたかい雰囲気で，守られているように感じること，など。

大きく分けると以下の三つが満たされると，「受けてよかった」と思える検査になる。

受検者がフィードバックを「受けてよかった」と思えるための要素

① 自己理解の促進
② 道具的なサポート（具体的支援策）
③ 情緒的なサポート（心のサポート）

そのために検査者に必要な技術として，以下の四つがあげられる。

検査者に必要な技術

① 基本的な面接技術
② フィードバックに関する面接技術
③ フィードバックに使う書面の作成方法
④ 具体的な支援策のアイデア

⑵ 心理アセスメントの基本原則

フィードバック書面の作成方法や面接の具体は後述するが，ここでは基本原則を確認したい。

「受けてよかった検査，フィードバック」とは，「自分の短所に気づくだけでなく，よいところをみてくれて，評価してくれる」ことである。

フィードバックのプロセスの中では，「本人の苦手なことや弱点」を伝えることも必要であるが，より重要なのが「本人の得意なところ，強みを見つけ，それを生かす方法を考える」ことである。だれしも自分の苦手なことばかり指摘されると，それだけで気分が落ち込んでしまう。普段から自信を失っている子どもが，ますます元気をなくすようなことになれば，何のために検査をしたのかがわからなくなってしまう。

フィードバックでは，自己の特性理解につながる情報，その中でも「自分の強み」を客観的に示すことが大切になる。さらに，こうした「強み」に焦点をあて，「強み」を生かして学習を行うことができるように支援することが大切である。これが「長所活用型 (Strength oriented) 指導」である。

この逆が「短所改善型指導」である。これは，苦手な部分をトレーニングしようという考え方である。この方法は，もともと自信を失っている子どもの自己肯定感をさらに低くしてしまう可能性がある。検査者の基本的な姿勢は，あくまで "Strength oriented" である。これにより，本人にとって検査結果がもらってうれしいものになれば，支援の第一歩を検査者とともに踏み出せるのである。

心理アセスメントの基本原則

受検者が「受けてよかった」と思えるためには，「長所活用型支援」に基づく，自分の強みがわかるフィードバックが重要になる。

〔第1章 引用参考文献〕
・G.R.ファンデンボス監修，繁枡算男・四本裕子監訳 (2013)．APA心理学大辞典．培風館．
・藤田和弘 (2019)．指導方略と学習方略—KABC-Ⅱアセスメントと関連づけて—，KABCアセスメント研究，21，15-24．
・藤田和弘 (2019)．「継次処理」と「同時処理」学び方の2つのタイプ—認知処理スタイルを生かして得意な学び方を身につける—．図書文化社．
・Pope, K. S. 1992. Responsibilities in providing psychological test feedback to clients. *Psychological Assessment*, 4 (3), 268-271.
・Ethical Principles of Psychologists and Code of Conflict.
http://www.apa.org/ethics/code/ (2021年11月10日閲覧)
・水野修次郎著・訳 (2006)．最新カウンセリング倫理ガイド—ACA倫理綱領対訳とAPA倫理綱領全文訳—．河出書房新社．
・藤田和弘監修，熊谷恵子・熊上崇・小林玄編著 (2016)．思春期・青年期用 長所活用型指導で子どもが変わる〈Part 5〉—KABC-Ⅱを活用した社会生活の支援—．図書文化社．

私がフィードバックを研究するようになった理由（わけ）（著者体験談）

熊上　崇

　私は，大学卒業後，家庭裁判所の調査官として，おもに少年事件を担当し，少年や保護者，学校からさまざまな情報を収集し，心理検査（おもに知能検査）を実施しました。その結果を裁判官あての報告書として作成し，一方で，検査結果をもとに，鑑別所の心理技官と少年の特徴等についてディスカッションしていました。しかし，検査の結果を本人に伝えたことはほとんどありませんでした。当時は，それが当然のことであり，「検査やアセスメントは，あくまでも裁判所が処分を決めるため，少年院などでの処遇に活用するために実施するもの」と思っていたのです。

　私が調査官を辞し大学に転じてからは，生徒の学業面・行動面で悩んでいる学校の先生方や生徒本人から，「知能検査をしてほしい」とオファーを受けるようになりました。「知能検査の実施や報告書の作成であれば，自分もその道のプロだから」と引き受けて，検査を実施し，学校の先生向けに報告書を提出していました。ある日，某高校で30人の生徒についてKABC-Ⅱ検査を実施した際，学校の先生にこう言われたのです。「知能検査の結果を，生徒たちに直接伝えてくれませんか？」と。

　検査を実施した本人にその結果を伝える——今ではあたりまえのこととして行っていますが，当時の私は，「生徒たちに伝える？　どうやって？」と迷ってしまいました。参考書をあたってみましたが，専門家向けの報告書の書き方の説明はあったものの，生徒向けのものは皆無でした。しかも，検査報告書は30人分もあります。

　そこで私は，本書編著者の熊上藤子と協力して，「学習アドバイスシート」を作ってみました。生徒向けに報告する際には，どんな点に留意したらいいか……。私たちが念頭に置いたのは，「見やすいこと，わかりやすいこと，そして読んだ生徒たちが，自分のふだん使っている言葉で自分の特徴がわかること」でした。

　このアドバイスシートをもとに，生徒一人一人にフィードバック面接を行い，生徒たちは手渡したシートを見ながら，真剣に説明を聞いてくれました。何人かの面接が済んだところで，廊下から，面接が終わった生徒同士の楽しそうな話し声が聞こえてきました。「俺って，同時処理タイプなんだって。だから俺は，全体的にとらえたほうがいいみたいだぞ」

　この日のフィードバックが，検査結果をどう伝えればよいか，私が研究することになったきっかけです。しかし，それ以前に，「検査結果は，果たしてだれのものなのか，検査を受けた子どものものじゃないか」ということに，このとき私自身，ようやく気づいたのです。

フィードバックの基礎知識

1 「検査結果のフィードバック」二つの柱

検査結果報告書とフィードバック面接

　前述のように，心理検査（おもに知能検査）のフィードバックは，検査結果の説明を軸に置きながらも，子ども本人や支援者（保護者・教員等）を支えるプロセスまでのすべてを含む。しかし，このように包括的な視点でフィードバックを効果的に行おうとすることは，初心の検査者にとっては容易ではないだろう。検査者としての熟達を図るには，まず結果の説明をする実務がどういうものかを知り，基礎的なポイントから習得するとよい。

　そこで第2章では，フィードバックの基礎として，「検査結果報告書」と「フィードバック面接」の二つの柱を取り上げる。まず次ページで，検査結果報告書とフィードバック面接のパターンを押さえる。次に，二つの柱についての基礎（目的，構成，留意事項等）について，保護者・教員等対象，子ども対象，それぞれ順番に概説する。

　また，子どもを対象とした面接の説明では，「フィードバック面接の手順リスト」を掲載する（⇒40ページ）。このリストは，第1段階：面接の準備，第2段階：面接の実際場面，第3段階：面接後の対応という3段階で構成されている。このリストによれば，検査結果報告書の作成は，第1段階：面接の準備の場面で行われることになる。検査結果報告書とフィードバック面接は別々のものではなく，包括的なものであることがわかるだろう。この手順リストは，フィードバックの基本の流れと留意事項を示すものであり，チェックリストとして使うことも可能なため，しっかり押さえておきたい（本リストは子ども向けだが，保護者や教員等へのフィードバックの手順も，この3段階が参考になる）。

　なお，検査報告書の作成事例およびフィードバック面接の実際の流れについては，第6章「フィードバックの報告書と面接の基本」で詳しく紹介する。第2章で基礎をつかんでから，第6章を読むことで，より理解が深まるだろう。

検査結果報告書

　おもな検査結果および検査時の行動観察等を総合解釈し，主訴に応えるための所見を記した書面のことである。報告書は，ほかの専門機関向けの書面もあるが，本書では以下の二つを中心に解説する。

① 保護者・教員等を対象とした報告書

　受検者が子どもの場合，検査結果報告書はおもに保護者向けに作られる。保護者と共に子どもの日常を支える教員も支援に生かせるよう，非専門家である保護者・教員等がわかりやすいよう平易な言葉で具体的な手だてを伝える必要がある。

② 子ども（本人）を対象とした報告書

　子どもの言語理解力が高いケースで，本人が前向きに自己理解を深めたいと希望している，検査結果を気にしている，困り感が強い，自信をなくしかけているといった場合には，子どもを対象にしたフィードバックをその年齢に応じて行う意義は大きいといえる。ただし，報告書を用いる場合，数値を伝えるか否か，伝えるとしたらどう表すか等，ケースごとに十分検討する必要がある。

※なお，報告書作成時には，検査問題の内容が流出しないよう十分に留意する。

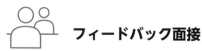 **フィードバック面接**

　検査者から検査結果を説明し，その後の支援について話し合う面接である。
　面接参加者のおもなパターンとして，以下が考えられる。

① **保護者**——受検者が子どもの場合，面接はおもに保護者に対して行われる。

② **保護者＋子ども（本人）**——子どもの理解力が高いケースで，同席により双方の共通理解が深まり，今後の支援のあり方・本人の学び方等によい影響があると考えられる場合，この形の面接も考えられる。保護者と相談し，子どもの希望を聞いてから決める。

③ **子ども（本人）**——小学校高学年以上の場合は，理解力や心理状態を考慮しながら，子ども本人にもフィードバックをする場合がある。子どもの意思を尊重する。

④ **保護者＋支援者（教員等）**——保護者のほかに，園・学校の教員等が同席する場合，保護者・支援者の共通理解を図り，その後の支援につなげやすいといえる。

⑤ **保護者＋支援者（教員等）＋子ども（本人）**——「子ども参加型チーム援助（支援）」の考え方に通じる形である（⇒44ページ）。子どもの人権を大切にするという意味で，フィードバック面接においても本人の意思を尊重しつつ，進めていく必要があるだろう。

※その他，支援者（学級担任等）を対象に面接を行って具体的な支援方法を伝え，その後，支援者が子どもに対して面接を行うパターンもある。これにより，子どもの特性を理解した指導・支援につながることが期待できる（⇒第7章4節）。

2 保護者・教員等を対象とした 検査結果報告書と面接の基礎

1 保護者・教員等を対象とした検査結果報告書の基礎

(1) 検査結果報告書のフォームと要素

　保護者や教員等に対して，心理検査（知能検査）の結果という信頼性のある根拠をもとに，子どもの生活・学習において実施可能な支援策を提案するため，「子どもの支援にどのようにつながるか」を念頭に置きながら報告書を作成することが求められる。保護者向けの報告書のフォームは，検査マニュアルや検査法講習会テキスト，学会HP等から入手できる。

- ●**WISC-Ⅳ**：日本版WISC-Ⅳテクニカルレポート♯2（実施・報告の使用者責任と所見の書き方）．日本文化科学社．
  https://www.nichibun.co.jp/documents/kensa/technicalreport/wisc 4_tech_2.pdf
- ●**KABC-Ⅱ**：KABC-Ⅱとは（日本版KABC-Ⅱの取り扱いと検査報告書についての注意点）．日本K-ABCアセスメント学会．　http://www.k-abc.jp/about/

　検査を実施している各（専門）機関は，独自のフォームを採用している場合が多い。検査結果をグラフ化するなど，保護者等が理解しやすくする配慮がみられる。また，検査機関でフォームが決まっている場合でも，結果の解釈，書面の項目，文章表現，数値の扱いが適切であるか等をケースごとに検討し，必要に応じて柔軟に用いるとよい。以下に報告書に必要な要素の例をあげる。

報告書に必要な基本的な要素の例

❶　子どもの名前（生年月日・年齢）
❷　相談内容・検査の目的
❸　実施した検査名
❹　実施日時・場所
❺　検査者氏名・所属・資格等
❻　検査結果（数値はグラフにしたほうがわかりやすい）
❼　検査時の様子
❽　結果からわかったこと・提案内容（総合所見などとする場合もある）

小野純平ら（2017）を参考に著者作成

(2) 文章作成上の留意点

　保護者や学校関係に向けて作られる報告書は，Ａ４版の紙面１〜２ページに収めるのが一般的である。報告書作成では，具体的で平易な表現を選び，一文が長くならないことが大切である。また，「文章量は多いがわかりにくい。何をどう取り組んだらよいのかが伝わってこない」というのでは，先方に不親切なのはもちろん，検査者も苦心して報告書を作った甲斐がない。ここは量より質をとり，子どものために明日から何ができるか，明確かつすっきりと提案されている報告書の作成をめざしたい。保護者・教員等が自分たちのできることを理解できれば，スムーズに支援につながる。

(3) 本書における報告書の構成

　本書で紹介する報告書では，前出の「報告書に必要な基本的な要素の例」を押さえながら，これらをわかりやすく具体的に伝えるために，平易な言葉を使い，図表やイラストを活用するなど，多様な工夫を施している。第６章では報告書のひな型を，第７章では現場の先生方が工夫を凝らした報告書を掲載しているので参考にしてほしい。

2　保護者・教員等を対象としたフィードバック面接の基礎

　フィードバック面接には検査結果報告書のような指針がないため，筆者らの経験を踏まえ，ポイントを示す。

(1) フィードバック面接の目的

① 検査者が心がける事項

　「子どもの特性を共通理解し，今後の支援に生かすこと」——これがフィードバック面接の目的である。そのために，検査者は以下の事項を心がけたい。

- ・専門用語をわかりやすく説明する。
- ・子どもの苦戦状況の背景を解き明かし，長所を活用して，今後の支援に生かす。
- ・今後の展開を予測し，支援体制を構築する。

　後述する子ども用の「フィードバック面接の手順リスト」（⇒40ページ）は，保護者・教員等に対しても，同様の手順で行われる。説明用の書面やシートを事前に準備し，フィードバック面接の各段階を踏まえて実施されることが望まれる。

② 検査者の基本姿勢

　フィードバック面接も，通常の臨床面接と基本は同じである。ラポールをつくり，クライエントが話しやすい雰囲気をつくるために少しの雑談を入れて近況を聞き，そのうえで

相手の思いを聴くことである。検査者の基本姿勢は以下のようになる。

検査者の基本姿勢

❶ 伝えることよりも聴く姿勢を大切にする。
❷ 発話の割合は，2（検査者）：8（クライエント）を意識する。
❸ クライエントの自己理解につながるよう，相談内容（主訴）と関連づけて説明する。

　フィードバック面接ならではの特質は，「知能検査の結果を伝える」作業が入ることである。初心者のうちは，例えば「IQ85」という数値をどのように説明するか困難を覚えるであろう。そのときこそ，カウンセリングにおける臨床面接の技法を使って，「（検査者が）話すことよりも，相手の話しやすさに重きを置き，なるべくクライエントが語ること」の原則に立ち返る（詳細は第6章参照）。

　経験の浅いうちは検査者が一方的に話しがちであるが，基本的に話す量は上記のように，「検査者2割，クライエント8割」くらいの気持ちで臨むとよい。現実にはむずかしい場合もあると思うが，この割合は意識してほしい。面接の前半は検査結果の説明が主となるため，ともすると後半も検査者が延々と話している状況になってしまうからである。検査者からの一方的な面接に陥ると，フィードバック面接の効果が得られにくくなる。この基本姿勢は，子ども対象の面接でも変わらない。

⑵　フィードバック面接の構成

①　面接時間の目安

　フィードバック面接の時間は，基本的には60分に設定するとよいだろう。短すぎると結果の説明で終わってしまう。長すぎると本来の話題からそれて，まとまらなくなるおそれもある。カウンセリング面接と同様に枠組みを重視することで，子どものよりよい支援について話し合うことである。

面接の流れと時間配分の一例（60分の場合）

❶ あいさつ，近況確認（10分）
❷ 検査結果説明，専門用語解説（20分）
❸ 質疑応答，今後の支援に関する協議（25分）
❹ 今後の支援方針（まとめ）（5分）

---

②　面接の構成と時間配分

　面接は上記のように4段階構成を意識し，時間配分は面接参加者と協議するプロセスを重視する。次に，面接の流れにそって留意点を押さえておきたい。

❶ あいさつ，近況確認

面接参加者の声を引き出すには，面接冒頭の対話が鍵になる。具体的には，参加者全員から近況や子どもの様子を聞くことで，緊張をほぐす。心理職の職業特性を生かして，子どもの支援者としての思いを語りやすくする雰囲気をつくる。次に，面接の目的および時間配分の見通しを伝えておくと，参加者相互の対話や協議がしやすくなるだろう。

❷ 検査結果説明，専門用語解説

検査結果の説明中，「この用語は聞いたことがありますか？」とたずねて相手の理解度を確かめたり，「この結果をみて，どのように感じていますか？」とたずねて発話を促したりする方法がある。こうした対話を通じて，双方向の関係性をつくり出したい。

❸ 質疑応答，今後の支援に関する協議

検査者がていねいなやりとりを重ねることで，この段階ではクライエントも緊張がとけて質問をしやすくなってくる。質問が出にくい場合には，無理に誘導せずに，例えば，今苦戦していることや相談の解決につながる情報が今回の報告から得られたかどうかなど，感想を話してもらうのもよいだろう。

❹ 今後の支援方針（まとめ）

最後は検査者から，今回の検査結果の説明が面接参加者の協議内容に役立ったかを確認し，今後の支援を家庭や学校でどのように進められそうかなど，話題を整理する。大事なことは，保護者・教員等が検査結果を理解し，今後どのように子育てや学校での支援・指導を実施しようとしているかについて，改めて確認することである。検査者自身が教員や療育担当者で，子どもの支援に継続的にかかわる場合は，保護者に対して「今後の支援はお任せください」と言いたくなるものだが，長期的な視点でみれば，保護者をエンパワメントする視点が重要になる。

※その他の留意事項──カウンセリングニーズに応える

保護者によっては，面接終了間際になってから，子育ての不安や悩みを語り始める場合もある。あるいは，言葉にはしなくても，語りたい様子が明らかな場合もある。

検査者は同席者の言動にも注意を払い，思いをくみ取ることも大切である。「もう少し話したいことがありますか？」とたずねたことをきっかけに，子どもの支援の話が急速に進む場面もある。このような場合は，時間の枠組みを多少崩してでも，保護者の一定の区切りがよいところまで対話をしてから面接を締めくくるとよいだろう。

今後の支援を「共に考えたい」という姿勢を伝え，保護者をねぎらい，励ましながら見守ることを大切にしてほしい。

3 子ども（本人）を対象とした検査結果報告書と面接の基礎

1 子どもを対象としたフィードバックの目的

　子ども本人に検査結果をフィードバックする目的は，「子どもが自分の得意・不得意を理解すること。そして，今後に生かせる方法を面接参加者が子どもと一緒に考えること」である。子どもが自分自身の強みを知り，弱さを補う方法を客観的に理解すると，それが自信になる。また，苦手な場面で人に助けを求めたり，ツールや支援を選んだりしながら生活していく力にもつながると思われる。やがては子どもの自立・自律につながることをめざして，フィードバックを行いたい。こう考えると，子どもへのフィードバックは，検査結果という客観的情報を用いたカウンセリングともいえよう。

　子どもの言語理解力が高い，前向きに自己理解を深めたいと考えている，検査結果を気にしている，自信をなくしているなどの状況があれば，子どもに直接フィードバックする意義は大きい。ただし，報告書等の紙面を用いるか，検査結果の数値を伝えるか，面接形式にするかなどは，子どもの理解力や心理状態を考慮しながら，ケースごとに慎重な判断が必要になる。

2 子どもを対象とした検査結果報告書の基礎

(1) 子どもを対象とした検査報告書作成の目的

　子どもを対象とした検査報告書の目的は，おもに以下の二つである。

① **面接時の活用**：検査結果が生活や学習をよりよくするためのヒントとなるよう，面接を行う中で，一緒に読んだり確認したりして活用すること。

② **学習・生活の場での活用**：報告書や面接の中から得られた情報を，実際の生活や学習の場で本人が生かせるように促すこと。

(2) 報告書作成の概要

　子どもにも検査結果をフィードバックする場合は，理解力に合わせて，保護者・教員等向けの報告書とは別の書面を用意することになる。

　子ども向けの検査結果報告書を作成する際も，おもな配慮事項は保護者・教員等向けの報告書作成と共通である。「この報告書が，子どもの支援にどのようにつながるか」を念頭

に置くことが基本姿勢といえる。ただし，子どもへの検査結果報告書について，検査マニュアルなどの規定や指針はなく，現状としては検査者および検査機関の判断に任されている。結果を紙面で渡すかどうかも含めて，結果の解釈，フォーマットの項目，文章表現，数値の扱いなど，保護者向けに作成するとき以上に慎重に検討する必要がある。

　いずれも，検査者1人で判断せずに経験者などからスーパーバイズを受けることを勧める。関係者のカンファレンスを重ねながら検討してもよいだろう。

⑶　報告書作成の形式と留意事項

　報告書の紙面は，子どもが喜んで受け取る，何度も読みたくなる内容が望ましい。そのためには，子どもの年齢や理解力によって文章量やページ数も検討するとよい。

　形式・内容については，受検者が小学校中学年・高学年であれば，保護者・教員等向けのものより少なめで，20〜40分間のフィードバック面接で一緒に話しながら，理解するための資料というイメージで作成するとよいだろう。具体的には，文字量を最小限にして，文字を大きめにし，分かち書きにする，漢字にはルビをふる，イラストや図表を添えるなどの工夫が考えられる。フォントは，ゴシック体や丸ゴシック体，UD（ユニバーサルデザイン）フォントなどがよい。紙面は1枚に無理に収めようとせず，行間を広くとるなど，読みやすさを重視して小冊子のようにする方法もある。

　受検者が中学生以降であれば，A4版の紙面1ページに収めてもよいだろう。

　著者の経験上，学年が上がるにつれて，子ども自身が困り感を抱くケースが多くみられた。そのような子どもたちからは，「自分のことをきちんと知りたい，何とかしたい」という強い思いが感じられた。しかし，必要性があっても，事情によっては子どもと直接面接できない場合もある。そんなときには，本人宛のアドバイスシート（子ども向けの検査報告書）を保護者や担任等の支援者から渡してもらうように手配する。

　また，面接後，再度子どもが保護者や担任等と一緒にアドバイスシートを読みながら課題を見直したり，今後の計画を立てたりすることがあるかもしれない。子どもが面接で考えたことを忘れる前に支援者と共有できるよう，検査結果の報告内容がより子どもの心に残りやすいように，個々の事情も考慮しながら工夫して作成したい。

　なお，筆者らは，KABC-Ⅱの検査結果報告用に「学習アドバイスシート」（熊上ら，2015）を考案し，子ども本人へのフィードバックに用いてきた。小学生から高校生，特別支援学校に在籍する子どもまで，それぞれの子どもの理解度に応じながら使用してきた。具体的には第7章の実践事例も参考にしてほしい。

3 子どもを対象としたフィードバック面接の基礎

　子どもへのフィードバック面接は高度な臨床判断を要するため，独断で行うことはあってはならない。初心者のうちは，報告書作成と面接ともにスーパーバイズを受けながら，フィードバックの内容と方法という二つの視点から準備をするとよい。

	検討事項の例
内容	・検査結果から自己理解や自立・自律につなぐポイントは何か。 ・検査結果の数値や図表を提示するか，しないか。 ・結果を子どもにも紙面で渡すか，渡さないか，など。
方法	・面接方式で行うか，共同作業方式で行うか。 ・子どもと1対1で話すか，保護者同席で行うか。 ・面接室で行うか，プレイルームで行うか。 ・どのくらい時間をかけるか，など。

(1) フィードバックの内容

　面接の目的 (子どもの自己理解や自立・自律) にどうつなぐかイメージしておく。検査結果の説明で終わらせず，検査者が意図をもって面接することが重要である。また，数値を提示するか，紙面で渡すかといった伝え方については十分検討する (⇒41ページ)。

(2) フィードバックの方法 (面接形式or共同作業形式)

　フィードバックの方法は，原則的には面接形式で考え，保護者・教員等へのフィードバックと同様の環境整備を行うが，ケースによっては共同作業形式が向いている場合がある。共同作業形式は，検査者と子どもが学習や遊びを共に行いながら，コミュニケーションの延長として検査結果の概要を伝えるものである。対面での会話に不安が強い，注意の持続が困難といった子どもにフィードバックする場合に向いているため，低年齢児にも応用できる可能性がある(⇒第7章6節)。共同作業形式では時間枠を少し緩やかに設定し，ラポール形成をていねいに行う。学校や福祉施設など，子どもと共に過ごす時間が長い検査者・支援者は，比較的取り入れやすいと思われる。病院や事業所等では，時間や場所の制約から面接形式にせざるをえない実情もあるだろうが，子どものニーズを見きわめ，可能な限り柔軟に対応できるとよい。なお，保護者が同席しない場合には，子どもが受けたフィードバックの内容を保護者に伝える必要がある。検査場所の設備にもよるが，ワンウェイミラーを通して保護者に観察してもらう，録画を観てもらうなどの方法もある。

　面接の時間は20～40分を目安に，子どもの発達段階や状態 (集中力の持続等) を考慮して設定する。困り感が強いなどカウンセリングニーズが高い場合は少し長めに設定する。

4 フィードバック面接の手順リスト

1 フィードバック面接の手順リストの概要

　検査結果報告書の作成や面接を行う検査者の実務は，同時進行で進められるため，包括的な視点が必要になる。また，子どもへのフィードバックは，各検査者が必要性を感じた場合に独自に行ってきたため，各検査者の経験則で偏りが生じてしまうという課題が残っている。こうした課題を解決し，子どもの利益につなぐため，検査者のフィードバック技術の体系化，教育・研修体制の整備が必要となる。

　そこで，フィードバック技術の指針として，「フィードバック面接手順リスト」(熊上ら，2018)を取り上げる (図2-1)。本リストは，心理・発達検査の検査者を対象とした調査の回答者 (66名) のうち，子どもへのフィードバックの実施経験のある検査者 (30名) に対して「子どもに検査結果をフィードバックする際に留意していることは何ですか」という問いを設定し，自由記述回答をKJ法で整理統合したものをもとに作成した。

　このようにリスト化すると，検査のフィードバック実務は，工程数が多く時間のかかるものであることがみてとれる。また，熊上ら (2018) は，初級レベルの検査者 (検査経験5年未満) は，面接本番にウエイトを置きがちであることを指摘している。しかし，面接の実際場面だけでなく，面接前の準備，面接後の対応を含めてフィードバック面接であることを忘れてはならない。子どもは，面接に満足できなくても，検査者を選んで受け直すことはできない。子どもの人生に携わる重みを自覚しながら，フィードバックの実務を準備する必要がある。

2 フィードバック面接の手順リストの構成

　次ページの図2-1は，子どもを対象としたフィードバック面接の手順リストとなっているが，保護者・教員等へのフィードバックも基本的には，子どもの長所を活用する，専門用語をわかりやすく説明する，今後の展開を予測し支援体制を構築するという目標は変わらない。

　保護者や教員等に対しても，説明用の書面やシートを事前に準備し，フィードバック面接の各段階を踏まえて実施されることが望まれる。

　「フィードバック面接の手順リスト」の要点を押さえておこう。

子どもへのフィードバック面接の手順リスト

第1段階　面接前の準備

検査者の倫理と配慮

- ☐ 面接の正しい手続きを確認する
- ☐ 数値・専門用語が及ぼす影響を検討する
- ☐ 心理・教育の専門領域の範囲で，結果をどう説明するか検討する

第2段階　面接の実際場面

子どもとの関係性

- ☐ 子どもが安心できるよう配慮する
- ☐ 子どもと対話しながら面接する
- ☐ 子どものニーズ・理解度を確認する
- ☐ 時間をかけてていねいに対応する

わかりやすい説明

- ☐ 子どもが理解しやすい言葉に置きかえる
- ☐ 視覚的・直感的にわかりやすくする
- ☐ 学習・生活と関連づけて説明する
- ☐ 子どもの理解力・興味に合わせて説明する

心理教育的効果

- ☐ 子どもの長所を強調する
- ☐ 前向きになるような勇気づけをする
- ☐ 自己肯定感が向上するよう言葉かけをする
- ☐ 今後どう行動すればよいか，具体的に助言する

第3段階　面接後の対応

今度の展開の予測

- ☐ 問題の改善につながるような配慮をする
- ☐ 日常に生かせるよう，フォローアップをする
- ☐ 予測される危機に対処する

図 2-1　子どもへのフィードバック面接の手順リスト（熊上ら，2018 を改変）

> **第1段階** **面接前（数日前）の準備：検査実施後から面接直前までの実務**
>
> ① **フィードバック面接を何のために行うのか，倫理的観点の復習**──第1章の検査者の役割と倫理を復習し，フィードバック面接の意義を押さえる。フィードバックは，検査者のために行うものではなく，子どもと家族のために行うものであり，その実施は義務である。そして，フィードバックは自己理解を促し，意欲がもてるように計画する。これはすべての基本原則である。
>
> ② **クライエント（子ども）にどのような配慮を行うか，数値を伝えるか伝えないか，伝える場合はどの範囲まで伝えるか，伝えない場合はどのように説明するか**──これらの繊細な問題については，事前に保護者や教員等と話し合っておく。
>
> ③ **専門的な用語（IQ, 信頼区間, 標準得点等）をどのように説明するか**──専門用語は，第8章の説明のための用語集を参照し，事前準備しておく。IQなどの数値を伝えるか否かは微妙な問題である。例えば，小学生には数値は示さず，「学習アドバイスシート」などの書面を使って視覚的にわかりやすく，認知特性を説明するなど，あらかじめ保護者と打ち合わせを行い，作戦を練っておくとよい。
>
> **第2段階** **面接の実際場面：面接開始から面接終了までの実務**（⇒詳細は第6章）
>
> ① **子どもとの関係性をつくる**──最初に，受検や面接に来たことをねぎらう。学校・家庭生活の近況についての雑談を通して緊張をとき，ラポールをつくる。
>
> ② **わかりやすい説明をする**──子どもの興味関心を話題にしつつ，理解力・語彙力・抽象的な思考力等に配慮しながら，学習・生活と関連づけて説明する。
>
> ③ **心理教育的な効果を高める**──子どもの長所を強調し，勇気づけ，自己肯定感を高める声かけを行う。どのように行動すればよいか具体的なアドバイスによって，子ども自身が対処法を把握して前向きな見通しをもてるようにする。
>
> **第3段階** **面接後の対応：面接終了時，あるいは終了後のフォロー**
>
> 面接の事前に「今後の展開の予測」を準備し，面接の終了に際して，子どもが直面すると予測される事態とその対処法を，アイデアを出しながら協働して対策を練る。あるいは，面接終了後のフォローとして行う。

〔第2章 引用参考文献〕

・小野純平・小林玄・原伸生・東原文子・星井純子編（2017）．日本版KABC-Ⅱによる解釈の進め方と実践事例．丸善出版．

・G.R.ファンデンボス監修，繁桝算男・四本裕子監訳（2013）．APA心理学大辞典．培風館．

・藤田和弘（2019）．指導方略と学習方略─KABC-Ⅱアセスメントと関連づけて─，KABCアセスメント研究，21, 15-24.

・熊上崇・熊上藤子・熊谷恵子（2018）．心理検査の検査者は子どもにどのようにフィードバック面接をしているか─知能・発達検査の検査者への調査と「子どもへのフィードバック面接手順リスト」の作成─，K-ABCアセスメント研究，20, 27-39.

フィードバックとチーム支援

1 子どもの支援とコンサルテーションの基礎

1 子どもの支援とは

　心理検査（おもに知能検査）の結果は，子どもの発達や知能を数値化して終わらせるのではなく，子どもの支援につながることこそが重要である。

　では，「子どもの支援」とはどういうことだろうか。筆者の考える「子どもの支援」とは，「子どもの生活の質向上に資する取り組み全般」のことである。保護者・教員等が，子どもの知的能力や発達特性を「見立てる」，子どもがよりよい生活が送れるよう「見守る」視点もあれば，教材・教具や食器を工夫する，椅子や学習環境を調整するなどの物的支援，支援者間で「連携する」などの人的支援まで含まれる。

　このように，「支援」は広い概念であり，その人の立場や経験によって支援のイメージは実にさまざまである。例えば，子どもが病院や療育センターなどに通うこと，子どもに診断がつくこと，加配職員が付くことなど，特別な出来事を思い描く人もいる。子育てや保育・教育をていねいに行っている人は，支援的なかかわりが日常であるため，「ここからここまでが支援」とあえて認識していないかもしれない。その一方で，知能検査を学んでいる学生にとっては，具体的なイメージがわきにくいかもしれない。

　そこで本章では，「知能検査の結果が子どもの支援につながる」というイメージを整理するために，学校心理学の理論を紹介する（石隈，1999）。おもに「コンサルテーション」および「チーム援助（支援）」（以下，チーム支援）について概説し，知能検査のフィードバックと，その後の支援について取り上げる。

　また，第7章7節「フィードバックを生かしたチーム支援」では，「エリアサポート体制」を構築する中で，知能検査のフィードバックを生かし，チーム支援につなげている実践事例をあげている。本章の理論に照らしながらお読みいただきたい。

2 コンサルテーションとは

まず，コンサルテーションの定義について押さえておこう。

> **コンサルテーションの定義**
> 　異なった専門性や役割をもつ者同士が，子どもの問題状況について検討し，今後の援助の
> あり方について話し合うプロセス（石隈，1999）。

　コンサルテーションでは，自らの専門性に基づき，ほかの専門家を支援する人がコンサルタント，支援を受ける人をコンサルティと呼ぶ。コンサルタント，コンサルティ，双方ともに専門家であるととらえる。例えば，登校しぶりの子どもに対して，かかわり方に悩む教員（コンサルティ）が，スクールカウンセラー（コンサルタント）と相談する関係はコンサルテーションである。クライエントである子どもの支援について，専門家として協働し合い，よりよい支援をつくっていく関係になる（図3-1）。

　教員は，スクールカウンセラーがもつ心理学などの視点を参考にしながらも，自らの学校教育の専門性を生かして，子どもの支援を主体的に考える。スクールカウンセラーは，教員にアドバイスをするのではなく，コンサルテーションを通して教員の専門性をエンパワメントする。この場合，スクールカウンセラーは，心理職業務として子どもを直接的に支援するのではなく，教員を通して間接的に子どもを支援することになる。

　なお，保護者とスクールカウンセラーとの相談においても，同様の関係が成り立つ。保護者は，教員のように職業的な支援者ではないが，責任をもって子どもを生涯支えていくためのコンサルティになる。スクールカウンセラーは，保護者がもつ知識や思いを尊重しながらエンパワメントすることで，子どもを間接的に支援できる。

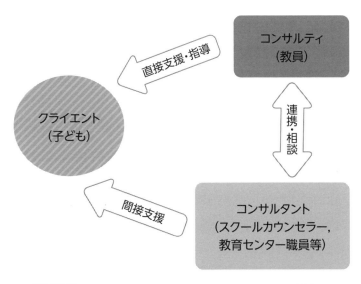

図3-1　子どもの支援に関するコンサルテーションの構造
国立特別支援教育総合研究所「教育相談の基礎」を一部改変

2 コンサルテーションの機能とは

1 フィードバック面接がもつコンサルテーション機能

　心理職が保護者に知能検査の結果をフィードバック面接する場合も，コンサルテーション機能がある（熊上ら，2016）。フィードバック面接では，心理職は子どもの支援に関するコンサルタント，保護者はコンサルティとなる。「私がコンサルタント，あなたがコンサルティ」と明言する必要はないが，心理職は，検査結果の数値を説明するにとどまらず，やりとりの中で保護者をサポートする。

　心理職は，検査結果をもとに子どもの支援方針を提案するが，実際の支援は保護者や学校の実情に応じて修正・追加していくことになる。このように，保護者がもつ知識や思いを尊重しながらエンパワメントすることで，子どもを間接的に支援できる。

　また，必ずしも「横の関係」だけが求められるわけではなく「斜めの関係」がうまくいくこともある（石隈・田村，2003）。例えば，保護者が検査者より年上の場合，人生の先輩であることを念頭において，保護者が相談・依頼しやすいように工夫するのである。なお，「保護者はわが子と最大の時間を共にしている人であり，子どもについて最もよく知っている人である」（石隈・田村，2003）については，フィードバックに限らず常に念頭に置いておきたい。

2 チーム支援がもつコンサルテーション機能

⑴ チーム支援の定義

　石隈（1999）によるチーム支援の定義は，「子どもの問題状況（学習面，心理・社会面，進路面，健康面）の解決をめざす複数の専門家と保護者によるチームによる援助（支援）」である。この定義にそって，チーム支援がもつコンサルテーション機能について考えよう。例えば，不登校の児童について，保護者，担任，特別支援教育コーディネーターが集い，各自ができる支援を考えることはチーム支援である。これに，スクールカウンセラーやスクールソーシャルワーカー，養護教諭などがチーム支援に加わることもある。チームと考えると，参加者はみな上下関係のない対等な関係になる。コンサルタントとコンサルティの役割が入れかわりながら，相互にコンサルテーションし合う（相互コンサルテーション）。

　また,「子ども参加型チーム援助(支援)」(田村・石隈, 2017)は, まだ十分には浸透していないが,「子どもが主役」の支援は, 人権重視の視点でも, さらに進めていく必要がある。

⑵　チーム支援開始のきっかけ

　チーム支援は, 子どもの問題状況に気づいた支援者が, ほかの支援者に協力を呼びかけることで開始される。例えば, 子どもの学級

図 3-2　**子ども参加型チーム支援会議の例**

担任が, 同僚や管理職などに「子どもの様子が気になる」と相談することや, 校内委員会の開催や巡回相談等が, 配慮が必要な子どものチーム支援を開始するきっかけになる。

　ただし, 学校においては担任が支援を抱え込むリスクもある。担任の責任感が強い, 子どもの支援ニーズを重視しないなどの状況がある場合は, 特別支援教育コーディネーターの出番である。担任をフォローしつつ, 権限に基づき会議開催を呼びかけたり, 会議日程や業務の調整をしたりする。このように, 組織内の役割と権限がある人が呼びかけることで, チーム支援が比較的スムーズに開始される。また, 保護者から学校に呼びかけることで, チーム支援が開始されることもある。保護者が健診や病院で指摘を受けた等の情報を園・学校に報告しに来る際, 担任と特別支援教育コーディネーターが会議に参加することで, 迅速にチーム支援が開始できることもある。

⑶　チーム支援のメンバー編成

　チーム支援は, 一人の子どもの支援に関するプロジェクトチームと考えるとわかりやすい。チーム支援会議では, 情報収集とアセスメント, 支援方針が話し合われ, 子どもの問題状況の改善をめざすチームとして, 支援期間を明らかにしながら各メンバーの役割分担を行う。なお, チームのメンバーは, 保護者と教員, 組織の調整役(コーディネーター)の3者が中核である(コア支援チーム)。状況に応じてメンバーを拡大しながらよりよい支援を検討する(拡大支援チーム)。例えば, 夏休みに子どもを預ける予定の放課後児童クラブの職員にチーム支援会議への参加を依頼することは, 拡大支援チームの一つである。知能検査を担当する心理職は, 拡大支援チームのメンバーに該当する。「子ども参加型チーム」では, ここに主役となる子どもが入る。会議の目的や子どもの年齢や理解度, 子どもの現状などの諸事情により, 複数回行われるチーム会議について, 会議内容やメンバーはその都度異なる場合がある。

3 チーム支援への貢献と支援ニーズ

1 検査結果のフィードバックを通じたチーム支援への貢献

⑴ チーム支援のプロセスと知能検査実施のタイミング

学校におけるチームによる支援のプロセスは，図3-3のように，6ステップで実施され，評価が終結にいたるまで繰り返される。

このプロセスの中で，おもに知能検査が行われるタイミングとしては，「1　チームによる支援の要請」の前段階，「2　アセスメントの実施」である。あるいは，知能検査を行うことなくチーム支援を進めた場合に「5　チームによる支援の評価」の段階で目標達成が困難となり，改めてアセスメントを実施するとなった際に，知能検査を初めて行うケースもあるだろう。

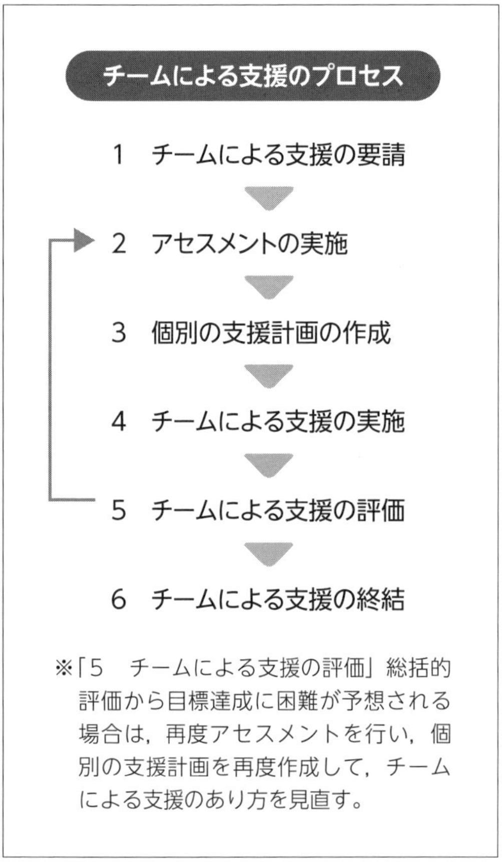

どのタイミングで知能検査が実施されるかによって検査の目的が異なる場合もあるため，検査前に押さえておく必要がある。

検査者が学校職員の場合や学校訪問の機会がある場合，チーム支援会議への同席が可能となるだろう。会議に同席できない場合には，チーム支援に貢献している実感がもちにくいかもしれない。しかし，コンサルテーションの説明で述べたように，検査者は，検査結果のフィードバックを通して保護者や子ども，教員等をエンパワメントしており，その営みは間接的にチーム支援を支えていることになる。チームのメンバーに直接会うことがなくても，チーム支援に貢献していることを心にとめておこう。

チームによる支援のプロセス

1　チームによる支援の要請

2　アセスメントの実施

3　個別の支援計画の作成

4　チームによる支援の実施

5　チームによる支援の評価

6　チームによる支援の終結

※「5　チームによる支援の評価」総括的評価から目標達成に困難が予想される場合は，再度アセスメントを行い，個別の支援計画を再度作成して，チームによる支援のあり方を見直す。

図 3-3　チームによる支援のプロセス
生徒指導提要（文部科学省，2010）より

⑵ チーム支援に貢献するために

　知能検査を実施する心理職のチーム支援へ貢献できるタイミングとして，以下の三つの段階が考えられる。

① チーム支援開始のきっかけづくり

　わが子の知能検査の結果を保護者が園・学校に持参することは，チーム支援開始の貴重なきっかけになりうる。したがって，保護者が家族や教員に対してわかりやすく説明できるように，検査者は具体例をあげながら検査結果をフィードバックすることが大切になる。これが，チーム支援をスムーズに行うためのポイントにもなる。

② チーム支援を維持，深化させる

　支援会議の際，口頭でのみ子どもの特性を伝えた場合には，ほかの情報に埋もれてしまい，現場での支援にうまく生かせない可能性がある。このとき，検査結果を記した書面があると，チーム内の情報共有がしやすく，支援方針の決定において繰り返し参照されることになる。さらにチーム支援が継続されやすくなる（伊藤，2009）。

　学校におけるチーム支援に貢献するためにも，検査結果は書面にして，保護者や子ども本人に渡すことが望ましい。

③ 終結や引き継ぎへの貢献

　子どもが，卒園から就学，卒業から就労という移行期・接続期にあるとき，渦中にいると「この支援をいつまで続けるか」理解しにくいため，チーム支援の終結や引き継ぎのタイミングは，保護者とよく話し合う必要がある。

　なお，こうした節目に知能検査の結果のフィードバックを受けることで，保護者は，子どもの人生の節目だと再認識できる場合もある。また，支援の終結は，子どもにとって環境の変化が大きい時期である。学校におけるチーム支援では，「だれが，何を，いつから，いつまで」行うか，役割分担をすることが大切になる。

2 コンサルティ（保護者・教員等）のニーズ

⑴ コンサルテーションニーズとカウンセリングニーズ

　コンサルティには，コンサルテーションニーズとカウンセリングニーズという，二つのニーズがあるといわれる。これは，検査結果のフィードバック面接においても同様である。保護者・教員等は，子どもの支援に関してコンサルテーションニーズがある。「検査結果からわかる子どもへの，よりよいかかわりを教えてほしい」などがこれにあたる。コンサルテーションは，このニーズに応じることが大前提である。

　一方で，コンサルティ自身の課題についてカウンセリングニーズがある人もいる。保護

者が「子育てをしている自分の大変さをわかってほしい」，教員ならば「学級経営をしている自分の大変さをわかってほしい」と思う気持ちがこれにあたる。このカウンセリングニーズがあることを，保護者・教員自身が気づいていない場合があるため注意が必要である。

　また，カウンセリングニーズが，保護者・教員等の組織的な課題を背景としている場合も少なくない。保護者のカウンセリングニーズの背景に，夫婦関係，仕事や介護などの負担，相談相手の不足があったり，教員のカウンセリングニーズの背景に，校内の人材不足や組織風土があったりする。検査者は，組織的な課題に直接アプローチする立場ではないが，保護者・教員等が置かれている状況や心身の健康状態をアセスメントすることが非常に重要になる。

⑵　カウンセリングニーズが高いケースでの留意点

　保護者・教員等のカウンセリングニーズが強いと，本来のコンサルテーションが行き詰まってしまう。フィードバック面接中にカウンセリングに徹する必要はないが，ときには保護者や教員のカウンセリングニーズに応じる工夫は大切である。

　例えば，面接には子どもを同席させずに，保護者の語りをカウンセリングマインドで聴いたうえで，「お子さんの支援のために，がんばっていますね」などとこれまでの努力や苦労をねぎらうだけでも，不安や緊張を緩和できるかもしれない。そして，子どもの成長を話題にして喜び合うコミュニケーションは，保護者のエンパワメントにつながる。

　なお，カウンセリングニーズについては，問題の深刻さや緊急度の高さはないか検討しながら扱う。児童虐待や家庭内暴力などの可能性が疑われる場合は，検査者が抱え込まずに専門機関等への報告も含めて適切な対応が求められる。

　以下に，カウンセリングニーズが高いケースでの留意点について，コンサルティ（保護者，子ども，教員）ごとの留意点を箇条書きにするので参考にしてほしい。

①　保護者に対する留意点

・母親または父親自身にほかへの相談歴が少なく（または，まったくなく），閉塞感や不安感が強い場合は，その背景を知り，保護者を支える。

・保護者自身の自己肯定感が非常に低く，子育てに自信を失っていると感じられる言動がある場合には，時間をかけて信頼関係をつくり，保護者の苦労や努力をねぎらいながら支援していく。

・家族や親族，親しい友人や知人に頼れる人がいない（または頼れない），公的機関でも自己開示に抵抗感が強いといった場合には，プライドを傷つけないように配慮し，さきに述べたように，「横の関係」だけでなく「斜めの関係」で向き合いながらカウンセリングを進めていく。

② 子どもに対する留意点

・子どもが自信を大きく失い，傷ついている，または不満が大きくなっているなどの場合には，子どもの状況に合わせた早急なカウンセリングを検討する。

・子どもが十分にがんばっているにもかかわらず，家庭や学級などの環境面が整わずに，希望がもちにくいといった場合には，早急にカウンセリングを実施することに加え，状況改善のために「子ども参加型チーム」で支援を行う。

③ 教員に対する留意点

・担任が一人で問題を抱え込んでいる場合，あるいは，校内の支援が得られていても学級崩壊や担任の体調不良がみられるといった場合には，カウンセリングニーズに加え，早急な援助・介入が必要になる。

・担任と保護者との信頼関係が揺らいでいるケースでは，担任が「自分の努力や苦労を認めてもらえていない，むしろ誤解され過小評価されている」と感じ，不満や不信感が生じている場合などがある。このときはまず，検査者がカウンセリングニーズの高さを認識することが重要になる。

注：特別支援教育コーディネーターは，校長にその役割を任命された教員であり，学校全体を見渡せる教頭・副校長などの管理職や，養護教諭，特別支援学級担任などが担っている場合が多い。保育園などでは，特別支援教育コーディネーターを置く義務はなく，現状では園長がコーディネーター役割を担っている場合が多い（熊上・石隈，2016）。

〔第3章 引用参考文献〕
・石隈利紀（1999）．学校心理学—教師・スクールカウンセラー・保護者のチームによる心理教育的援助サービス—．誠信書房．
・熊上崇・熊上藤子・熊谷恵子（2016）．子どもへの心理検査の結果のフィードバック—実務者への質問紙調査の分析と「学習アドバイスシート」の作成—．K-ABCアセスメント研究，18，79-88．
・伊藤亜矢子（2009）．学校・学級組織へのコンサルテーション．教育心理学年報48（0），192-202．
・教育相談の基礎「コンサルテーションとは」．国立特別支援教育総合研究所．forum.nise.go.jp/soudan-db/htdocs/?page_id＝52（2021年11月閲覧）
・石隈利紀・田村節子（2003）．石隈・田村式援助シートによるチーム援助入門—学校心理学・実践編—．図書文化社．
・田村節子・石隈利紀（2017）．子ども参加型チーム援助—インフォームドコンセントを超えて—．図書文化社．
・文部科学省（2010）．生徒指導提要 第6章生徒指導の進め方．
・熊上藤子・石隈利紀（2016）．「気になる子」に関する巡回相談が保育士の行動および保育所のチーム援助に与える影響．コミュニティ心理学研究，20（1），28-44．

フィードバックの変遷と海外動向

1 フィードバックに関する歴史と海外動向

1 アセスメントの変遷 (世界・日本)

⑴ 世界におけるアセスメントの始まり

　心理学の歴史は，1870年，ドイツのヴントによる心理学実験から始まったとされる。知能検査の歴史は，1905年にフランスのビネーとシモンにより開発された「ビネー・シモン尺度」に始まる。この背景には，フランスで1882年に義務教育法が公布されて公教育が始まり，そこで知的障害等の子どもの存在が浮かび上がったことがあげられる。1904年，パリの公教育省において，特別な配慮を要する子どもの研究をビネーとシモンが担当したとされる。

　ビネーとシモンが開発した検査は，やさしい問題からむずかしい問題へと徐々に移行するもので，当初の課題数は30個であったが，1908年版では50個になった。例えば，4歳児対象の課題の一つに，「自分の性を言う」というものがあった。測定していた項目は，注意・集中・記憶，語彙，言葉の使い方，日常生活の動作，習慣などがあげられる。ここから，ビネーは，「知能は単一のものではなく，全体を束ねるもの」ととらえていたことがわかる。これは，「知能には多くの機能が含まれている」という，現在の知能検査の理論に通じるものである。ビネーとシモンの業績を考えるとき，知能検査の発明者としての立場は揺るぎないものであろう。ただし，当時の社会状況から，知的障害がある子どもを選別する (スクリーニング) という側面があったことは見逃せない。

　1910年には，アメリカのターマンによりビネー式検査に比率IQによる知能指数が導入された。1917年にはヤーキーズ集団式知能検査が開発されている。これは陸軍の知能検査であり，兵士の選別に用いられたものであった。当初は言語性のα式のみであったが，移民など英語が得意でない人向けに図形の処理などで判定するβ式も開発された。このように，知能検査には，選別や戦争への利用という負の背景があったという歴史もある。

⑵ 日本におけるアセスメントの始まり

日本では，1930年に鈴木ビネー検査がつくられたあと，ヤーキーズα式，β式を踏まえて田中寛一が1936年にB式知能検査を作成した。これは，1947年の田中ビネー知能検査のもとになったものである。以来，おもに言語性知能を測定するものとして田中ビネー知能検査は版を重ねた。これは，児童相談所等での知的障害や療育手帳の判定に用いられており，知的障害などをもつ人への支援を開始するための客観的検査として活用されている。

田中ビネー知能検査の知能指数の算出方法は，「比率（ratio）IQ」である。これは実際の暦年齢（calender age）と，検査で測定された精神年齢（mental age）の一致の程度を算出するものである。具体的には比率IQ＝（精神年齢／暦年齢）×100であり，暦年齢，精神年齢とも10歳であれば，比率IQは100となるが，暦年齢が10歳で，精神年齢が11歳であれば，比率IQは110として算出する。

ただし，この比率IQは，対象者が子どもや若年者であればわかりやすい指標として算出されるが，成人になると分母（暦年齢）が大きくなるので，暦年齢の補正が必要になる。

2 標準化された検査の開発と変遷

⑴ ウェクスラー知能検査と偏差IQ

1939年，米国で開発された「ウェクスラー・ベルビュー知能検査」では，「偏差IQ」が用いられている。これは，正規分布の中で，検査を受けた人がどの位置にあるかを数値として表したもので，平均が100，標準偏差が15に設定されている。

ウェクスラーは，当時ニューヨークのベルビュー病院に勤務しており，この知能検査は市販の知能検査をいくつか組み合わせて開発された。例えば，コース立方体検査からは「積木模様」，陸軍β版検査からは「符号」，スタンフォード・ビネー検査から「数唱」「類似」「語彙」などが用いられている。ウェクスラーは，これらの下位検査の粗点を平均が10，標準偏差が3の評価点に換算することにより比較可能とし，被検者の強い能力と弱い能力などの個人内差がみられるようにした。また，動作性IQ，言語性IQ，全検査IQの概念を考案した。その後，1945年には児童用のWISC，1955年には成人用のWAISが作られた。

ウェクスラーは，知能を「目的的に行動し，合理的に思考し，環境を効果的に処理するための個人の集合的ないし総体的能力」ととらえていた。なお，動作性IQ，言語性IQについては，ウェクスラーの独創であり，臨床的な意味合いはあったものの，その後の心理統計学の進歩により，現在の検査では動作性IQ・言語性IQは使用されていない。

⑵　個人内差の測定──フィードバックの活用へ

　ウェクスラー知能検査だけでなく，現在用いられている知能検査の多くは，数千人から数万人への予備調査を行い，統計学的な根拠をもとに「標準化」という手続きが施されている。例えば，IQ130は上位の約2％の位置，IQ115は上位の約16％の位置というように，アセスメントを受けた人がどの位置にいるかが偏差IQによって示されるようになっている。このように，全体からみて，その人がどの位置にいるかを「個人間差」という。

　また，WISC-ⅣやKABC-Ⅱなどの知能検査では，個人間差だけでなく，テストを受けた人の中の差である「個人内差」（能力のバランス）を測ることができるようになり，これがフィードバックに活用されている。例えば，WISC-Ⅳで，言語理解の標準得点が120，知覚推理の標準得点が80であれば，その人は言語によるやりとりが得意である一方で，ものごとを予想したり視覚的情報で判断したりするのは苦手といえるので，この情報をもとに，その人への支援方法を具体的に考えフィードバックすることができる。

　このように，個人内差が測れるようになったことは，実際の支援の場や，受検者が自己理解を深めるうえで，重要な意味をもつ。個人内差の測定は具体的な教育・生活場面での支援につながるアセスメントを可能とし，そのことによってフィードバックについての重要性がさらに高まるという流れが生じているといえよう。

⑶　CHC理論──現在の知的能力に関する主流理論

　現在主流となっている知能理論は「CHCモデル」といわれているものである。WISC-ⅣやKABC-ⅡなどはCHCモデルで解釈できる検査である。

　CHC理論は，Cattell，Horn，Carrollという3人の知能研究者の頭文字をとったものである。「知能とは何か，知能とはどのような構成か」という問いに対して，Cattell（1941）は，「結晶性能力（習得知識）」「流動性能力（帰納的および演繹的推理）」という知能の2因子説を主張した。

　Horn（1991）はCattellの弟子であり，1965年以降，2因子に加え，視覚処理，短期的記銘と検索，長期的記銘と検索，処理速度，さらに聴覚処理，意思決定速度，量的能力，読み書き能力を追加し，知能が多くの要素から成るものとした。

　Carrollは，こうした知見をもとに，知能に関する文献を2000以上集めて分類し，知能は図4-1のような，3層に分かれているというCHCモデルを提唱した。CHCモデルの第1層は，72個（現在は33個）の細分化された能力（Narrow ability）からなり，第2層は10個の中核的な能力（Broad ability）からなっている。例えば，WISC-Ⅳの各指標得点（例として「処理速度」など）やKABC-ⅡのCHCモデルによる各尺度（例として「流動性推理」「結晶性能力」「視覚処理」など）は，第2層のうちの一部である。また，第3層は「一

般知能g」であり，これはWISC-Ⅳの全検査IQやKABC-Ⅱにおける認知総合尺度の標準得点に相当する，知能全体の総合といえるものである。

　このCHC理論という共通のプラットフォームがあることで，WISC-ⅣとKABC-Ⅱを実施して，CHCモデルで解釈するということも可能になる。例えば，KABC-Ⅱで測定した流動性推理が120，視覚処理が100，WISC-Ⅳで測定した処理速度が80であったとすると，その子どもは，視覚的な認知処理は平均域であり，新たなことを推理する能力は優れているが，処理する速度はやや遅めである，というような総合的なアセスメントができる。これをもとに，教員等の支援者には，「教育的な配慮を行って，課題を行う時間を延長する」などの支援策をフィードバックすることができる。

　こうしたアセスメントは「クロスバッテリー・アプローチ」と呼ばれ，近年，特に教育アセスメントの分野で注目されている。

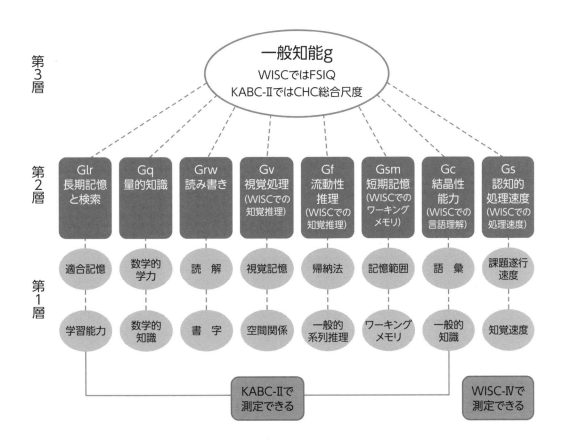

CHCモデルでは一般知能の下層に第2層として10の広範的能力が想定されている。KABC-Ⅱはこのうちの七つの広範的能力を測定している。基本的にWISC-Ⅳの尺度はCHCモデルとは直接的に対応していない。

図4-1 「CHC モデル」現在の知的能力に関する主流理論

2 フィードバックの変遷

1 治療的アセスメントと協働的なフィードバック

(1) 情報収集的アセスメントから治療的アセスメントへ

　実践的なアセスメントとフィードバックに関する理論の近年の主流は，Finnらによる「Therapeutic Assessment（以下，治療的アセスメント）」である。Finn & Tonsager (1997)によると，治療的アセスメント以前は，「情報収集的アセスメント」が主であった。

　情報収集的アセスメントの目的は，まず，クライエントの状態を正確に記述し，その結果を専門家間で情報を共有し合い，よりよい支援につなげることである。ただし，検査の解釈は検査者によるものであり，アセスメントによってクライエントがどのような行動や心理状態にあるのかを，検査者主体で予測する手段として位置づけている。

　一方，治療的アセスメントは，情報収集にとどまらず，アセスメント自体をクライエントと協働で行い，フィードバックもアセスメントの一環として位置づけている。検査者とクライエントがパートナーとなってアセスメントを行うという視点が，クライエント中心主義からも重要になっている。

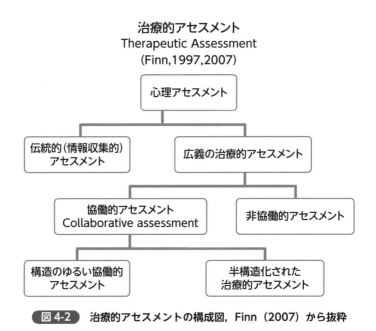

図 4-2　治療的アセスメントの構成図，Finn（2007）から抜粋

⑵ 治療的アセスメントと協働的なフィードバック

Finn (2007) は，フィードバック面接の体系化・構造化を試みるなかで，フィードバック面接を六つのステップで構成した。そして，検査によるアセスメントの流れのなかに，フィードバックのセッションを位置づけた。

Finnによるフィードバック面接六つのステップ

step 1：初回セッション
step 2：標準化された検査の実施
step 3：アセスメント介入セッション
step 4：まとめと話し合いのセッション
step 5：文書によるフィードバック
step 6：フォローアップ

特に，step 4「まとめと話し合いのセッション」では，従来型のフィードバックのように検査者からクライエントへの一方通行ではなく，相互作用を重視すべきと論じている。また，step 5の「文書によるフィードバック」では，検査結果を説明する際には，専門家向けのreportとクライエントに向けて平易な言葉で治療的に書いたletterの2種類があると述べている。従来型の情報収集型アセスメントでは，文書による報告書は専門家向けのreportが想定されていたが，Finnの治療的アセスメントの中で特筆すべきは，クライエント向けのものをletterとして，平易にわかりやすいメッセージとして位置づけた点があげられる。Finnは，文書によるフィードバックの構成内容として以下の五つをあげている。

Finnによるクライエント向けのフィードバック (letter) の構成内容

① 時候のあいさつ，クライエントへの協力・感謝の言葉
② アセスメントの日程と実施した検査の記録
③ クライエントの「問い」に対する答えという形式
④ 推奨する具体的方策 (recommendations)，箇条書きでもよい
⑤ 付録として，各検査の数値などの客観的データを添付

さらに，step 6の「フォローアップ」では，1〜2カ月後にフォローアップ面談を行い，アセスメント結果がフィードバックされて，実際にその後どのように生かされたのかを話し合う機会が設けられている。これも治療的・協働的アセスメントの大切な一場面であろう。Finnら (1997) は，治療的アセスメントのフィードバックとは，クライエントが自己や他者についての新しい考え方や感じ方を学ぶ機会であること，検査者とクライエント

が検査の情報を共有し，共感的に進めていくことと論じている。このように，治療的・協働的なフィードバックがうまく進めば，検査者とクライエントの関係は良好で互いに尊敬できるものとなるが，「協働的な関係が築けないと，クライエントは無力感を感じる可能性もある」とし，フィードバックはデリケートな面があることもFinnは論じている。

2 フィードバック面接のトレーニングについての動向

(1) 海外の研究動向

Finnによる治療的アセスメントと協働的なフィードバックが1990年代後半から現在にいたるまで広まってきているが，実際に心理職や検査者は，検査のフィードバックをどのように実施しているか，またどのようにフィードバックのトレーニングを受けているか，まず海外での研究をみてみよう。

Curry & Hanson (2010) が，APA（アメリカ心理学会）メンバー (513人) に検査のフィードバック面接に関するアンケート調査を行ったところ，フィードバック面接を「毎回する」は35.0％，「たいていする」は30.6％であった。

また，検査のフィードバックについてのトレーニング歴は，大学院でのコースワーク，医療機関や福祉機関等のインターンシップ，学位取得後のトレーニング等があげられていたが，フィードバックを学ぶ方法に体系的なものはなく，「自己学習」「トライアンドエラー」といった，現場での自己研鑽が主流であったとしている。

Jacobson, Hanson, Zhou (2015) らは，カナダのサイコロジスト (399人) にフィードバックについてたずねた。フィードバックを「ほとんどいつも」行っているのは73.7％，「たびたび」行っているのは14.5％であった。フィードバックのトレーニングは，講義，指導者とのオープン討論，スーパーバイザーによるモデリング，ロールプレイのほかに，臨床実習によるものが望ましいと述べている。

(2) 日本の研究動向

次に，日本におけるフィードバックのトレーニングについてみてみよう。依田 (2015) は，臨床心理士養成大学院の大学院生を対象とした調査で，知能検査のフィードバックの訓練は九つの大学院のうち五つで行われているが，「大学院生はフィードバックに関する訓練がまったくたりていないと感じている」という結果を報告している。

熊上ら (2016) は，フィードバックを行う対象を，子ども (幼児，小学生，中学生，高校生以上) と保護者・教員等に分けて調査を行った。その結果，知能検査の実務者 (66人) のうち，クライエントが小学生である場合は23.8％，中高生を含む場合は72.7％が，

子ども本人へのフィードバック面接を実施していた。

　保護者や教員・専門家等の支援者に対しては，ほとんどの場合にフィードバックが行われていたが，子どもに対しては，年齢や理解力，心理面への影響等を考慮してケースごとに実施が判断されていた。また，フィードバックに特化した研修を受講した経験がある検査者は，半数以下にとどまっていた。

　このように，日本でも検査のフィードバックは概ね実施されているものの，フィードバックをどのように実施するかのトレーニングは，大学院などで体系的に行われているというよりも，現場での指導や研鑽が多いことがうかがわれる。そうなると，配属された職場により受けたトレーニングの内容が異なることも予想される。

3 保護者のフィードバックの受けとめ方（カナダの研究から）

　では，フィードバックを保護者はどう受けとめているのか，カナダの研究からみてみよう。Coxら（2011）は，カナダの生後18 〜 36カ月の子どもに，発達テスト（Child Development Inventory）と語彙テスト（表現語彙検査 Expressive Vocabulary Test,絵画語彙検査 Peabody Picture Vocabulary Test）を行った。また，その結果を保護者（52人）にフィードバックした。保護者がフィードバックされた情報を「ポジティブに受けとめた」のは発達テストで75％，語彙テストで77％，「どちらともいえない」のは，発達テストで25％，語彙テストで22％，「ネガティブに受けとめた」のは，発達テスト・語彙テストともに0％であったという。また，書面でのフィードバックが「有用」との回答は，発達テストでは44％，語彙テストでは81％であり，「どちらともいえない」との回答が，発達テストでは44％，語彙テストでは13％であった。「ネガティブに受けとめた」という保護者はまったくいない結果であった。

　ただし，フィードバックを受けたときの保護者の感情についてもたずねたところ，多い順に「満足」「心地よい」「幸せ」「信用できる」であったが，「驚き」「圧倒される」「罪悪感」「気になる」「悲しい」「心配」「怒り」というネガティブ感情も回答されていた。

　このように，フィードバックを受けるときに，保護者はポジティブな感情だけでなくネガティブな感情も体験する可能性があることを念頭に置くことが大切になる。

4 フィードバックの実施方法に関する日本の研究

(1) フィードバックはコミュニケーション

　フィードバックの実施方法に関する日本の研究を紹介する。

まず，受検者や保護者との協働によるWAIS-Ⅲフィードバックの施行についての研究を紹介する（隈元2014，2018）。隈元は，WAIS-Ⅲを「受検者が自身の認知特性を知り，コーピング様式を変化させるツール」ととらえ直し，検査結果のフィードバックを「報告」ではなく「コミュニケーション」と位置づけている点が注目される。

　隈元（2014）は，フィードバックにあたり「WAIS-Ⅲレポート」（A4×1枚）を用いた。レポートは上半分がWAIS-Ⅲの群指数をグラフ化・視覚化したプロフィール，下半分が文章によるアセスメント結果のフィードバックやアドバイスとなっている。レポートをクライエントと検査者が共に見ながら，検査者が結果を説明し，クライエントと協働して具体策を構築する（レポートはクライエントが希望すれば手渡しする）。

フィードバックの流れ

① クライエントを招き入れる
② 相談前の雰囲気づくり（ラポート）
③ 結果の説明
④ プロフィールの見方の説明
⑤ 五つ程度に絞った検査結果の解釈の説明
⑥ 質疑応答を含む対話

隈元（2018）を参考に作成

　このフィードバック実施後，クライエントは，「フィードバックの説明がよく理解できた」「説明はわかりやすかった」「解釈は自分にあてはまっていた」「自己理解が促進された」「担当者への信頼感がもてた」などの項目の得点が高まり，検査を受けた人のコーピングの様式は，積極的コーピング（問題焦点型，情動焦点型）が増加し，消極的コーピング（回避・逃避型）が減少したと報告している。さらに，フィードバックの目的として意欲の増進，自己肯定感の高まりが大切であると隈元は論じている。

　K-ABCとWAIS-Rのフィードバックを行った事例報告（山中，2005）では，「口頭で検査結果を報告するだけでは，本人・保護者がすぐに忘れてしまったり，伝えた解釈が歪んでしまったりする可能性がある」として，検査結果報告書を用いたフィードバックを実施した。その際，知能検査報告書は検査者とクライエントのコミュニケーションツールであることを意識して，専門用語を日常用語に置きかえ，具体的・現実的な助言をする等の配慮をしている。また，「標準得点等の数値は，IQ値の理解の仕方と信頼区間をセットにして伝え，啓蒙的な説明をすべき」と山中は論じている。

⑵ フィードバックのスキル向上に焦点化したプログラム

　最後に、「心理検査のフィードバックがもたらす効果」について、おもにMMPI（ミネソタ多面人格目録）のフィードバックおよびMMPIレポートライティングについて研究・実践を行っている石川らの研究（2007）を紹介する。

　心理職は、大学院などの養成課程において検査結果報告書の書き方を学んでいる機会が少ない。そこで石川らは、架空のMMPI事例の報告書をもとに、グループごとに事例報告書を作成する宿題を行い、その後のグループディスカッションでは、提出された各事例報告書について、必須項目が書かれているか、文章は簡潔で明確・正確か、プロフィール解釈は妥当かどうかなどの指導を行っている。

　報告書作成にあたっては、「初めに概要を書く、詳細は後で書く」「検査結果ではなく、クライエントに焦点をあてる」「見立ての根拠のデータを示す」「指針の適切性を検討する」などのフィードバックの原則を指導しているとのことである。これにより、検査者の報告書作成のスキルが向上するとともに、フィードバックの倫理的側面も教育することができる。

〔第4章　引用参考文献〕
・Finn,S,E（2007）．In our clients' shoes. Theory and Techniques of Therapeutic Assessment. Psychology Press.（野田昌道・中村紀子訳（2014）．治療的アセスメントの理論と実践―クライエントの靴を履いて―．金剛出版）
・Curry, K. T., & Hanson, W. E.（2010）．National survey of psychologists' test feedback training, supervision, and practice : A mixed methods study. Journal of Personality Assessment,92（4），327-336.
・Jacobson, R. M., Hanson, W. E., & Zhou, H.（2015）Canadian psychologists' test feedback training and practice: A national survey. Canadian Psychology / Psychologie Canadienne,56（4），394-404.
・依田尚也（2015）．臨床心理士養成大学院における大学院生の心理検査訓練体験について．人文，14，169-177.
・熊上崇・熊上藤子・熊谷恵子（2016）．子どもの心理検査の結果のフィードバック―実務者への質問紙調査の分析と「学習アドバイスシート」の作成―，K-ABCアセスメント研究，18，79-88.
・Cox,K.,Hon,B,&Fernandez,C.,et al.（2011）．Impact on parents of receiving individualized feedback of psychological testing conducted with children as part of a research study. Accountability in research,18,342-356.
・隈元みちる（2014）．受検者との協働によるWAIS-Ⅲフィードバック方法の試行．兵庫教育大学研究紀要，44，177-182.
・隈元みちる（2018）．保護者支援としての協働的WISC-Ⅳフィードバック―自身も発達障害を有する保護者との事例を通して―，心理臨床学研究，36（4），377-386.
・山中克夫（2005）．当事者である本人やその家族に対する知能検査の結果報告の在り方―実際に報告を行った事例をもとに―．筑波大学学校教育論集，（27）35-44.
・石川健介（2007）．A-18心理検査のフィードバック教育プログラム開発に関する予備的検討．日本パーソナル心理学会発表論文集，16，52-53.

検査者が陥りがちな過剰な配慮 (著者体験談)
星井 純子

　私は，心理検査実施法の講習会の講師を担当させていただく機会がしばしばあります。受講者は何かしらの心理士の資格をおもちの方が多いのですが，そうでない方もいらっしゃいます。また，実際の職場や職種はさまざまです。

　検査実施方法の講習会や研修会，授業などに参加された経験のある方は，次のような注意を受けたことがあると思います。

　「子どもの力を最大限に発揮できるような配慮のもとに，マニュアルに忠実に実施すること。けっして検査者の独断で，マニュアルから逸脱した手続きをとってはいけない。例えば，『正誤を子どもからたずねられたときに教えてあげたら，もっと意欲的になれるだろう』と思っても，正誤のフィードバックが許されている問題以外では教えてはいけない。また，見通しをもてないと不安になりやすい子どもには『今日は○個のクイズをします。あと○個だね。がんばろう』などと言ってあげたくなるが，不安傾向になることも含めてアセスメントの一環であるから，問題数や所要時間，内容などの詳細な情報を事前に与えてはいけない。こういったさまざまなルールを守る必要がある」

　私は以前，学校の教員としての立場で，指導とともに子どもたちの検査にも携わっていました。自分の担当する子どもの検査を実施することは少なかったのですが，検査者と指導者・支援者とでは異なる対応が求められるため，やりにくさとの戦いがありました。日常のエピソードを知っていればいるほど，「あれっ？　この子は，この問題はわかるはずなのに……」などと，検査場面ではないところの情報を優先したくなってしまい悩みました。

　けれど，検査は同じ条件下で実施されることに意味があります。検査場面では力が発揮できていないようだという背景情報も含めて，実際の検査結果をどのように解釈するかが大切なのでしょう。かといって，検査は事務的に実施すればよいということではなく，必要に応じて適宜行う励ましまで否定されるものではありません。

　「子どもへの負担を少なくして検査を実施したい」「受検経験が子どもにとってつらい思い出にならないようにしたい」──このように思うあまり，検査者が独自に配慮しすぎた行為の結果，子どもの正確な情報が得られないようなことがあれば，結果として，子どもの不利益になってしまいます。このことを肝に銘じて，今後も検査を実施したいと思っています。

第 II 部

実 践 編

※事例について：登場人物はすべて仮名とし，内容については，個人情報に配慮しながら，本旨を損なわない程度に改変して紹介する。

検査前の相談（インテーク）と情報共有

1 保護者への説明と同意

1 保護者の安心感・納得感を得るために

　心理検査（おもに知能検査）の実施にあたっては，保護者や子ども本人に事前説明を行い，検査項目や実施のねらいについて同意を得る必要がある。この場面で安心感・納得感を得られるか否かが，検査への取り組み姿勢やフィードバックの効果にも影響してくる。

　検査前の相談（インテーク）では，まず，保護者が子どものことで相談にいたるまでの経緯を押さえておきたい。おもに三つのパターンがあげられる。

①　保護者と支援関係者（担任等）間に信頼関係があり，「今後の支援方針を立てるための客観的な情報や助言を得たい」というように目的がはっきりとしている場合。

②　保護者のみが困り感や問題意識を強くもち，不安の強さから相談にいたった場合。

③　支援関係者（おもに担任）からの強い勧めにより相談にいたったもので，保護者は必要度が低い，または納得していない場合。

　上記①の場合は，検査者と保護者の信頼関係がつくりやすく，事前の説明もしやすいだろう。②の場合は，保護者の不安な気持ちに寄り添い，安心感を与えるよう配慮したい。例えば，事前に記入していただいたチェックシートをもとに，保護者が特に気になる点や心配ごとに絞って具体的に語れるよう配慮することで，的確に検査の目的を共有しやすくなる。③の場合は，保護者と信頼感をつくるのに苦慮するケースであるが，検査の目的をしっかりと伝え，今後の支援に生かせるようにしたい。例えば，保護者は教員の力量や配慮の不足が子どもの苦戦の原因ではないかと考えている場合もあるため，客観的な検査を行うことによってお互いに子ども理解が深まり，信頼関係の修復にもつながる可能性があることを伝え，納得が得られるようにする。

　このように，保護者自身が，「検査結果が出たら前向きに受けとめて，それを生かせるようにしていきたい」「結果をもとに，担任の先生や支援関係者に相談していきたい」と思

えるように，検査者は相手に合った説明の仕方を工夫することが肝要である。

2 事前の情報収集と確認事項

(1) チェックリストを利用した情報収集

　前述のような配慮を行ったうえで，情報収集（主訴や困り感の把握，支援者間の関係性の理解等）を行う。チェックリストを用いる場合は，その内容にそって保護者と面接をして，疑問点や詳細情報を確認したり，相談内容を整理したりする。これを用いることの利点は，主訴（相談内容）をより具体的に把握し，検査者と保護者で共有できることにある。以下の項目別に具体的なチェックリストがある。

- **学習面**──聞く，話す，読む，書く，計算する，推論する　等
- **生活・行動面**──注意集中，多動・衝動性，対人関係・社会性　等
- **身体・健康・運動面**──粗大運動，微細運動，感覚，意欲・情緒　等

参考になる「チェックリスト」の例

『日本版KABC-Ⅱによる解釈の進め方と実践事例』丸善出版──学習面や行動面等11領域のチェック項目があり，本人または保護者・担任等の情報をもとに検査者が記録する。

『子どもの発達を支えるアセスメントツール』合同出版──困っていること確認シートと発達段階アセスメントシートがあり，家庭や保育・教育の場で観察後評価し，指導計画作成に生かせる。

『LDI-R LD判断のための調査票』日本文化科学社──教育現場の関係者がチェックする。

『ASA旭出式社会適応スキル検査』日本文化科学社──保護者や担任が回答する。

---

(2) 保護者の困り感，支援者間との関係性の理解

　相談内容（主訴）等の情報を収集する過程で，子どもの状態に対する保護者の困り感とともに，支援者（担任等）との関係性がみえてくる場合もある。情報収集とともに，保護者とほかの支援者間との関係性も理解しておく。

　主訴（相談内容）は，保護者，子ども，担任とで，それぞれ異なる場合も少なくない。そのような主訴をもつにいたったそれぞれの背景も押さえつつ，これらの情報を慎重に整理していきたい。いずれの場合にも，保護者の気持ちに寄り添いながら，子どもの現状を客観的に把握し共有していく過程を大切にする。このように，チェックリストや面談で主訴等の確認をしたうえで，どのような検査を行うかを検討し，保護者に提案・説明を行う。以下，保護者への説明と同意について説明する。

(1) 検査の実施理由と検査の選択

標準化された知能検査や認知検査を実施する場合の理由は，おもに二つある。

① **学校の勉強で苦戦状況にある場合**（おもに小学生・中学生）——知的発達の遅れや偏りの有無とその程度を調べ，支援につなげる。

② **集団内での行動上の問題で苦戦している場合**——検査結果から得られた認知特性に応じた支援につなげる。

一つの検査結果から得られる情報は限られているため，多面的な視点からの情報を収集するために，通常は複数の検査を組み合わせて行うことが多い。複数の検査を組み合わせる場合には，子どもの負担を考え，必要な検査を選んで行うようにする。中心となる検査を決めた後，限られた時間の中で主訴に応じて補完する検査を決めていく。例えば，書きで苦戦している小学校低学年児に，まずスクリーニング検査として，小学生の読み書きスクリーニング検査（STRAW-R）を行い，知能検査WISC-Ⅳを中心に，KABC-Ⅱやフロスティッグ視知覚発達検査（7歳11カ月まで），音韻検査等で補完する方法などがある。

(2) 検査の説明

保護者に説明する際の三つの要点，「どのような検査か」「何の目的で行うのか」「そこからどのような情報が得られる可能性があるのか」について，子どもの実態をもとに，具体的にわかりやすく説明する。その際，保護者の質問に答えながら検査に対する不安感を減らし，子どもの受検を前向きにとらえられるように配慮したい。

保護者の同意が得られたら，検査前の必要事項について，①検査の日時と場所，検査に必要なおおよその時間，②当日の子どもの持ち物，③事前に行う子どもに対する家庭での説明の仕方，④報告書の完成とフィードバック面接の日時，の4点を説明する。

以上の内容を中心に，保護者の疑問や質問にていねいにわかりやすく答えることで，子どもも安心して検査を受けることができるだろう。留意点として，特に上記の③についての説明は，保護者が「あなたは，できないことや悪いことがあるから検査を受けなければならない」といった，子どもが検査に否定的な印象をもってしまうような伝え方をしないように，「今よりももっとうまくできるように，得意発見（よいところ見つけ）テストを受けてみよう」などと，子どもの年齢や性格，現在の心境を考慮して，未来志向の肯定的な表現を具体的に提案するとよい。次に，保護者・教員等用「事前説明シート」の二つの例（WISC-Ⅳの例とKABC-Ⅱの例）を掲載するので参考にしてほしい。

支援に生かすアセスメントの実施について

　○月○日に 品川 コウタ さんの指導・支援に生かすために，茗荷谷心理教育センター（仮称）心理士（氏名：星井 純子）が検査を行います。

　検査名は，WISC-Ⅳという個別式の知能検査です。

● **検査の概要**

(1)　この検査では，さまざまな問題を行って，知能指数(IQ)といわれるものを出します。

(2)　WISC-Ⅳが示すIQは次の四つの力を総合したものです。

● 全検査IQ(FSIQ)

言語理解（VIQ）

語彙力や，言葉で理解したり，類推し，考えたりする力を測ります。

知覚推理（PRI）

非言語的な情報をもとに，新しい事柄を覚えたり，場面や状況を把握したり，推理して行動したりして問題解決する力を測ります。

ワーキングメモリー（WMI）

聞いた情報を記憶に一時的に留め，知識や経験を参照しながら，その情報を操作する力を測ります。

処理速度（PSI）

提示された単純な視覚的情報を，正確に速く処理または識別する力を測ります。

(3)　だいたい○時間○分くらいかかります。途中で休憩をとるかもしれません。

(4)　トイレ・水分補給後，○○室に○時○分に来てください。

　　　持ち物は○○です。

(5)　結果は○月○日に＿＿＿＿＿＿＿＿と ＿＿＿＿＿＿＿＿との面談時にご報告します。

　ご不明点がありましたら，検査前日までに星井宛ご連絡いただきますようお願い致します。

　以上，よろしくお願い致します。

○年○月○日

検査者：茗荷谷教育センター　**星井 純子**＿＿＿＿＿＿

連絡先：＿＿＿＿＿＿＿＿＿＿＿＿＿＿＿

図 5-1　保護者・教員等用「事前説明シート」の例（WISC-Ⅳ）

品川 コウタ さんの保護者様　　　　　　　　　　　　　　　　　　　　○年○月○日

検査についてのご説明

　今回，品川 コウタさんの認知の発達や特徴，学習の習得状況を把握するために，KABC-Ⅱ
検査の実施をご提案します。以下に今回の検査の概要と結果についてご報告します。

検査の概要

　KABC-Ⅱは，2歳6カ月から18歳11カ月を対象とした，お子さんがもっている力を把握
するために用いられる個別式検査の一つです。お子さんの「新しい場面で問題を解決する力」
と「これまで身につけてきた知識や技能」を比較できるほか，お子さんの中での得意な面,
不得意な面，未習得の事柄などをみることができます。

　この検査は，大きく二つ(認知総合尺度と習得総合尺度)に分かれています。さらにそれぞ
れが四つの尺度に分かれています。検査は，年齢に応じて実施する数や必要な時間が異な
ります。

認知総合尺度
・情報を受け取って，覚えたり，考えたりする力
・新しい場面や初めての問題を解決する力

継次尺度
・順番に連続して入ってくる情報を受け取って，処理する力
・ものごとを順序立てて理解したり，考えたりする力

同時尺度
・入ってきたいくつかの情報同士の関係をもとに処理する力
・ものごとを全体的・空間的にまとめて理解したり，考えたりする力

計画尺度
・課題解決の仕方を決めたり，途中で柔軟に修正したり，見直したりする力

学習尺度
・視覚・聴覚的に新しく入ってきた情報を，注意を持続して覚えておき，しばらくしてから思い出す力

習得総合尺度
学校(園)や家庭などで身につけられた語彙・読み書き，
算数という教科学習に関する基礎的な知識の量や技能

語彙尺度
・言葉の意味理解
・言葉による表現力

読み尺度
・文字や漢字の読み
・文章の理解力

書き尺度
・文字や漢字の書き
・文を作成する力

算数尺度
・計算力
・数を伴う推理力

図 5-1 保護者・教員等用「事前説明シート」の例（KABC-Ⅱ）

2 子どもへの説明と同意

1 子どもへの説明と検査者の子ども理解のために

ここでは，子どもへの事前説明の方法と留意点および検査者が子どもを理解するための工夫について紹介する。

(1) 子どもの気持ちに寄り添った配慮

これから受ける検査について，子どもへ直接説明する機会は，事前に検査者が子どもと面談できる場合と，当日に検査者と子どもが対面し，会話や説明を短時間行ってから検査を実施する場合とが想定される。いずれも，保護者の場合と同様に，まずは子どもの気持ちを受容し，緊張をほぐしながら，検査に前向きになり，普段の力を発揮できるように十分配慮したい。

保護者が子どもに対してどのような説明をしているかが，検査に対する子どもの安心感・納得感に大きく影響してくる。例えば，幼児であれば，「今度クイズみたいのをやるよ。楽しいと思うから行ってみようね」という言葉かけがあると，「面白そうだな」と子ども自身が興味をもって受検する場合もある。ただし，「クイズ大会」や「〜ごっこ」などと楽しさのみを強調するのはギャップが生じるのでよくない。

保護者には，「子どもへの説明は，未来志向の肯定的な表現で」と依頼しておく。ただし，検査前の相談と当日の検査を別の担当者が実施する場合もあるため，うまく伝わっていないこともあるだろう。特に，保護者自身の不安感が強い場合には，子どもにもうまく伝わっていない可能性がある。

例えば，子どもが，「友達はやらないのに，僕だけ特別なことをするのは嫌だな」などと不本意であったり，「遊ぶ時間が少なくなる」「苦手なことばかりだったら嫌だな」などと負担に思っていたりすると，検査結果やフィードバックにも影響が出てしまう。こうした子どもへは，例えば，「そう思いながらも，ここまで来てくれてありがとう。これからあなたの得意を見つけて，今よりもやりやすい方法（勉強，生活など）を見つけましょう」などとねぎらい，検査に気持ちが向くように簡潔に伝える方法がある。子どもの気持ちに寄り添い，納得して受検できるような配慮を心がけたい。

⑵ ラポール形成と情報収集（インタビューカードの利用）

　検査への不安が高まっている，年齢の幼い子どもや，知的発達の困難がある子どもに，ラポール形成の意味も含めて，以下のような事前インタビューを実施することも考えられる。ただし，事前インタビューにより子どもが疲れたりしないよう，検査の実施に影響を与えない程度に行う。

　事前インタビュー項目には，例えば以下のようなものがある。

・好きな・苦手な勉強

・好きなこと・趣味・遊び

・学校で楽しいこと・困っていること

・今の気持ち

・睡眠・食事・運動について

　この事前インタビューは必須のものではなく，あくまでも検査の解釈やフィードバックの際の補助となるものであるが，検査前に，以上のようなことを，5分程度で聞くことによって，子どももリラックスでき，検査に導入しやすくなる。また，子どもがインタビューで答えたことを参考にして，フィードバックの内容を作成したり工夫したりすることができる。

受検者家族，そして検査者として感じたフィードバックの影響力（著者体験談）
熊上 藤子

　私には五つ年下の弟がいます。弟は幼児期からケガがたえず，中学に入学するころには，けんかの回数も多くなり，中学1年生のときに受診した病院で，知能検査を含めた心理検査を受けました。母が検査結果のフィードバックを受けてきた日のことを，私は今でもよく覚えています。

　「この子は，目に見えたことにつられて衝動的に体が動いてしまうけれど，本人は実はそうしたいわけではないから，つらいと思う。賢いしやさしい子だって信じてあげなきゃね」──母は数年ぶりに見る晴れやかな表情で，家族に話してくれました。弟が受けた心理検査の結果が，母の悩みや不安を軽くし，さらには母が弟の代弁者として周囲に働きかける原動力にさえなったのです。

　やがて弟は家庭と学校で見守られるなかで情緒的に安定し，知的好奇心にあふれた家族思いの青年に育ちました。当時20歳だった私にとって，弟の支援をめぐる一連の出来事は衝撃的であり，これが心理職の道を志すきっかけになりました。そして現在，検査を実施する側になり，受検した子どもとそのご家族全員の人生に立ち会っていることを実感しています。

　心理職として心理検査（特に知能検査）のフィードバックを重ねるなかで，私自身は周到に準備をしたつもりでも，結果の説明について，保護者と齟齬が生じることがありました。例えば，「平均よりも，ゆっくりと発達しています」と説明したときに，「遅れているだけだから，1年後には友達に追いつくはず。それまでがんばろう」と誤った認識をもたれたことがあります。「それは何か障害があるということですか？」と不安を抱かせてしまったこともあります。

　こうした経験から私は，知能検査の結果を保護者に伝える際，特に子どもの弱いところ，数値の低い部分について表現する場合には，細心の注意が必要であることを学びました。その語が指す意味や範囲について，わかりやすく平易な言葉で説明することを大切にしながらも，いかに誤解を与えないように的確な言葉で説明できるか……。

　かくいう私は，今も保護者から質問があると心拍数が上がりっぱなしですが，「ご家族全員の人生に立ち会うこと。それが検査のフィードバックである」と肝に銘じ，日々研鑽に努めたいと思っています。

　本書が，読者の検査技術の一助になることで，より多くの子育て支援につながることを願っています。

3 検査実施および情報共有に関する承諾書

1 本人・保護者が安心してチーム支援の一員になるために

　本章の1〜2節では，検査前に，検査の概要を説明するための「事前説明シート」などについて紹介してきた。その際，必要に応じて，「検査実施および情報共有に関する承諾書」の依頼についても検討するとよいだろう。

　知能検査結果は，基本的には保護者に渡されるものである（子どもが中高生以上の場合は本人に手渡すことも多い）。学校などの支援者に対しては，保護者が検査結果を持参して，指導や支援の参考にしてほしいと依頼することが多いであろう。

　しかし，保護者も，知能検査結果がよく理解できなかったり，学校などの支援機関に手渡す際に説明に不安を感じるときもある。そこで，保護者から，知能検査の実施者に，チーム支援会議などで知能検査結果を説明してほしいとの要望があることもある。

　保護者からこのような依頼があったときなど，知能検査結果をチーム支援会議などで共有することも見込まれるときは，あらかじめ情報共有の範囲と保護者の同意について書面に記載しておくとスムーズであろう。

　なお，情報共有のプロセスについては，当然ながら，子ども本人や保護者の自己決定を尊重しなければならない。承諾書があれば，あとは保護者の確認がいらないというものではないことを強調しておきたい。

2 「検査実施および情報共有に関する承諾書」試案

(1) 構成内容

　72ページに「検査実施および情報共有に関する承諾書」の例を掲載した。あくまで試案のため，これを参考に，本人・保護者の理解度や状態に応じて，文面や文章・言葉，書式を変更して使っていただきたい。

　この承諾書は次の三つの内容で構成されている。

　①　検査実施の目的：単に知能指数などを算出するためではなく，得意な点・不得意な点を明らかにして今後の学習や生活面に生かすことが目的であることの説明。

　②　フィードバックの方法：アセスメント結果を口頭または書面で，本人または保護者

にフィードバックすることの説明。なお，アセスメント結果には，検査の結果だけでなく，学校や家庭での生活状況など，検査実施に前後する面談記録なども想定している。

③　情報共有：アセスメント結果を，本人または保護者が承諾する機関および人と共有する場合について。

ここで特に重要になるのは③である。例えば学校であれば，チームで支援を進めていく観点から，できれば担任だけでなく，管理職を含めた学校全体での共有が必要であることを説明し，同意を得ることが望ましい。

(2)　説明と同意における留意点

情報共有のプロセスにおいては，本人・保護者の自己決定を尊重しなければならない。そのため，情報共有の範囲について，いつでも撤回・付加できるという文言・説明を文書に付記しておくことは重要である。堅苦しく形式張ったものにせず，「みんなで支援したい」というあたたかい関係のもと，自然な感じで説明をするよう心がけたい。

(3)　検査以外の情報共有における留意点

アセスメントには，知能検査の結果だけでなく，前後の面談などから，本人の生活歴・家族状況，学校での状況などプライバシーにかかわることを取り上げることが多くなる。例えば，学習がうまくいかない要因として，落ち着いて勉強ができない家庭環境があげられる場合もある。こうした検査以外の情報共有についても，あとでトラブルにならないようにしたい。説明と同意を通じてあたたかい雰囲気を形成し，信頼関係を築いておくことはすべての支援の土台になる。

また，学校や専門機関との情報共有は，連携をスムーズに進め，本人の支援につながることについても，本人・保護者に十分に伝えていきたい。

〔第5章　引用参考文献〕
・熊上崇・熊上藤子 (2017)．第5章3項　検査結果の伝え方．小野純平・小林玄・原伸生・東原文子・星井純子編 (2017)．日本版KABC-Ⅱによる解釈の進め方と実践事例．丸善出版.65-70.

検査実施および情報共有に関する承諾書

目黒 モモコさん，保護者の方　へ

1　このたび，目黒モモコさんは，図書文化高校の生徒として，茗荷谷心理教育センター（仮称）の公認心理師である熊上崇により，認知・学習習得度検査である KABC-Ⅱを受けることになりました。
　　この検査は，あなたの得意な点や苦手な点を明らかにして，これからの勉強方法などの参考にするためのものです。

2　アセスメント結果（検査結果だけでなく，面談でお聞きした結果も含みます）については，目黒さんと保護者に口頭で説明し，書面で結果報告書（アドバイスシート）をお渡しします。これに加えて，以下の方々にアセスメント結果を口頭または書面で知らせてもよろしいでしょうか？

　　以下より，アセスメント結果を知らせてもよい人・組織に○をつけてください。

知らせてよい場所・人	よければ○をつけてください
・図書文化高校の先生 （担任・校長，支援する先生）	
・○○児童相談所	
・支援チームでの会議 （参加機関は○○, ○○です）	
・その他	

※これらの内容は，あとで変更することもできますので，遠慮なくお伝えください。
　それでは，よろしくお願いいたします。

〇年〇月〇日

検査者：茗荷谷心理教育センター　熊上　崇

連絡先：（必要があれば記載）

生徒署名 _____

保護者署名 _____

図 5-6　検査実施および情報共有に関する承諾書（試案）

日常の中では意外と気づきにくい親子で異なる認知処理のタイプ（著者体験談）

星井 純子

　今から四半世紀以上前のことです。小学校で通級の教員をしていた私は，K-ABC を懸命に勉強していました。認知処理の二つのタイプについて，私は何人かの方に，「あなたは継次処理型ね」と言われることがしばしばありました。確かに，ものごとを一つ一つ順序どおりに処理していくことや，部分的なことから段階的に全体的なことへと進めていくほうがやりやすかったのです。このため，「私は継次処理型だな」という自覚もありました。

　当時の私は，いろいろな方にご協力いただきながら，K-ABC の実施方法を練習していましたが，小学生だった２人の息子にも，私の練習に協力してもらいました。参考値としての解釈でしたが，長男は概ね同時処理優位，次男は継次処理優位という結果が出ました。私と次男は同じタイプ，長男は異なるタイプと分かれたのです。普段の様子を見ていて納得しましたが，「親子でもきょうだいでも，そこは違うの？」と，改めて認識しました。

　「学習や生活に苦戦しているお子さんに K-ABC を役立てたい」と意欲をもって学んでいた私ですが，わが子に対して，「自分はわかりやすいが，２人にとってやりやすいか」という視点は特にもつことなく，忙しい毎日の中で子育てをしていました。例えば，放課後の生活や宿題チェック，夏休みのスケジュールや課題のさせ方などの声かけは，部分ごとに一つ一つ言葉だけで伝えていたように思います。「このやり方では，全体像やゴールがみえず，長男にはストレスだったろうなあ」と反省しました。

　この発見以来，子どもに対して「何か伝わりづらいなあ」と感じたときや，子どもから勉強の仕方を相談されたときなどには，指導の５原則を頭に浮かべて提案するようにしました。次男は自分の声をマイク音で聴く暗記学習が役立ったようです。今でも長男は，「僕は同時処理だったね」などということがあります。それぞれに合うやり方を，少し見つけられたのかもしれないと思いました。

　振り返ると，検査者をめざして勉強していたときの私は，わが子の認知特性と自分の認知特性の違いについては，深く考えていませんでした。受検するお子さんの保護者の方もご自身とお子さんの認知処理様式が異なることに気がつかないまま，「伝わりづらい（保護者）」「わかりづらい（子ども）」と悩んでいらっしゃるかもしれません。

　かつての苦い経験も生かしながら，こうした保護者・子ども双方の思いに寄り添うフィードバックを，今後も心がけていきたいと思っています。

フィードバックの報告書と面接の基本

1 保護者・教員等を対象とした報告書と面接

1 検査結果報告書の実際 ― 保護者・教員等向け

　「相手のエンパワメント向上を心がけながら，子どもの特性，得意・不得意をわかりやすく伝え，日常・学校生活での"明日から使える"かかわり・支援の仕方を具体的に伝えること」を念頭に，心理検査（知能検査）の報告書を作成することが大切である。ここでは，筆者作成の検査結果報告書の例を示す。子どもの年齢によらず，検査結果を伝える際に広く使えると思われるため，ひな形として紹介する。

⑴　検査結果報告書の構成（概要）

　ここで紹介する報告書は全体で3ページ（A4判）にまとめている。専門用語の説明は最小限にとどめ，文章表現は簡潔に，一文は短めに，を心がけて作成している。

① 　「**検査結果のご報告**」（1ページ目）……鑑文（書類全体の要点等を記す文書）のイメージ。「報告書に必要な基本的な要素の例」（⇒32ページ）の内容を記している。

② 　「**おもな検査結果**」（2ページ目）……KABC-Ⅱの例で，解説を視覚的に取り入れて，検査結果を説明している。

③ 　「**検査結果の詳細**」（3ページ目）

　　❶　検査時の様子……入室から退室までの特徴的な様子を記載する。

　　❷　結果から読み取れること……表の数値と，その意味について解説する。

　　❸　ご提案……主訴（相談内容）に対する具体的な提案を，行動レベルで説明する。

⑵　検査結果報告書の例

　ここでは保護者向けの事例を示す（図6-1〜6-3）。なお，本事例の子どもを対象とした報告書と面接は，第7章1節に掲載している。事例の概要はそちらを参照いただきたい。

1ページ目

田端 マサキさんの保護者様　　　　　　　　　　　　　　　　○年○月○日

検査結果のご報告

　○月○日に行いました検査の結果をご報告します。このご報告書は，今後の支援に役立てられるようなお子さんの特徴について情報を提供するものです。どのような検査でも結果からわかることはお子さんのすべてではありません。結果の数値だけにとらわれず，これからの生活や学習の中で生かしていただければ幸いです。

　なお，どのような検査にも当日のコンディションなどにより，ある程度の誤差があるため，結果の数値は測定誤差の範囲を示しています。

〈検査結果〉

受験者氏名	田端 マサキ
実施した検査名	KABC-Ⅱ
実施日	○年○月○日
検査目的(ご相談内容)	個人作業を伴う課題で最後まで仕上げることができない。 漢字の書き取りの練習をしたがらず，毎回のテストの得点が低い。
生年月日(年齢・学年)	○年○月○日(9歳9カ月・小学4年生)
実施場所	茗荷谷教育センター（仮称）
検査者名(資格)	星井純子(公認心理師)
その他	（必要に応じて記載）

＊次ページの見方（おもな用語や数値について）

● 標準得点：平均が100で，100±15の範囲に，およそ70％のお子さんが入ります。

● 得意・不得意を表す記号

　ＮＳ：同年齢のお子さんと比べて強い力を表します。

　ＮＷ：同年齢のお子さんと比べて弱い力を表します。

　ＰＳ：お子さんの中で強い力を表します。

　ＰＷ：お子さんの中で弱い力を表します。

● 測定誤差 (90％水準)：お子さんの力を正しく表す数値は，90％の確率でこの範囲に入ります。

　2ページ以降に，各尺度の数値と，結果から読み取れた内容のご報告および今後についてご提案いたします。

図 6-1　報告書① 「検査結果のご報告」の例

おもな検査結果

	標準得点 (平均100)	測定誤差 (90%水準)	得意・ 不得意	標準得点 (平均100)
継次処理の力	117	110-123	NS・PS	平均の上
同時処理の力	84	77-93	NW・PW	低い―平均
計画能力	96	88-105		平均の下―平均
学習能力	92	89-100		平均の下―平均
認知総合尺度	96	91-101		平均
語彙の力	103	97-109	PS	平均
読みの力	96	90-102		平均
書きの力	74	67-83	NW・PW	非常に低い― 平均の下
算数の力	96	91-101		平均
習得総合尺度	92	88-96		平均の下―平均

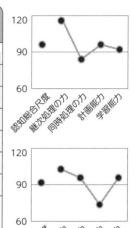

継次・同時でお子さんが得意なほうは？

例えば，道案内では？
同時処理の強い人のやり方
今いるところからゴールまで，「あちらの方」などと，だいたいの方向のイメージをもって進んでいくタイプ。

あっちの方へ進めばいけるよ！

例えば，道案内では？
継次処理の強い人のやり方
1番目(最初)に右に曲がる
2番目(次)も右に曲がる
3番目(最後)は左に曲がるとゴール，と順番に進んでいくタイプ。

例えば，初めての場所に行くときには？
計画能力が強い人のやり方
「地図を確認したら目印を頭に入れて歩いて行こう」とか「地図を持って見ながら行きやすい方法を考え，見通しをもって進み，途中で修正したり最後に確認したりできます。

例えば，新しい文字や漢字を覚えるときには？
学習能力が強い人のやり方
漢字を見て読みがなを聞き，形の特徴など覚え方を見つけて覚えておくことができ，繰り返し見たり聞いたりしていく間に正しい字を覚えていくことができます。

イラスト：アリンコアリ

図6-2 報告書② 「おもな検査結果」の例

3ページ目

おもな検査結果

❶ 検査時の様子

笑顔で入室し，特に緊張した様子はありませんでした。

自己紹介と説明後，検査を行い最後まで意欲的に取り組んでいました。

検査中は，思わず用具を触ろうとすることがありましたが，テスターの「手は膝に」の指示にはすぐに応じることができ，その後つい手を伸ばしそうになったときにあわてて抑えていました。

問題を考えているときに，「順番にやっていくと結構やりやすいな」と言っていました。

書きの問題のときには，「ぼくはちょっと苦手で……」という発言があり，あきらめが早く，自信がない様子でした。

❷ 結果から読み取れること

今回の結果，WISC-Ⅳの全検査知能に比較的近いとされる「認知総合尺度」は，96（91-101）でしたので「平均」の範囲にあると考えられます。また，これまでに身につけてきた読み書きや算数の習得状況を測る「習得総合尺度」は，92（88-96）で「平均の下─平均」の範囲でしたので，もっている認知の力（新しいことを理解したり解決したりする力）をほぼ今の学習に生かすことができているようです。一方で，書くことについては，大変苦戦をしていることが検査からもうかがえました。

マサキさんの情報の処理の特徴としては，「継次処理」のほうが「同時処理」よりも強い結果でした。ただし，検査道具に触る，課題に取り組んでいる途中に視線が逸れるなど，注意・集中が持続しにくい様子がありました。以上の結果をまとめると，日ごろの学習においては「書き」や注意・集中の苦手さに配慮しながらも，得意な「継次処理」の能力を生かした支援が必要といえるでしょう。

❸ ご提案

これらの結果からマサキさんの得意を生かし，苦手に配慮した工夫として，いくつかご提案いたします。マサキさんは継次処理の力が強いので，その強さを生かし，説明や指示をするときには，いくつかの段階に分けて順番に伝えてから作業を始める方法がやりやすいと思われます。具体的には次のような方法です。

〈個人作業を最後まで続けられるようにするには〉

① 課題を説明する際は，マサキさんが得意な継次処理能力を生かして理解できるよう，作業手順に番号をつけたり，「初めに」「次に」などの言葉を足す。また，マサキさん自身が作業手順と予定時間を確認しやすくなるよう，室内に書いて掲示しておく。

② 長時間行う作業は，区切りのよいところで休憩を設け，最後まで注意・集中が続きやすくなるよう配慮する。このとき，どのような方法がうまくいっているかを振り返り，修正点があるかについて話し合う（計画能力を生かす）。

③ 作業中は，うまくいっているときこそタイムリーに言葉をかけ，「○○を工夫しているね」などと具体的にほめる。マサキさんの注意・集中が途切れそうな場合は，手順表を指し示しながら注目を促す。

〈漢字の書き〉

① 継次処理を生かして，「タテタテ，トメル」と書き順を声に出しながら書く。あるいは漢字書き歌を唱えてもよい。

② 書く負担を減らすためには，画用紙やミニホワイトボードなどを使って，一つの文字を大きく書くように促すとよい。

これらの中には，すでに取り組んでいらっしゃることや，今行うのはむずかしいものがあるかもしれません。ご検討のうえ，選択したりアレンジしたりしていただければと思います。以上，ご報告いたします。ご不明のことがありましたら，何でもおたずねください。

○○年○月○日　茗荷谷教育センター　星井 純子

図6-3 報告書③「検査結果の詳細」の例（抜粋）

〔引用参考文献〕熊上崇・熊上藤子（2017）

(3)　事例の報告書 (検査結果の詳細) の解説

報告書①「検査結果のご報告」について

「報告書に必要な基本的な要素の例」(32ページ) の, ①子どもの名前 (生年月日・年齢), ②相談内容・検査の目的, ③実施した検査名, ④実施日時・場所, ⑤検査者氏名・所属・資格等を提示。

報告書②「おもな検査結果」について

検査結果の数値が高かった能力 (強い能力, 強み, 得意な面) をイメージできるよう, 該当箇所に目印 (矢印) を付け, 強調している。本事例のマサキさん (仮名) は, 「同時処理が不得意 (PW), 継次処理が得意 (PS)」のため, 「継次処理の強い人のやり方」に数値結果から矢印を伸ばし, その部分を拡大して強調した。

報告書③「検査結果の詳細」について

❶　検査時の様子

問題を思考中, 「順番にやっていくとやりやすい」というつぶやきや, 書き問題のときには, 苦手意識を表現する発言があった。こうした検査中の「つぶやき」が検査結果を裏づけると思われたため, 取り上げている。

❷　結果から読み取れること

マサキさんが苦戦している状況 (主訴) は, 書きを伴う学習の苦戦状況であった。そこで, 学習指導に役立つよう, マサキさんの強みである継次処理能力を強調しながら記述した。

❸　ご提案

マサキさんの場合は, ①個人作業を最後まで続けられるように, ②漢字の書きという2点に対して, 検査結果を踏まえた指導方法を提案した。

このように, 主訴 (相談内容) に対する具体的で実現できそうな提案を, 行動レベルで記述することが大切である。場合によっては, 教材やツールなどの情報提供も行う。

※留意事項

なお, 本報告書の記入例はあくまでも, 事例の児童のケースにおけるポイントが, 検査の非専門家である保護者に伝わるように言葉を選んだものである。そのまま使うのではなく, ケースに応じた表現を検討してほしい。

また, 報告書を読む側の認知スタイルも, 構成や記述方法を考える際に配慮するとよい。例えば, マサキさんの保護者に, 面接時, 保護者自身の認知スタイルを把握するチェックリスト (藤田, 2019) に記入してもらい, 仮にマサキさんと同様, 継次処理タイプであれば, 項目に番号を付け, 提案したい事柄にも優先順位を明確に決めるとわかりやすいだろう。あるいは, 保護者が同時処理タイプであれば, まず全体像が直感的に理解できるようなイラストを効果的に入れるなどの工夫ができる。どちらの場合も, 長い文章表現はできるだけ避けたい。

/

2 フィードバック面接の実際 ── 保護者・教員等向け

　ここでは，75 〜 77 ページのシートの事例 (田端マサキさん〔仮名〕, 小4) 保護者を対象としたフィードバック面接について, 面接の流れにそって具体的に紹介する。次に,「面接の導入場面」について, 学校関係者を含む場合と子ども (本人) が同席する場合の例についても紹介する。

　また,「数値についてどのように説明するか」は検査者が頭を悩ますところである。そこで, 本節の最後に, 高校生 (サトシさん〔仮名〕) の保護者との面接場面を抜粋して紹介する。

⑴　保護者との面接の概要と実際

　第2章で示した検査者の基本原則 (心構え) と面接の流れをおさらいしておこう。

検査者の基本原則 (心構え)

❶　伝えることよりも聴く姿勢を大切にする。

❷　発話の割合は, 2 (検査者)：8 (クライエント) を意識する。

❸　相談内容 (主訴) と関連づけ, クライエントの自己理解につなげる。

面接の流れ

❶　あいさつ, 近況確認

❷　検査結果説明, 専門用語解説

❸　質疑応答, 今後の支援に関する協議

❹　今後の支援方針 (まとめ)

　フィードバック面接では, 検査結果という根拠を示しながら, 子どもへのよりよい支援について語り合うことが望ましい。しかし, 検査者と保護者はインテークから時間をおいて会うことになる場合が多い。また, 保護者は,「数値が低かったらどうしよう」などと, 不安をもっていることも多い。

　したがって, フィードバック面接の導入場面では, 相手の不安を和らげラポールを形成することが先決となる。上述のように, 面接での発話量は,「検査者2割, クライエント8割」をめざしたい。そのためにも, 最初から検査の話題に入るのではなく, 相手の緊張をほぐし, 話しやすい雰囲気をつくることを心がける。まずは面接室にあたたかく迎え入れ, 来所 (来校) のお礼やねぎらいを述べたのち, 子どもの近況や成長を感じたエピソードなどを教えてもらう時間を設けるとよいだろう。会話から始めて関係を築きつつ, 展開をつくっていくのである。

　ここからは保護者へのフィードバック面接について, 会話形式で紹介する。

⑵ 保護者を対象としたフィードバック面接の実際――小4マサキの例――

――❶ あいさつ，近況確認

検査者：(笑顔で)こんにちは、田端さん。ご来所いただきありがとう
　　　　ございます。先日の検査について，お子さん（マサキさん・
　　　　小4）は感想を言っていましたか？

保護者：帰り道に「どうだった？」と聞くと，「むずかしいのがあって，
　　　　できないのもあったけど，面白いのや得意なものもあったよ。
　　　　がんばったから結構疲れた」と言っていました。

検査者：そうでしたか。授業より少し長い時間だったので，疲れたか
　　　　もしれませんが，最後まで意欲的に取り組んでいましたよ。

保護者：そうですか。それはよかったです。

検査者：では，ご報告の前に，マサキさんの最近の様子について，少々
　　　　お聞きしてもよろしいでしょうか。以前うかがった内容から
　　　　変わった様子や成長したことなどを教えていただけますか。

保護者：4年生になってクラス替えはなかったので，環境はさほど変
　　　　わりませんが，本人が希望した鉄道クラブに入り，毎週1回
　　　　はクラブでDVDを見て友達と感想を言い合うのが楽しいと
　　　　言っています。本や図鑑を見ているので，漢字の読みは大丈
　　　　夫ですが，書きは苦労していて，毎回書き取りテスト前日に
　　　　は私も書く練習につき合っていますが，なかなか……。

検査者：クラブ活動が楽しみになって，共通の趣味がある友達もでき
　　　　てよかったですね。では，検査のご報告をし，漢字の書きも
　　　　含め，お子さんの得意を生かしてどのような取り組みができ
　　　　そうか，弱い部分にどう配慮したらよいかをご提案します。
　　　　これからできそうなことを一緒に考えていきましょう。

――❷ 検査結果説明，専門用語解説

検査者：まず，検査前のご説明時にお渡ししたKABC-Ⅱ解説を，本
　　　　日もご用意していますので，もう一度ご確認ください。

保護者：はい。家でも読みましたのでだいたい大丈夫です。

検査者：報告書をご覧いただきながら，初めに，認知総合尺度と習得
　　　　総合尺度を比べてみます。次に，二つの総合尺度の中にある
　　　　各々四つの力の中でマサキさんが強い力と弱い力についてご
　　　　報告します。この表とグラフをご覧ください。マサキさんは
　　　　自らの「認知総合尺度の得点」つまり「新しいことを覚えたり，

ポイント
フィードバックと
カウンセリングの要点

最初に来所（来校）のお礼や
ねぎらいを述べる。

検査中の観察からみられた
子どもの長所を伝え，保護
者のエンパワメント向上を
図る。

すぐに検査の報告には入ら
ず，最近の子どもの様子な
どを話してもらうことで，保
護者が話しやすい雰囲気を
つくる。これにより，わか
らない点等があれば，保護
者からも質問しやすくなる。
伝えることよりも聴く姿勢
を大切にする。

「初めに〜次に〜」と，事
前に入手した情報（保護者
の得意な認知処理「継次処
理」）に配慮したわかりやす
い説明を工夫する。

口頭だけでなく，報告書の
表やグラフをもとに説明す
るとわかりやすい（⇒76
ページ）。

問題を解決したりする力」を発揮して「習得総合尺度」つまり「学習の基礎」が習得できていると思います。けれどご相談にあった「書く力」については，漢字や文章表現がまだ習得できていないので，マサキさんの苦しい状況がわかりました。

保護者：漢字を書くことを嫌がり，いまは作文に漢字を入れないと注意されるから作文も苦手だと言っています。高学年では書く勉強が増えるので，全教科に影響が出そうで心配です。

検査者：確かに漢字は学年が上がると難易度が上がるので大変ですよね。検査結果で強みがわかりましたので，そこを大事に考えていきましょう。ご報告に戻りますが，マサキさんの長所として，認知処理の中で継次処理の強さがありました。

保護者の気づきを話題に取り上げる。

保護者からの新たなエピソードや考えも引き出しつつ，話題が逸れないように注意しながら報告を続ける。

保護者：先日ご説明いただいた，カーナビなら目的地まで地図画面を見て行くより音声案内のほうがよいという，順番にやっていくタイプのことですね。私もどちらかというとそうです。

検査者：そうです。一つ一つ順番に処理していくタイプです。

保護者：そういえば，マサキが2年生のとき，私が用意した九九表はあまり見ずに，リズムよく順番に唱えて早く覚えました。

検査者：マサキさんの強みは，いくつかのことを一度に考えるよりも，言葉を使って順序よく覚えたり課題を処理したりすることのようです。あと，検査中の様子から見られた特徴ですが，目の前の刺激にはやや反応してしまいやすいようです。

保護者：小さいときから好奇心旺盛というか，落ち着きがなくて気が散りやすかった記憶があります。今も，やっている途中で気持ちがそれたり，忘れたりという失敗が多いです。

保護者の主訴には出ていなかった情報も，実は重要な特徴であることが少なくない。注意深く聴くことが大切。

検査者：検査中も興味のある問題では注意が持続できましたが，次の問題準備のわずかな時間に，注意がそれやすかったので，環境調整や配慮が必要です。作業をやり遂げるには，課題の難易度や手順のわかりやすさなど，マサキさんにあった内容や方法が大事で，事前説明や作業中の工夫が必要です。（後略）

──❸ 質疑応答，今後の支援に関する協議

検査者：結果をお聞きになっていかがでしたか。

保護者：継次処理が強かったのは納得です。計画能力や学習能力もそう弱くなかったので，少し安心しました。これから書くことをどのように助けていったらよいのでしょうか。

検査者：毎週ある漢字テストの前日に，親子で練習するのはとても大変なことです。<u>お母さんはほんとうにがんばってつき合ってくださっているのですね。</u>

保護者：漢字が正しく書ければという思いがあって，マサキが間違えたときにすぐに教えたり，何度も消しゴムで消すとノートが破れたりして，お互いにイライラして……。

検査者：マサキさんは継次処理が強いので，手本を見ながらノートに黙々と漢字を書いて覚えるよりも，唱えながら順番に書いていくほうが覚えやすいと思います。

保護者：そうですか。とにかく練習させなければと思っていたので。

検査者：そこで報告書のように，新しい漢字の練習では「最初は，タテタテ，トメル」と一画目から書き順を声に出しながら書いたり，書き順を歌にした<u>「漢字書き歌」を使って唱えながら書いていく方法</u>をご提案します。

保護者：マサキは九九も唱えてスラスラ覚えたし，面白そうですね。漢字書き歌は歌いながらノートに書いていけばよいのですか。

検査者：<u>最初はミニホワイトボードに大きめに書く方法は試されましたか？</u>　ノートと消しゴムよりもきれいに直すことができますよ。練習量は多くなくても唱えながら点や画の特徴を言葉で確認して書いていくことで，覚えやすいと思います。ノートはマス目が少し大きめのほうがよいかもしれませんが，担任の先生とも相談されることをおすすめします。

保護者：相談してみます。あと家では，「夕飯までに宿題と明日の用意を終わらせること。おやつは手を洗ってから」などと一度に言ってしまいますが，わかりにくいですね。マサキは何かを抜かします。向き合って一つ一つですね。

――❹　今後の支援方針（まとめ）

検査者：ご提案した漢字の練習方法については，担任の先生ともご相談いただいて，漢字練習ノートの使い方や宿題の範囲や量などについても調整が必要かもしれません。また，作業前の説明や指示を段階的に伝える工夫として，「1番目に○○，2番目に○○」のように順番を表す言葉や番号を使ってもらえるとよいので，マサキさんの支援会議で提案してみます。

保護者：<u>マサキに合った方法を家でも話し合ってみます。</u>（後略）

右欄（補足メモ）

保護者の努力をねぎらうことが大事。

検査結果を生かした提案は，保護者がイメージしやすいように，できるかぎり具体的にするとよい。

保護者が無理せず前向きに取り組めるような未来志向のまとめ方をする。

⑶ 学校関係者を含む面接例 (導入場面) ──小4マサキの例──

　検査者が教育関係者の場合，校内の支援会議などに参加して，保護者のほかに複数の学校関係者が同席する場で，子どもの検査結果をフィードバックすることがある。同席者は担任や特別支援教育コーディネーター，管理職などが主になる。

　検査結果を園や学校での指導・支援につないでもらうことができるよう，子どもの支援に活用できそうなツールや教材等の発見につながるように情報提供したい。

──学校の相談室や校長室への入室後から

検査者：失礼します。検査者の星井です。先日ご両親にご報告した際に「先生方にも結果の説明をしてほしい」とのご要望がありました。本日はどうぞよろしくお願いいたします。

校　長：ご来校くださりありがとうございます。今日は田端さんご両親もおみえになっていますので，今後についてもみなさんで忌憚なくお話ができればと思います。よろしくお願いします。司会は本校の特別支援教育コーディネーター，タナカ先生です。

保護者：こんにちは。田端です。今日はマサキのために先生方にお集まりいただきまして，ありがとうございます。4年生になりましたので，今回の検査結果を生かして，より成長が図れるように支えていきたいと思いますので，よろしくお願いします。　　　（全員が自己紹介）

担　任：学級担任のシミズです。今日は，私と特別支援教育コーディネーター（以下，特支CO）のタナカの2人でお話を伺います。先日保護者より，報告書のコピーはいただいていますので，中身は確認しています。

特支CO：初めまして。本校の特別支援教育コーディネーターのタナカと申します。今日は報告の面接に同席し，記録をとらせていただきますので，よろしくお願いします。

検査者：こちらこそ，どうぞよろしくお願いします。まず，ご報告の前に，最近の学校でのマサキさんの様子や変化，成長などを少しお話しいただけますでしょうか。

担　任：私はもちあがりですので，大きな変化は感じていません。友達との距離感が相変わらず近すぎるのですが，周囲の子どもも理解しているので，トラブルは減っています。それから，4年生から鉄道クラブに入り，クラブのある日はとても張り切っていますね。書く作業はやはり苦手意識が強くて，特に毎週行っている漢字の書き取りには毎回苦労しているようですが，家で保護者が練習を見てくださっているので，テストでは何点か取れています。

検査者：そうでしたか。クラブ活動はマサキさんの関心分野ですものね。漢字などの書き取りについては，マサキさんなりに「もっと書けるようになりたい」という思いがあるようですから，本日の報告をもとに支援方法を一緒に考えていきたいと思います。では，すでに報告書はお読みいただいているようですので，結果とご提案について，簡潔にお話ししていきたいと思います。お読みいただいて何かわかりにくい用語や表現はなかったでしょうか。

　　　　──後略──

⑷ 子ども（本人）が同席する場合の面接例（導入場面）――小4マサキの例――

　子どもが同席する場合，子どもの考えや気持ちを尊重することが大切になる。面接場所については，校長室では緊張しそうな場合，会議室や教育相談室，普段使っている教室など，本人が話しやすい場所を選ぶとよい。

――教室への入室から

担　任：お集まりくださりありがとうございます。よろしくお願いします。マサキさん，机はどのように並べたらよいかな？　今日はあなたが主役だよ。

マサキ：え～照れるな。じゃあ，いつもの班みたいにこんな感じかな。僕は端でいいです。

特支Co：では，私はこのあたりで。（全員着席）

特支Co：それでは，マサキさんを応援するためのチーム会議を始めたいと思います。先日行ったテストのことを心理士さんにお話しいただいて，マサキさんの得意を生かせる作戦をみなさんで考えていきましょう。最初にお一人ずつ自己紹介をお願いします。マサキさんは主役だから最近のこととか，少し長めに話してくださいね。

保護者：田端マサキの母です。本日はこのような機会をもってくださりありがとうございます。よろしくお願いします。

マサキ：田端マサキです。ええと，最近は……4年生になって，第1希望の鉄道クラブに入りました。それは得意分野だし，友達も増えたし，それでがんばっています。あっ，でも今日は多分この話じゃなくて，まあ漢字のこととか，作業が遅いとか，そそっかしいとか，そういうことについて考えるんでしょ。（一同笑い）

担　任：いえいえ，大丈夫。興味や関心のあること，得意なことは大事ですよ。

　　　　（各自簡単に自己紹介）

検査者：お母様とマサキさんには以前お会いしていますが，先生方とは今日初めてお会いします。私は茗荷谷教育センター（仮称）の星井と申します。先日のテスト結果をご報告して，一緒に考えていきたいと思っています。どうぞよろしくお願いします。

特支Co：今日は〇時まで会議をします。みなさん，ご質問やアイデアを遠慮なく出してください。ではセンターの星井さんから，先日のテストについてお話をお願いします。

　　　　――後略――

　子どもを中心にした和やかな雰囲気の会議になるよう配慮する。「自分がダメだから集まっているのかな？」と子どもに思わせないよう，本人のよい部分をあげ，「もっと成長するための作戦会議（応援会議）」であることが全員に伝わるように説明する。

⑸ 結果数値の伝え方例（説明場面）──中２サトミの例──

　フィードバック面接では，検査の専門用語や数値の意味をどのように解説するかが課題である。特に，保護者にとって子どものIQは，とても重みのある数値であるため，慎重に説明すべき点である。「IQ」や「信頼区間」，「標準得点」などの用語は，心理職にとってはなじみ深いが，一般の人にとっては初めて聞く言葉であることが多いため，誤解を生じやすい。例えば，標準得点100は平均を表すが，100点満点だと思う人もいる。また，70という標準得点を「かなりよい結果だ」と受けとめる人もいる。

　ここでは学業不振を主訴に教育相談に訪れた中学2年生サトミの保護者への説明例を紹介する。保護者の反応は省略するが，実際には一方的にならずに要所要所で相手が理解しているか確認したり，発話を促したりしながら進めるよう心がけたい。

──検査の説明場面

検査者：この表でまず注目してほしいのは，認知総合尺度の標準得点です。KABC-Ⅱの認知総合
　　　　尺度の結果は，知能指数（IQ）に相当します。サトミさんの場合は「85」という結果でした。

認知尺度	標準得点 平均100 標準偏差15	信頼区間 90%	パーセンタイル順位	個人間差 NS or NW	個人内差 PS or PW	まれな差
認知総合尺度	85	80－90	15.9			
継次尺度	98	92－104	44.7			
同時尺度	73	66－83	3.6	NW	PW	＜10％
計画尺度	96	88－105	39.5			
学習尺度	94	86－102	34.5			

検査者：この「85」という結果の意味について，もう少し説明しますので，この図をご覧ください
　　　　（正規分布図を提示する。⇒165ページ）。これは正規分布図と呼ばれるもので，同年齢
　　　　の子どもの知能の平均が100となるように仮定された分布図です。図の中央にある線に
　　　　は100と書いてありますね。同年齢集団の平均を100として，数値が高い，つまり図の
　　　　右側に行けば行くほど同年代集団の中で知能が高い一方，数値が低い，つまり左側に行く
　　　　ほど低いということを仮定した数値です。

検査者：「85」という数値は，100のラインの左側，つまり100よりは低い数値ですが，「平均の下」
　　　　の範囲にあります。パーセンタイル順位というものをみると，「15.9」です。これは，同
　　　　年齢の100人の中での位置を示した数値ですので，同年齢の子どもが100人いたら，順
　　　　番は低いほうから数えて15.9番目ということになります。

検査者：次に信頼区間について説明します。知能指数（IQ）は，さきほどお話ししたとおり幅のあ
　　　　る数値です。ここに「信頼区間80-90（90%）」とあるのは，同じ検査を100回行ったと

きに90回，つまり90％の確率で，80から90の範囲に入るという意味です。

検査者：報告書にある「個人内差」は，サトミさんがもつ能力同士を比較したときに差のあることです。同年齢の子どもの中で，サトミさんがどの位置にいるかも大切で気になると思いますが，支援をする際に役に立つのは，サトミさんがもつ能力の中で，何が強いのか，弱いのかということです。ですので，サトミさん個人の能力をみていくようにしましょう。

検査者：継次処理が98，同時処理が73で，同時処理の欄の右のところに，NWとPWとあります。NWとは，同年齢の子どもの平均と比べて低いことを示すものです。ただ，さきほどお話したように，大切なのは個人内差です。PWは，サトミさんの中での弱いところを示すものです。つまり，同時処理は，サトミさん個人の中でもその他の力と比べて弱い力といえます。

検査者：実は検査中に，新しい課題をするためにツールを出すと，サトミさんはその様子を毎回じーっと観察していました。私が「次の課題を始めるよ」と声をかけると「はい」と言ってやっと応じてくれる，という感じでした。人の細かい表情や場面の状況を読むのが苦手なのかな，と感じました。空間的・全体的な状況を把握することが苦手なように思われたところもあり，同時処理の結果の低さは，サトミさんの苦手の表れのようです。

検査者：サトミさんには，「相手はどんな気持ちなの？」とか「周りの様子をみて」と考えさせるよりも，「こういうときには，こうしよう」と具体的に直接的に教えてあげたほうが，ストレスなく行動できると思います。

検査者：サトミさんは同時処理と比べて継次処理が強いようです。情報やものごとを伝える際には，順序だてて提示すると理解しやすいと思います。学校のような集団生活では，相手の様子や周囲の状況を見ながら行動する場面が多いですから，混乱して行動が止まってしまうことがあるかもしれません。学校や学級の予定を明確にしたり，学習手順に一定のパターンをつくってあげたりすると，順序だてて行動しやすいと思います。

検査者：次に習得総合尺度をみてみましょう。

習得尺度	標準得点 平均100 標準偏差15	信頼区間 90％	パーセンタイル順位	個人間差 NS or NW	個人内差 PS or PW	まれな差
習得総合尺度	110	106－114	74.8			
語彙尺度	107	101－113	68.0			
読み尺度	127	120－132	96.4	NS	PS	＜1％
書き尺度	96	88－104	39.5		PW	
計算尺度	102	97－107	55.3		PW	

検査者：まず，標準得点の「110」は，さきほどの正規分布図（⇒165ページ）でみると，だいたいこのあたりですね。ただし，習得検査は，語彙・読み・書き・算数の四つの検査の組み合

わせです。サトミさんの場合は，読みが127で，これはPSです。PSとはサトミさん個人の中で強いところを示すものです。逆に書きは96，算数は102と，これらはPWであり，サトミさんの中での弱いところといえます。学習の習得において，個人内差が大きいようです。

検査者：書く力の弱さは，サトミさん自身も困っているのかなと思います。検査中も「書くのに疲れた」などと何度かつぶやいていました。鉛筆を握る力が強くて全身に力が入っていたので，鉛筆の芯が折れることもありました。日ごろの学習でも，時間がかかって終わらないのは，身体や手先を柔軟に使うことが苦手なことが要因なのかもしれません。今まで本人なりにとてもがんばってきたと思いますよ。状況によっては，鉛筆で書くことにこだわらず，タブレット端末を利用してもよいかもしれませんね。このあたりは今後の工夫が必要な点だと思います。サトミさんは，「高校生になったらアルバイトをしてみたい」と言っていましたが，アルバイト選びも，周りの状況を察しながら柔軟に動くアルバイトや，書くことが多い仕事は避けるなどして，無理のないものを選ぶといいでしょう。

検査者：「読み」の強さは大変すばらしい財産です。文字を読んで内容を把握し，理解する力が強いということです。本や教科書でもいいですし，サトミさんが大好きな漫画からでもいいです。この強さを生かして学習していきましょう。本人には，得意なところも強調して伝えながら自信につなげたいですね。

2 子ども（本人）を対象とした報告書と面接

「子どもへのフィードバック面接の手順リスト」（⇒40ページ）をもとに，面接前の準備（おもに検査結果報告書），面接の実際場面，面接後の対応という三つの段階を踏まえながら，実践ケースを紹介する。第2章とあわせて読むことで理解を深めてほしい。

1 検査結果報告書の実際 — 子ども向け（学習アドバイスシート）

検査結果報告書の作成は，「子どもへのフィードバック面接の手順リスト」によると，「面接前の準備」の段階であり，検査者の倫理と配慮が求められる段階である。

①このケースで，あえて子どもにフィードバックをする理由は何かを問い，まずは倫理的観点から見直してほしい。そして，②数値・専門用語が及ぼす影響を検討し，③心理・教育の専門領域の範囲で，結果をどう説明するか検討する。

こうした検討事項を念頭に置きながら，報告書を作成するのである。

⑴ 学習アドバイスシートの構成（概要）

報告書の構成については，対象となる子どもの発達段階や理解度によって，言葉の使い方や表現等の工夫が必要になる（⇒第2章3節）。また，報告書（アドバイスシート）に加えて，表紙・裏表紙をつけるといったことも考えられる（⇒第7章1節）。

ここでは，一例として筆者（熊上ら）が考案した「学習アドバイスシート」の構成を紹介する。KABC-Ⅱのカウフマンモデルを用いて，以下の3段階で構成している。

❶ 得意な学習方法

「あなたの得意な学習方法は_____型です」

認知尺度について個人内差を分析し，得点が高かった尺度を説明する。二つの尺度（同時・継次）の差をみて，同時処理優位であれば「同時型です」と，優位なほうを見出しに入れる。指導方略を子どもの視点に置きかえ，理解度を考慮した言葉で説明する。

❷ 学習習得レベル

「あなたの学習習得レベルは_____まで身についています」

いわゆる基礎学力にあたる「習得尺度」について，個人内差を分析し，得点が高かった尺度を説明する。四つの尺度（語彙・読み・書き・算数）のうち，標準得点に差があれば，

高いものを書き入れる。受検する子どもは，学習・生活面で苦戦しているケースが多いが，その子にとって得点がとれたものについては「身についています」と説明し，子どもの自尊心を傷つけない配慮が必要になる。

❸ 学習習得レベルアップのためのアドバイス

「学習習得レベルをアップするためには，あなたの得意な学習方法と長所を生かしましょう」

相談内容（主訴）や習得レベルで示された課題について，具体的な指針を示す。得意な学習方法や子どもの長所を生かしながら，課題への取り組み方について具体的に説明する。ここでは，検査場面の行動観察から見取ることができた長所も記載したい。真摯に取り組む姿，意欲，集中力，粘り強さ，社交性など，子どもの自助資源となる点を長所として伝え，子どものエンパワメント向上を図ることが大切である。

⑵ 学習アドバイスシートの例（⇒90ページ）―高1ユウタの例―

筆者（熊上崇）の実践から例を紹介する（後述のフィードバック面接とも連動）。

対象者：高校1年生（チャレンジスクール在籍※），男子，ユウタさん（仮名）

※「チャレンジスクール」とは，不登校経験をもつ生徒等をおもに受け入れる総合学科。3部制（午前部・午後部・夜間部）の都立高校。

相談経緯と検査実施の目的：ユウタさんは，中学校では学業不振でクラスで疎外感を抱いて不登校であったが，高校ではサポートを受けて楽しく登校している。しかし，国語や社会のテストの成績が振るわず，今後の学習法や進路について悩んでいた。そこで父母と相談し，手だてを見つけるために知能検査を受けることにした。

インテーク：ユウタさんは，高校では「水槽作り（アクアライフ）」の授業をとり，「とても興味深く，魚類や芸術的配置について楽しく学べた」と話していた。

おもな検査結果：KABC-Ⅱ

・認知総合尺度78（継次尺度82，同時尺度90，計画尺度75，学習尺度82）
・習得総合尺度77（語彙尺度93，読み尺度83，書き尺度68，算数尺度74）

報告書作成上の配慮

ユウタさんは，語彙の能力が高く会話が得意であるため，書くことが苦手なことを周囲や教員に気づかれにくい。書字障害の可能性もあり，ノートを取ることや記述によるテスト解答が困難であるため，本人の書字障害傾向を踏まえて，テストや課題作成に関する合理的配慮（テスト時間の延長，黒板の撮影等）の必要性を記した。ユウタさんの得意な同時処理については，本人が興味をもっている「水槽作り（アクアライフ）」を例にあげながら説明した。学習に際しては，水槽をデザインするときのようにイメージ化するなど，全体的・視覚的にとらえることを推奨し，同時処理方略を生かした計算や漢字の学習に関する資料も合わせて提示した。

○○高等学校1年
神田 ユウタ さん 　　　　　　　　　　　　　　　　　　　　　　　　○年○月○日

学習アドバイスシート

　あなたの KABC-Ⅱ検査結果から，まずあなたの「❶得意な学習方法」と「❷学習習得レベル」について，お伝えします。最後に，「❸学習習得レベルアップ」につながるヒントをアドバイスします。今後の学習や生活にぜひ役立ててください。

❶　あなたの得意な学習方法は，「同時処理」型 です！

　あなたの場合，「継次処理」よりも「同時処理」がやや高い結果でした。何かを学ぶとき，全体のイメージをつかんでから部分を見ていくほうが，順序立てて学ぶよりも得意なようです。まずは，全体図を作ったり，おおまかな形を見てから取り組むとよいタイプです。一方，「計画」が低いのは先のことを予想することや計画することが苦手なので，作業に取り組むときは，あらかじめやることをまとめて書いておくとよいでしょう。

（グラフ：継次　同時　計画　学習）

| 1 バッドを軽く握る |
| 2 頭の位置を固定する |
| 3 ボールをよく見る |

「継次処理」型
一つ一つ段階を踏んで学び，順序立てて考えるのが得意。
例：バッティングの動作ごとにポイントを書いたカードで確認する。

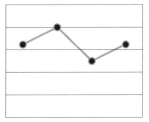

「同時処理」型
全体的に理解し，関連づけて考えるのが得意。
例：動画でバッターの動きを見てから，バッティングのポイントを話し合う。

❷　あなたの学習習得レベルは，

> 「数学は文章題より計算が得意です。国語は，中学 1 年生の漢字，文章構成と中学 2 年生の文章読解」まで身についています！

　数学は，文章題の問題文が長くなると理解がむずかしくなるようです。文章題を解くときには，文を区切って問題文を絵や図にしてみるとよいでしょう。国語は，読みは得意ですが，書く力が，知的能力に比べて苦手といえます。

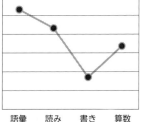

（グラフ：語彙　読み　書き　算数（数学））

❸　学習習得レベルをアップするためには，あなたの得意な学習方法と長所を生かしましょう！

　あなたの得意な「同時処理」型を生かして勉強や作業に取り組みましょう。同時処理型とは，絵や図にして全体的にものごとを理解する方法です。漢字を学ぶときに，「へん」と「つくり」のカードを組み合わせるゲームなどを使うとよいでしょう。板書などで時間がかかってしまうのであれば，板書を撮影したりできるかどうか，先生と相談してみるとよいでしょう。家で勉強するときに，デジタル教科書などを使うと，ふりがながあるので学びやすいと思います。書くのが苦手であれば，パソコンで勉強したことを書いたり，「一行日記」で，書くことに慣れていきましょう。知的能力は普通程度ですが，「書く」力だけが弱いので，苦労しがちで周りの人に誤解されることもあると思います。そんなときには，自分の特徴（得意・不得意）を理解し，周りの人に伝えられるように，先生や親と相談しましょう。最後に，あなたは礼儀正しく，あきらめない忍耐力があります。これは何よりもすばらしいところです。あなたの長所を生かしつつ，勉強や生活の問題を乗り越えていくために，遠慮なく相談してみてください。

リポート作成者　**熊上　崇**（茗荷谷教育センター）

図 6-4　「学習アドバイスシート」の例

⑶　事例の学習アドバイスシートの解説

❶　得意な学習方法

あなたの得意な学習方法は，「同時処理」型です。

　最初に，子どもの得意な学習方法を「継次処理」「同時処理」で示す。ユウタさんのケースでは「同時処理」優位だったため，「同時処理」タイプの人の得意な学び方である「全体のイメージをつかんでから部分を見ていく」「おおまかな形を見てから取り組む」方法が有効であることをまず示す。

　そのうえで，苦手な学習方法とそれを補完する方法を書く。ユウタさんの場合では，「計画尺度」が低く，先のことを予想することや推測をすることが苦手であるため，「あらかじめやることをまとめて書いておく」というアドバイスを行っている。

❷　学習習得レベル

あなたの学習習得レベルは，「数学は文章題より計算が得意です。国語は，書く力は中学1年生の漢字，文章構成と中学2年生の文章読解」 まで身についています。

　ここでは，「できないところ」よりも「習得できているところ」，積み重ねてきた学習の状況を書くことで，受検者本人の自信につなげることがポイントである。例えば，「分数の約分ができていませんが，分母が同じ分数の計算はできています」というように書くことが，自己理解を促すうえで大切となる。

❸　学習習得レベルアップのためのアドバイス

「学習習得レベルをアップするためには，あなたの得意な学習方法と長所を生かしましょう！」

　ここでは，得意な認知方法を確認し，そのうえで，得意な学習方法を生かした具体的で子どもと支援者が取り組みやすいアドバイスを書くことである。

　ユウタさんのケースでは，得意な「同時処理」を生かして，偏と旁を組み合わせた漢字習得用のカードや，苦手な「書くこと」に対しては「一行日記」のように，毎日少しずつでもできることを推奨している。

　また，アドバイスシートの末尾には，必ずよいところをほめ，励ます文言を入れて，本人がフィードバックを受けてよかったと感じられるようにしている。

※なお，ユウタさんの支援者（保護者・教員等）に対しては，書字の能力が全体の知的能力に比して低いことから，合理的配慮の必要があることを説明した。

2 フィードバック面接の実際 ── 子ども向け

⑴ 子どもを対象としたフィードバック面接の基本と面接の手順

検査者の基本原則（心構え）は，下記の三つの原則を念頭に置くことである。

① 伝えることよりも聴く姿勢を大切にする。

② 発話の割合は，2（検査者）：8（子ども）を意識する。

③ 会話の中の話題と関連づけ，子どもの自己理解につなげる。

「子どもへのフィードバック面接の手順リスト」の要点（⇒41ページ）を再掲する。

第1段階　面接前（数日前）の準備：検査実施後から面接直前までの実務

① フィードバック面接を何のために行うのか，倫理的観点の復習。

② 子どもにどのような配慮を行うか，数値を伝えるか伝えないか，伝える場合はどの範囲まで伝えるか，伝えないのであればどのように説明するか。

③ 専門的な用語（IQ，信頼区間，標準得点等）をどのように説明するか。

第2段階　面接の実際場面：面接開始から面接終了までの実務

①子どもとの関係性をつくる，②わかりやすい説明をする，③心理教育的な効果を高める　⇒詳細は後述

第3段階　面接後の対応：面接終了に際して

子どもが今後直面すると予測される事態へのフォローや対処法を協働で練る。

⑵ 三つの観点を生かした面接の流れと進め方

面接の構成は，保護者・教員等の場合（⇒34ページ）と基本は変わらないが，子どもが対象の場合，「第2段階：面接の実際場面」の三つの観点から流れをつくる。まず，「あいさつ，近況確認」で，子どもの緊張をほぐしながら身近な出来事や関心事を話題にし（⇒68ページ），「①子どもとの関係性」をつくっていく。関心事を例にして，検査結果から判明した個人の特性へつなぎ，専門用語の解説，質疑応答，フィードバック面接後の対応へと自然な流れをつくる。また，「①子どもとの関係性をつくる」ためには，クラブ活動，習い事や趣味など，子どもが興味をもつ分野について，事前に聞いておくか，面接中にたずねるとよい。子どもの関心事に関する情報を事前に得ておくことは，「②わかりやすい説明」や「③心理教育的な効果」につながる。次に，面接のイメージをつかんでもらうために，この三つの観点について，具体例をあげながら説明する。

① 子どもとの関係性をつくる

最初に受検に対するねぎらいの言葉をかけ，「〇〇クラブに入ったんだね」「今興味があ

92

ることは何ですか？」など，子どもの興味・関心を話題にする。検査者は，共感を示したり質問したりすることで，ラポールを形成していく。その後の説明場面で，この関心事を例に子どもの特性を説明し，特性を生かした学習法，生活場面での対応法につなげることができれば，よりわかりやすい説明につながるため，この出だしは重要である。子どもにリラックスした様子が見られてきたら，検査結果の説明に入る。

② わかりやすい説明をする

検査結果の説明場面では，「検査の中で苦手なものはありましたか？」などと「質問」をベースに，子どもに8割語ってもらうよう意識する。子どもの理解力・語彙力・抽象的な思考力を把握することも大切である。子ども自身，すでに自分の得意・不得意な部分をわかっていることが多いので，それを質問によって確認していく。例えば，「どれくらいの長さの文章を聴いて覚えていられる？」と質問して，「三つくらい。それ以上は覚えていられない」と答えたとき，「検査でも，聴覚的記憶（聞いたことを覚える力）は平均よりちょっと下という結果だね」と，対応する知能検査の結果を伝えると，子どもの納得を得られることが多い。なお，こうした子どもへの説明は，長くなれば後半部分は覚えていられない。対象者にもよるが，基本的には一問一答くらいの心持ちで行うとよい。

専門用語を伝える際，第8章の用語集の説明文や図を見せつつ，関心事を語ってもらいながら面接を進めることで，子どもは実感を伴って検査結果を受け入れられる。強みとなる特性を理解し活用しながら，生きやすい環境を整えていくことにつながる。

③ 心理教育的な効果を高める

子どもの自己理解を促し意欲向上を図るには，不得意ではなく得意な点，強み（ストレングス）を強調したい。例えば，流動性推理が低く，結晶性知能が高い子どもに対して，「あなたは記憶を蓄積する力があるようです。一方で，新しい課題に対応する力が弱いようです。例えば，このあとどうなるかを予測したり，どうしてこうなったのかを推理したりするのはむずかしいように思いますがどうですか？」と長所に焦点をあてて説明しつつ，子どもがどう認識しているかを質問によって聞き出す。「確かに，『考えてやろう』と言われるとできないことが多いけれど，前もってやることがわかっているとできます。担任の先生にも話してみます」というように，自己理解しながら検査結果をポジティブに受けとめることができる。その後も，長所を生かせる対処法を，協働的に話し合うとよいだろう。

面接を受けて子どもが自信を失ってしまうことは避けたい。子どもの自己肯定感を高め，本人が「対処法がわかった。がんばるぞ」と前向きな気持ちになった状態で，面接室から送り出したい。それには，子どもの関心事や得意なことを話題にしつつ，「それを活用すれば対処できる」という見通しがもてるように面接を計画することである。つまり，フィードバック面接の目的は，クライエントがサバイバルする方法の創造・共有でもある。

(3) 子ども本人（高校生）を対象としたフィードバック面接の実際——高1ユウタの例——

　ここでは90ページの「学習アドバイスシート」の事例（ユウタさん〔仮名〕，高1）における フォードバック面接について，会話形式で紹介する。

　この事例の面接では，以下の順序を心がけた。

　①日常生活の話題，特に好きなこと，得意なことの話題を中心にラポールの形成を心がけた。②語彙・会話が得意であること，一方で書字が苦手であることを伝える。③書字が苦手であり，それによる心理的変化（自尊心の低下）なども話題にしたうえで，具体的な提案を行う。

検査者：（笑顔で）こんにちは。先日はKABC-Ⅱの検査，お疲れさまでした。今日は検査結果についてお伝えしますね。

　　　　ところで，今ユウタさんの興味があることは何ですか？

ユウタ：スマホでギターの弾き方を見て練習しています。

検査者：ギターはいいよね。どんなミュージシャンが好きなの？

ユウタ：「×××××」です。

検査者：いいですね〜，今はやっているよね。

　　　　では聞きたいのですが，ギターを練習するときはどうしていますか？　一つ目のやり方は，①弦を張る，②コードの押さえ方を知る，③指を押さえる，④楽譜を見る，というように順序よくやるほうですか？　二つ目のやり方として，ギターの弾き方の映像を見て，指の動かし方や押さえる位置を勉強する。この二つの方法がありますが，ユウタさんはどちらのほうがわかりやすいですか？

ユウタ：順番ではなくて，ビデオや画像を見て練習するほうです。

検査者：なるほど。検査結果をみても，ユウタさんは，何かを学ぶとき，順番に言葉で説明してもらうよりも，お手本を見ながら理解していくほうが得意なようです（ここで「学習アドバイスシート」のグラフを見せる⇒90ページ）。だから，ユウタさんの得意な学習方法は同時処理型といえます。

ユウタ：なるほど。

検査者：逆に，検査の中で苦手なものはあったかな？

ユウタ：あります。カードを置いて物語を作る問題は，わからなかったですね。

検査者：なるほど。ユウタさんは何かを予想することが苦手ではない

かな，と思いますがどうですか？

ユウタ：ほんとうにそうです。計画を立てるのが苦手です。

検査者：ユウタさんの場合は，あらかじめスケジュールを立てて，目
で見てわかるように図にしておくといいと思います。得意な
ことを生かし，苦手な部分をカバーするのです。次に，読み
書き，算数，ボキャブラリーという学習の習得の話をします。
検査の数値は，ボキャブラリー，読む，算数は平均に近い値
です。ただし「書き」に関しては苦手であることが数値に表
れています。ユウタさん自身はノートやテストに記入すると
き，どう感じていますか？

　　　　　　　　　　　　　　　　　　苦手なことを得意なことで
　　　　　　　　　　　　　　　　　　カバーする「長所活用」の具
　　　　　　　　　　　　　　　　　　体例を，本人の特性に合わ
　　　　　　　　　　　　　　　　　　せて説明する。

ユウタ：書くのがすごく苦手です。今まで先生や友達から「なんで書
けないの？」と言われ続けてきました。

検査者：「なんで書けないの？」と言われるとつらいですよね。

　　　　　　　　　　　　　　　　　　支援者の一人として，共感
　　　　　　　　　　　　　　　　　　的な姿勢で臨む。

ユウタ：でも，いつも言われる（笑）。

検査者：では，どうすればよいと思いますか？　さきほどの説明から
すると，ユウタさんは，同時処理タイプだったよね。

　　　　　　　　　　　　　　　　　　「伝えることよりも聴く姿勢
　　　　　　　　　　　　　　　　　　を大切にする」という原則に
　　　　　　　　　　　　　　　　　　そって，質問から自己理解
　　　　　　　　　　　　　　　　　　へつなげる。

ユウタ：う〜ん。どうすればよいか……わからないですね。どうした
らいいんですか？

検査者：ユウタさんの得意を生かす学習方法としては，例えば，漢字
を覚えるときには，漢字の形を意味づけながら覚えて書くと
いいと思います。「晴」という字は「日＋青，つまりおひさま
と青い空を組み合わせた漢字である」というように，部首や
漢字が表している意味を理解して覚えるということです。

　　　　　　　　　　　　　　　　　　得意な認知処理様式を生か
　　　　　　　　　　　　　　　　　　した学習法について，具体
　　　　　　　　　　　　　　　　　　的な例をあげて提示する。

ユウタ：なるほど，これなら書けます。

検査者：書くことを好きになるには，自分の好きなことを書くといい
ですよ。好きなことなら取り組めるよね。最近は何が好きで
すか？

ユウタ：アクアライフ（水槽作り）。魚をいっぱい飼っています。

検査者：いいですね〜。では，水槽の構成図を書いてみるというのは
どうかな。例えばどこに水草をおいて，どこに石を置いたら
魚が動きやすくなる，ということをノートに書いてみるとか。
自分の好きな魚の特徴とか，その魚に合う水草の種類とか，
得た知識を何かに書いておくと，新たな発見があって楽しめ
るのでは，と思います。

　　　　　　　　　　　　　　　　　　本人の興味・関心と得意な
　　　　　　　　　　　　　　　　　　認知様式を関連づけて，学
　　　　　　　　　　　　　　　　　　習の仕方を提案する。

ところで，ユウタさんは，書くときはどんな気持ちになりますか？

ユウタ：……すごく緊張します。

検査者：<u>なるほど。緊張して，どうなりますか？</u>

ユウタ：黒板を写すときは緊張しないけれど，例えば，知らない人に「これを書いて」と言われたときは書けなくて，すごく緊張するというか……嫌な気分になりますね。

検査者：知らない場面で「書いて」と言われると，緊張して動けなくなってしまって，その様子を見た相手から誤解を受けるのでは，と心配になるときがあるかもしれませんね。こうした<u>自分の特徴を，周りの人に理解してもらうことも大事ですね。</u>あとは得意なこと，好きなことを生かしてやってみることです。例えば水槽作りでは何に気をつけていますか？

ユウタ：魚が隠れられるようにする，というのは気をつけていますね。

検査者：どうやって魚が隠れられるようにするの？

ユウタ：何か隠れられるような物を水槽に入れています。

検査者：そうすると，どうなるの？

ユウタ：魚はずっと隠れていて，そのほうがうれしそうです。

検査者：いいですね。<u>「何かここに置くと魚はハッピー」みたいな自分の好きな話題を，「一行日記」で書いてみたら，少しは書くことも楽しくなるかなと思いますが，</u>どうですか？

ユウタ：それなら書くのも楽しくなりそうです。

検査者：それはよかったです。

ユウタ：僕の好きなこと，苦手なことをわかってくれて，ありがとうございます。

「なるほど」など，うなずき・あいづちを入れて共感の姿勢を示す。

「緊張する」などの心理や感情を反映し繰り返すことにより，本人は理解されたと感じ，安心する。

周囲の人間に，自分の特性を伝え，理解してもらうことの重要性を伝える。そのうえで，他者から誤解を招いたり，人間関係上のトラブルを回避したりするための提案を行う。

本人の興味・関心と苦手なことをつなげ，楽しく学習や生活ができるよう促す。

⑶　子ども (本人) へのフィードバック 「面接後の対応」——高２リエコの例——

「面接の実際場面」の後，「面接後の対応」の段階もていねいに行う必要がある。ここは，今後の展開の予測が求められる段階である。検査者は，今後の子どもが直面する事態への対応を，面接終了時，あるいは面接終了後のフォローとして行うのである。今後の展開については，フィードバック面接前に予測がつく範囲のこともあるが，面接をしてみてさらに必要な対応がみえてくることもある。一例を通してみてみよう。

○ 面接後の対応からチーム支援へ

リエコさん (仮名) は，数学の点数が伸び悩み，保護者は算数障害の可能性も含めて教育相談を扱う機関に相談し，KABC-Ⅱが実施された。その結果，同時処理が優位であることがわかった。保護者に結果をフィードバックしたところ，「本人は学習の遅れを気にしてか，何事にも意欲がわかなくなっている」とのことだったため，リエコさんにもフィードバック面接を実施した。面接前に予測したことは次の三つであった。

・数学の苦手さが，数学以外の学習意欲にも影響していく可能性がある。

・手続き的な説明が多い授業の場合は，リエコさんが学びにくい可能性もありうる。

・上記のリエコさんの特性を理解してもらい，授業では図などを使って，やるべきことが直感的にわかるような同時処理的な要素を取り入れてもらえるよう依頼してみる。

リエコさんへのフィードバック面接では，本人の自己決定権を尊重しながら，「あなたの知能検査の結果を，学校の先生たちとも共有したいけれど，どう思う？」と質問した。リエコさんの回答は，「授業はわからないことが多いから，検査結果を学校の先生に伝えることで何か変わるなら伝えてほしい。でも，クラスの中で私だけ特別扱いもできないだろうなあ」とのことだった。そこで「不安があるんだね」と応じながら，リエコさんの得意な学習方法と学校の先生の方法が折り合える方法を話し合った。その中で，「私と親と先生で共有し，話し合いたい」という本人の希望が語られたことから，面接後，保護者と学校と相談しながら，本人も含めた支援会議を行った。

チーム支援体制のバックアップも面接後の対応の一つである。検査者が教育に直接携わらない場合でも，フィードバック面接においてケース全体を支援する視点は欠かせない。

〔第６章　引用参考文献〕
・藤田和弘 (2019)．「継次処理」と「同時処理」学び方の２つのタイプ—認知処理スタイルを生かして得意な学び方を身につける—．132-133．図書文化社.
・熊上崇・熊上藤子 (2017)．第５章３項　検査結果の伝え方．小野純平・小林玄・原伸生・東原文子・星井純子編 (2017)．日本版KABC-Ⅱによる解釈の進め方と実践事例．65-70．丸善出版.
・熊上崇・熊上藤子・熊谷恵子 (2018)．心理検査の検査者は子どもにどのようにフィードバック面接をしているか—知能・発達検査の検査者への調査と「子どもへのフィードバック面接手順リスト」の作成—，K-ABCアセスメント研究，20，27-39.

第**7**章 現場の実践例を小・中・高校生，特別支援学校に在籍する生徒，幼児，大学生に渡り紹介する

フィードバックの実際

1 漢字の書きが苦手な 小学校4年生へのフィードバック

東洋大学非常勤講師　星井 純子

本児の学習面の課題（漢字の書きや作業の進め方）の背景を客観的に調べ，自己理解を促すとともに，周囲の支援内容について確認するため，KABC-Ⅱを実施した。ここでは，本人に向けたアドバイスシートとフィードバック面接について紹介する。なお，本事例の保護者を対象とした報告書と面接の実際は，第6章1節に掲載している。

1 事例の概要

対象者：小学校4年生，男子，マサキさん（仮名）

相談経緯と検査の目的：通っていた幼稚園では，落ち着きのなさやこだわり，友達とのトラブルが担任教員から指摘されていた。小学校入学後の集団生活を円滑にできるよう，入学時より通級指導教室を週1回利用してきた。中学年になると友達とのトラブルが減った一方で，「個人作業を伴う課題で，やることを途中で投げ出してしまい，一人では最後まで仕上がらないことが多い」（担任），「漢字の書きが苦手」（保護者・子ども）などと心配事に変化が生じた。そこで，マサキさんの苦戦状況の背景を客観的に調べるためにKABC-Ⅱを実施した。自信を失いかけているマサキさんに長所を伝え，強みを生かした課題の解決方法を考えていくためのきっかけづくりに役立てられるよう「アドバイスシート」を作成し，マサキさんにフィードバックを行った。自己理解が進んでくる中学年からのフィードバックは，子どものよさを強調するだけでなく，「弱いところがあってもダメではない。やり方を工夫し，時には周りの人に助けてもらえば大丈夫だ」と本人が実感できるように，見やすくわかりやすいシートを作成したいと考えた。

おもな検査結果：KABC-Ⅱ（検査時年齢：9歳9カ月），認知総合尺度「平均」，継次処理尺度（NS・PS）が同時処理尺度（NW・PW）よりも有意に高い。習得総合尺度〔平均の下－平均〕，語彙尺度（PS），書き尺度（NW，PW）

2 検査結果報告書「得意発見！ アドバイスシート」の実際

　本人向けのフィードバック書面「得意発見！ アドバイスシート」(以下，アドバイスシート)を作成した。なお，本シートは，熊上ら (2017) が作成した，子ども向けの検査結果報告書「学習アドバイスシート」に小学生用に加工して使用している。

(1) 報告書の構成

　アドバイスシートの例を100 〜 101ページに示す。1ページ目が表紙，2ページ目が「得意発見！ アドバイスシート」，3ページ目が裏表紙である (本書では紙面の都合上，表紙と裏表紙を1ページで掲載)。

① **「表紙」(図7-1)**：アドバイスシートの意味を簡潔に書く。年齢に応じた明るい装幀，実際に面談時に子どもに話しかけるような文体を心がける (裏表紙も同様)。

② **「アドバイスシート」(図7-3)**：「❶あなたの得意な方法は」「❷あなたがこれまでに学校の勉強 (や読書)などで身につけてきたことは」「❸あなたの得意なやり方や長所を漢字の練習や作業などのときに生かしていきましょう！」の3部構成である。なお，本ケースでは書きが苦手な児童であることから省略したが，子どもが記入するスペースを設けると効果的な場合がある。

③ **「裏表紙」(図7-2)**：まとめとして，感想を問いかけ，今後への期待や検査者からの応援の言葉を書く。

(2) 報告書作成上の配慮

　中心情報はA4用紙1枚にコンパクトに収めた。専門用語については，KABC-Ⅱの認知能力のうち，マサキさんの特徴がはっきりと表れている継次処理と同時処理の比較が小学校中学年の本人にもわかりやすいように解説し，用語は置きかえた (下表)。

KABC-Ⅱ (認知検査) → 得意発見テスト

強い認知処理様式 → 得意な方法 (やり方)

継次処理 → 順番に解決していく力
　　　　　　 (道案内を例にあげて) 1番目，2番目，3番目と順番に (進んでいくタイプ)

同時処理 → 全体をみて中身同士の関係を考えて解決していく力
　　　　　　 (同じ道案内の例をあげて)自分のスタート地点とゴール地点の位置の関係がわかるように，何かに例えてイメージし (進んでいくタイプ)

習得総合尺度 → あなたがこれまでに学校の勉強や好きな読書 (マサキさんの関心事)などで身につけてきたこと

田端 マサキさんへ

　「得意発見テスト」はどうでしたか？

　むずかしい問題も出てきましたが，最後までいっしょうけんめいに取り組めたこと，とてもりっぱだと思います。

　次のページに，今回の「得意発見テスト」で見つけたマサキさんの得意を教えます。少し苦手も見つけましたが，マサキさんも知っているように，だれにでも得意と不得意があります。

　いちばんに伝えたいのは，得意を生かした「レベルアップするためのアイデア」です。

　先生たちと一緒に考えてできそうなものをやってみてください。

　では，次のページを開いてみましょう！

図 7-1　得意発見！ アドバイスシート「表紙」（1 ページ目）

田端 マサキさんへ

読んでみてどうでしたか？
今回のテストの結果だけで，
マサキさんのすべてはわかりませんが，
見つけた得意をどんどん生かす方法を見つけていってほしいと思います。
いろいろと試したり，挑戦したりしてみましょう。
途中でうまくいかなかったときには，
やり方を見直したり，
先生やお家の人に相談したり
してみましょう。
応援しています！

ひとこと感想

○年○月○日

リポート作成者：茗荷谷教育センター
星井 純子

図 7-2　得意発見！ アドバイスシート「裏表紙」（3 ページ目）

○○小学校4年
田端 マサキ さん　　　| **得意発見！　アドバイスシート** |　　　○年○月○日

あなたの得意発見テストから，見つけたヒントをお伝えします。

❶　得意な方法（やり方）

❷　これまでに身につけてきたことについて

❸　学習や生活のレベルアップ につながるヒント
　　をアドバイスします。ぜひ役立ててください。
　　（順番に解決していく力：継次処理が強いので）
　　一つ一つ順番にやっていくとやりやすいでしょう。

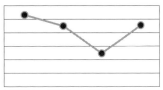

| 順番に | 全体を見て | 計画を | 見て聞いて |
| 解決 | 解決 | 立てて解決 | 覚える |

| 言葉の力 | 読む力 | 書く力 | 算数 |

❶　あなたの得意な方法は

　あなたは，いろいろなやり方を覚えようとするときには，
「①最初に○○」「②次に△△」「③そして□□」「最後に☆☆」
などと，番号を付けるなどして順番にしていくとわかりやすい
タイプです。

例えば, 道案内では？
同時処理の強い人のやり方
今いるところからゴールまで，「あちらのほう」などと，だいたいの方向のイメージをもって進んでいくタイプ。

あちらの方へ進めば行けるよ！

例えば, 道案内では？
継次処理の強い人のやり方
1番目(最初)に右に曲がる
2番目(次)も右に曲がる
3番目(最後)は左に曲がるとゴール, と順番に進んでいくタイプ。

イラスト：アリンコアリ

❷　あなたがこれまでに学校の勉強（や読書）などで身につけてきたことは

　大好きな電車に関する知識など，これまでに本を読んだり調べたりしてきたことをしっかりと覚えていることです。また, 算数では整数や分数の計算など，これまでに習った学習が身についていました。知っていることを楽しくお話する力もあります。

❸　あなたの得意なやり方や長所を漢字の練習や作業などのときに生かしていきましょう！

　　あなたがもっとレベルアップするためのアイデアは

1　例えば，社会科新聞や図工の作品に取り組むときには
　①　作業の順番をメモに書き（または書いてもらい），最初から順番に進めていく。
　②　今日はどこまでやるのかを先生に聞いて，メモにしるしをつけておき，途中で時計を見るようにする。
2　だいじなことをわすれそうなときは，もう一度小さな声に出して言ったり，近くの人に聞いてもらい
　　確かめる。
3　作業以外でもだいじなことは順番を決めて，短く書いてのこしておく。書いたものをときどき見る。
4　漢字の練習には，「漢字書き歌」などの方法も取り入れて，少しずつ練習してみる。
　　先生と相談しながら，いくつかためしてみましょう。
　　明るく元気なあなたのよさを，みんなにもっと知ってもらい，できることをふやしていきましょう。

リポート作成者：茗荷谷教育センター　星井 純子

図7-3　本事例における「得意発見！ アドバイスシート」（2ページ目）

⑶「アドバイスシート」(小学校中学年用)解説

①　「表紙」(1ページ目，図7-1)

　検査の目的を再確認し，期待をもって結果を読み，肯定的な自己理解が促されるように配慮する。さらに，アドバイスされた方法やそれらを自分なりにアレンジして生かしていきたいと子どもが思えるように働きかける。

③　「裏表紙」(3ページ目，図7-2)

　アドバイスシートを読んでどうだったかと問いかけて，今後の学習や生活に生かすことができるように促す。弱さがあった子どもには特に，今回の結果だけにとらわれず，よいところを生かすことで苦手を補い，前向きに生活できるよう，励ましの言葉で締めくくる。

②　「得意発見！ アドバイスシート」(図7-3)

❶　あなたの得意な方法は

　子どもの得意な認知処理様式がイメージできる表現を用いる。本シートでは，「継次・同時」という用語をイラスト入りで解説している。本事例は小学生のため，四つの認知処理の力をグラフ化 (折れ線グラフ) してある。強みがわかりやすいため，「自分はここが強いのだな」と感じて自信につながり，その後のやり方を一緒に考えていくきっかけになりやすい。

　同年代の平均ラインまたは，子どもの平均ラインをグラフに入れるかどうかは，個々の事情によるためここでは省いてあるが，例えば，自信がなく意欲的になれないタイプで，実際の検査結果は同年代よりも高い子どもには，「同年代の平均ライン」を入れることで自信がつく場合もあるだろう。

❷　あなたがこれまでに学校の勉強 (や読書)などで身につけてきたことは

　習得尺度の中の強みを見つけ，事前の情報も考慮して具体的に書くと，子どもは納得しやすくなる。本児は，読書好きで語彙量が多く，駅名や地名など鉄道に関する知識が豊富である。また，算数に関しては既習技能を概ね習得できていると考えられた。さまざまな強みを評価して記述することで，今後の学習への動機づけに生かそうという意図がある。

❸　あなたの得意なやり方や長所を漢字の練習や作業などのときに生かしていきましょう！

　ここが最も伝えたい内容である。「このようなやり方にするとうまくいきそうだ」という具体的な提案を主訴 (相談内容) である「制作や作業中，やり方がわからなくなり，その結果，注意がそれて時間内に終わらない」「漢字を正しく覚えて書くことができないため，書き取りテストを嫌がる」と関連づけて記述してある。この場合，子どもの認知処理様式に合わせ，継次処理が強い子どもへのアドバイスシートなので，提案項目に番号を振って箇条書きにしてある。同時処理が強い子どもならイラストや関係図などを用いてイメージ化を図るなど，表現方法を工夫して子どもが「見やすい」と思えるかがポイントになる。

3 フィードバック面接の実際

⑴ 子ども（小学生）を対象としたフィードバック面接

　子どもとのフィードバック面接を行う場合，本人の検査結果に対する期待や不安がどの程度あるのかを事前に把握しておくとよい。「自分のことをしっかりと知りたい」「結果を今後の生活や学習に生かしたい」という思いを子どもがもてるよう面接を進めたい。子どもの緊張をやわらげ，スムーズに面接を進めるためには，面接開始直後から検査報告をするのではなく，今日の休み時間の遊びや給食の献立，クラブ活動，習い事など，身近な出来事の雑談から始めるとよいだろう。

——面接の実際（抜粋）

検査者：マサキさん，こんにちは。この間は「得意発見テスト」お疲れさまでした。少し時間が長かったけど疲れなかった？

マサキ：それほどでも。むずかしい問題ができなかったから，点数は少し悪いかもって思っていました。少しは心配かな？　でも今日は，給食をおかわりしちゃいました（笑）。

検査者：それはよかったですね。今日の給食は何だったのかしら？

マサキ：僕の大好きなチキンのから揚げが出て，しかも今日はお休みの子が3人もいて，ゼリーのおかわりに集中したから，珍しくチキンのおかわりの倍率が低めで，ゲットできたんです。あっ，それから今日はクラブ活動があって，○○電鉄の動画を見ました。迫力があったなあ。DVDの解説が少なかったので，僕が知っていることをみんなに話したんだけど，全部話しきらないうちに先生からストップがかかって……。

検査者：なるほど。マサキさんの知識が豊富な鉄道のことを生かしていけるとよいですね。いくつか提案もあるので，そろそろこの間の「得意発見テスト」の報告に入ってよいですか？

マサキ：あっ，はい。じゃあ，お願いします。ドキドキ。

検査者：緊張しないで大丈夫ですよ。「得意発見テスト」でどんなことがわかったのか，一緒にグラフ（⇒101ページ）を見ながら説明しますね。（と言いながら「ものごとを解決したり新しいことを覚えたりするときに必要な四つの力」「一つ一つ順序だてて解決する力」「まず全体を見てその中のことの関係を考えながら解決する力」「計画を立てて行い途中でよい方法に変えたり見直したりする力」「見たことと聞いたことを結びつけて覚える力」「今マサキさんに身についている力」「言葉の力」「読む力」「書く力」「算数の力」を結果のグラフを見ながら一つずつ説明。）では，それらの力がどれくらいだったのかグラフを見てみましょう。あなたの得意はどれでしょう？

マサキ：おお！　こことここか。僕は1番，2番って順番にやっていくタイプってことですか。

検査者：そうです。詳しくお話しますね。以前マサキさんは，休日にお父さんと「一日鉄道旅」を
　　　　する話をしてくれました。計画係はマサキさんで，「○○線の旅」と決めたら時刻表を見て
　　　　出発駅の発車時刻を決めて，各駅の列車到着時刻を順番に見ていき，12時までに到着で
　　　　きる駅まで行くと決める。昼食は1時間にして，折り返す時刻を決めたら計画第1段階終
　　　　了っていうお話でしたね。

マサキ：そう。出発駅から車内アナウンスを聞きながら時刻表を見て一つ一つ駅名を覚えていくん
　　　　です。楽しいですよ。鉄道クラブの友達の中には，目的駅だけ決めて，出発してから路線
　　　　図を見ながら近道や回り道，乗りかえ駅を考えて決めている子もいるけど。

検査者：一人一人やり方が違います。マサキさんの場合は，覚えたいことや解決したいことがある
　　　　とき，一つ一つ順番にあるいは部分的なところからやっていくほうがやりやすいようです。
　　　　マサキさんが好きな鉄道だけでなく漢字練習にもそのようなやり方があります。

マサキ：えっ，漢字は何回もたくさん書かないと覚えられないんじゃないんですか？

検査者：いいえ。そういう人もいますが，マサキさんは聞いたり言ったりして順番に覚えていく方
　　　　法が合っているかもしれませんね。そうすると,それほどたくさん書かなくても大丈夫です。

マサキ：聞いたり言ったりってどういうことですか？

検査者：小学生用の漢字辞典を持ってきたので,ここで一緒に見てみませんか。例えば，2年生で習っ
　　　　た「電」という字は，「最後に，まーるく曲がってジャンプ」と書いてありますね。こんな
　　　　ふうに，漢字のパーツに着目して書き方を唱えながら書いていく方法です。

マサキ：それは，わかりやすいかも！　最後のジャンプのところ，ちゃんと書けていないとマルに
　　　　してもらえないんだよね。

検査者：そうなんですよね。漢字を練習するときに，こうして言葉にしながら，順番に1角ずつ大
　　　　きく書くと形をしっかり意識できると思います。漢字書き歌なんかもいいですね。漢字書
　　　　き歌というのは，例えば，「親」という字だったら「立って木を見る親がいる」などと漢字
　　　　をパーツに分けて唱えて書いていく方法です。

マサキ：面白そう。こんな感じかな？「雨の下，田んぼをカーブで電車だね」でもいいんですか。

検査者：すごい！　早速オリジナルができましたね。漢字書き歌の本も，いくつか出ているので，
　　　　よかったら参考にしてみてくださいね。

──後略──

　本事例は，おしゃべりに夢中になってしまう子どもであった。雑談の時間が長くなると，
報告と相談にあてる時間が短くなってしまうので，この場合は，タイミングを計り，検査
の話題に自然に切りかえるとよいだろう。また，このタイプの子どもには，検査者の報告
を聞いて，どのように理解しているかを確かめながら進めていくと誤解を避けられる。こ

れは，苦手な部分を伝える場合にも，「やっぱり，だめだった」「努力しても意味がない」という自信や意欲を失わせないためでもある。

「だれにでも苦手はある。でも苦手は得意分野で補うことができる。その方法を考えたり，人に相談したりして見つけていくことに価値がある」と，子どもが心から思えるように伝えることが大切である。そのために，検査者は子どもの発達段階や理解力に加え，特性や性格，最近（または当日）の心理状態を事前に把握しておく必要があるだろう。

⑵　面接後の経過

その後，マサキさんは，漢字の練習については，親子で図書館に出かけ，「漢字書き歌」の本を数冊借りてきて，ミニホワイトボードで練習を始めたという。借りた本の中から覚えやすい本が見つかったため，書き込みもできる自分用の本を購入したそうである。

作業については検査者が担任と相談し，専科の先生にも協力を依頼した。それにより，指示の出し方を段階的にする，板書では作業手順のメモを取りやすい箇条書きにするなどの配慮をしてもらえるようになった。これらはほかの子どもにも有効であり，個人作業の途中で質問や確認に来る子どもが減ったという。フィードバック後の配慮は，一人のためだけでなく全体にもよい結果が得られることがある。これによって，苦戦している子どもは，自分がやりやすい方法を得られたという喜びだけでなく，クラスの中で自分だけが特別扱いされて恥ずかしいといった負の感情を抱くことがなくなる可能性も期待できる。

〔第7章1節　引用参考文献〕
・熊上崇・熊上藤子（2017）．第5章3項　検査結果の伝え方．小野純平・小林玄・原伸生・東原文子・星井純子編（2017）．日本版KABC-Ⅱによる解釈の進め方と実践事例.65-70.丸善出版.

2 小学校時，不登校傾向にあった 中学生へのフィードバック

津市立南が丘中学校　後藤　勝弘

中学入学に際して，本人が自分に適した学習法を知ることで，自信を高める契機になることを目的に，KABC-ⅡとWISC-Ⅳを実施した。学習支援のための学習アドバイスシートと，保護者と本人に対して別々に実施したフィードバック面接の様子を紹介する。

1 事例の概要

対象者：中学校1年生，男子，ヨシトさん（仮名）

相談経緯と検査の目的：3歳児検診で発達障害の可能性を示唆された。現在まで受診にはいたっていない。小学校低学年時，戦隊ヒーローごっこでは力加減ができず，同級生が泣いてしまう出来事などがあった。当時の担任の話では，「とにかく激しい」とのことで，教員の言葉に激高する場面もたびたびあったという。高学年では，「どうせできない」と言って登校をしぶるようになった。中学校進学にあたり，保護者と当学校の特別支援コーディネーター（筆者）で話し合いを行い，「通常の学級でがんばりたい」という本人の意思を尊重することになった。ヨシトさんのできることを増やし，意欲を高める手がかりを得るために検査を実施した。本人の特性を生かした学習法等を日常生活に取り入れることで，自信と意欲を高めると同時に，本人・保護者・支援者が，特性と支援法を共有することで，チーム支援に生かしたいと考えた。

おもな検査結果：KABC-Ⅱ（検査時年齢12歳4カ月），認知総合尺度「平均の下から平均」，WISC-Ⅳ（検査時年齢12歳5カ月），FSIQ「平均の下から平均」，四つの指標得点のうち知覚推理がほかの3指標に比べ有意に低い。

2 検査結果報告書「学習アドバイスシート」の実際

　本事例では，保護者との面接にあたり，保護者向けのフィードバック書面「学習アドバイスシート」（以下，本シート）を作成した。なお，本シートは，熊上ら（2017）が作成した，子ども向けの検査結果報告書「学習アドバイスシート」を加工して使用している。

⑴ 報告書の構成

本シートは，おもに以下の三つの要素からなる。

❶ **得意な学習方法 (認知検査)**──認知尺度の個人内差について長所を強調する。

❷ **得意な学習方法と学習習得レベルの比較**──二つの尺度を比較した定型文を入れる。

❸ **学習習得レベルアップ**──①②を踏まえて，具体的な提案を行う。

⑵ 報告書作成上の配慮

内容をコンパクトにまとめ，1ページに収めた。CHCモデルの各尺度やWISC-Ⅳの指標等の専門用語は子どもの実態に応じて日常の言葉に置きかえた。以下に例を示す。

```
短期記憶量が多い      → 一度に覚えておける量が多いこと
長期記憶量が多い      → 覚えたものをしばらくたっても忘れずにいられること
視覚処理          → 見たものから必要なものを取り出す力や位置関係を把握する力
流動性推理         → 新しい課題に対応できる力，推論・思考する力
結晶性能力         → 語彙，読み，書き，計算の力
ワーキングメモリー → 整理しながら記憶する力
処理速度          → 黒板の文字を写したりする作業のスピード
```

学習方法は，ヨシトさんの得意な「継次処理」を生かし，課題となっている注意集中 (※) の部分を考慮に入れた学習方法を提案している。また，中学生の特別支援対象者は，認知総合尺度やFSIQで示される全般的な知能が低くなくても，アンバランスな認知特性ゆえに，これまでの学習で習得できていない部分が蓄積されていることがあり，強い力を単に伝えていくだけでは状態が改善されない場合が多い。

KABC-Ⅱは認知の特性 (認知総合尺度) と学習の習得度 (習得総合尺度) を比較するだけでなく，語彙，読み，書き，算数という習得尺度内の4尺度を認知総合尺度と比較できる検査であり，習得尺度の中でも何ができていないかを具体的に示し，遅れの部分にも焦点を当てることが可能となる。そこで本事例に限らず，本人には，自信を失わせないよう配慮しながら，4尺度の中での弱みを伝えたうえで，解決のために，どのような方法で学習を進めていったらよいかを具体的に提案するようにしている。

※本生徒の場合は，検査中や日常の行動観察からみえた部分と検査結果を踏まえ，本人の努力だけでは解決できない部分 (注意集中等) については，保護者に対して，ほかの専門機関からの支援を受けることを提案している。

学習アドバイスシート

○年○月○日

　ヨシトさんの KABC-II 検査結果から，まず，あなたの「❶得意な学習方法」と「❷得意な学習方法と学習習得レベルの比較」について，お伝えします。最後に，「❸学習習得レベルアップ」につながるヒントについて説明します。今後の学習や生活にぜひ役立ててください。

❶　得意な学習方法……あなたは継次処理優位型です。

　認知検査の結果から，ヨシトさんの場合，「継次処理」がとても高いことがわかりました。これは，何かを学ぶとき，全体的・視覚的・動作を用いるよりも，段階的に一つずつ覚えたものを積み重ねる勉強の仕方が得意ということです。特に，耳から入る情報を一度にためておく量の多さは抜きん出ています。ただし，入ってくる情報を選んで使う力は弱いので，自分の長所が使いきれていないようです。あなたが周りの人から支援を受ける場合は，全体像を示されたり，流れを説明されたりするよりも，一つの課題を解決したうえで，次の課題に向かうことをナビゲートしてもらうとよいでしょう。

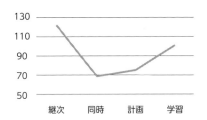

❷　得意な学習方法と学習習得レベルの比較……得意な学習方法 ＜ 学習習得レベル
──本来の能力が生かしきれていないようです。

　　習得尺度：語彙 73　／読み 77／書き 90／算数 76

・(書きの中でも) 漢字の能力は学年相当だと思われます。
・知っている言葉をつなぎ合わせて文を作る力は，言葉の力，計算力も含め，同年齢に比べての遅れがあるようです。
・文章理解について，短い範囲ではできているかもしれませんが，国語の教科書程度の内容・量の理解は完全にはできていないかもしれません。
・算数課題に関し，小数，分数については，定着が不十分なようです。

　ヨシトさんの場合，作業的に何回も書いて覚える学習は，あまり効果が上がらないかもしれません。また，「○○だから△△」のように，因果性（原因と結果との関係）から考えたり，ポイントを見つけ出したりする学習は苦手なようです。半面，音声情報で単純に1対1の関係で覚えていく学習は得意なようで，覚えたことを忘れない力はかなりあると思います。しかし，授業のように先生の話を聞いて，その中からポイントを見つけ出すことはむずかしいようです。また，作業自体も途中からあいまいになってしまいがちで，成功までたどり着けないことが少なくないようです。

❸　学習習得レベルアップ (まずは，このような学習方法はいかがですか)

・小学校5・6年生あたりの学習が身についていません。通分が必要な分数の計算など，完全には定着していない課題に対しては，問題を数多くこなそうとするよりも，集中力が持続できる範囲で，1分間で5〜10問など，短時間で数少ない問題をこなすことを繰り返し行うほうが身につくと思います。また，副教材はチャート式で，空欄を埋めていくと1冊のノートが出来上がり，全体像がわかるようになっています。「限られた問題についてタイムを計り」ゲーム形式で行うとよいかもしれません。
・耳から入る情報を一度にたくさん覚えることが得意です。英語の単語学習で，picture なら，「p」「i」「c」「t」「u」「r」「e」「ピクチャー」「絵」のように，「単語のスペル」→「発音」→「意味」と一連のものを耳で覚えてから，確認のために一度書いてみるとよいでしょう。

リポート作成者：**後藤 勝弘**

図7-4　本事例における「学習アドバイスシート」

⑶ 「学習アドバイスシート」解説

　筆者の立場は勤務する中学校の特別支援教育コーディネーターである。検査結果のフィードバックを実施する対象者は，勤務校に在籍する特別支援学級の生徒，通常の学級の生徒だけでなく，依頼を受けて他校の小中学生に行う場合もある。そこで，ここでは本事例の生徒に限定せず，年齢層の幅を広げて具体的な記入例を紹介する。

❶　得意な学習方法……あなたは○○型です

得意な学習方法（認知検査）──認知尺度の個人内差を検討し，長所を強調

　得意な学習スタイルを記し，生徒の興味・関心に合わせて具体的な例をあげて説明する。例えば，生物部に所属する生徒には，活動で使っている捕虫網のたたみ方を取り上げる。「説明から入るよりも，相手のしている様子を見てわかるタイプ」（同時処理）と，「①網の枠を両手で持って，②片方の手で一回転させて8の字を作り，③枠の両先を合わせて畳み，④網を巻き付けるという手順を示すと理解できるタイプ」（継次処理）などと説明する。

　また，計画能力や学習能力については，「その他にも○○に強みがあります」という定型文を使い，強みを表すようにしている。

❷　認知（本来の能力）と習得（学力）の比較

認知尺度と習得尺度の二者を比較した定型文で説明

　習得尺度の結果から，子どもが身につけてきたものを「学力」として記入する。KABC-Ⅱは認知尺度と習得尺度を別々に測定し比較できるので，見出しには，二つの尺度を比較した定型文を入れる。定型文は次の二つである。

○認知総合尺度≦習得総合尺度の場合：「あなたに合った方法で学習を進めているおかげで，もともともっている力をうまく使えています」

○認知総合尺度＞習得総合尺度の場合：「もっている力が学習にうまく生かされていないようです。得意なスタイルで学習すれば，もっと伸びる可能性があります」

　次に，習得尺度内の4尺度（語彙，読み，書き，算数）について，身につけた力を，以下の例のように尺度ごとに示す。

例文1：「語彙，読み，算数の力は同じぐらいですが，書きの力は苦手なようです」

例文2：「語彙，読み，書き，算数の中で算数の力が強く，漢字の書きの力は苦手なようです」

　なお，本シートは基本的には長所活用型ではあるが，「②認知（本来の能力）と習得（学力）の比較」の項では，できていないところも具体的に示したうえで，その課題についての解説を行っている。相談内容（主訴）が行動面の場合，数値は入れないが，相談内容が学習面で，学力向上をめざすのであれば，積極的に数値を入れることにしている。中学生で学業不振な生徒の場合，小学生からの積み重ねが習得できていないことから，現在の学習がわからないことが多いので，対象生徒の学力を具体的に示し，「どこまではできていて，どこでつまずいているか」を明らかにすることが学習支

援の第一歩となるからである。

　つまずきだけでなく，①で明らかになった得意な学習方法で培ったと推測されることも必ず書き添えている。ただし，どんな場合でも数値を入れるわけではなく，小学生，特に低学年であれば，学習に苦戦しているとはいっても，今までに習得した学力にさほどの差はないことが多いため，数値を入れることの有用性が低いと考える。

❸　学習習得レベルアップ　（まずは，このような学習方法はいかがですか）

学習習得レベルアップ──①②を踏まえた具体的な提案

　カウフマンモデル，およびCHCモデル，下位検査，行動観察も含めて分析結果を解釈し，根拠を示したうえで具体的な提案を行う。筆者は，中学生に対しては個人内差だけでなく個人間差も表記しているが，個人内差については得意なところを活用する視点で記している。個人間差については，習得しきれていないものを記しているが，それをどう解決していくかを具体的に提案する形で記している。

　シートをもとに面接する相手は専門家ではなく，保護者，教員，ときには子ども本人のため，専門用語を相手にわかりやすい言葉に書きかえて記す。ただ，結果の説明文中で書きかえて記すと，本来の言葉がもつ意味を伝えきれないこともあるので，提案の中で記している。以下に，保護者・教員等を対象にした例文を二つ紹介する。

例文1：漢字を書くときに細かな部分を正確に書くことはできますが，字の形を整えることがむずかしいようです。これは継次処理が強く同時処理が弱いため，文字の全体像をとらえたり，部分と部分との位置関係を把握したりすることが苦手なためでしょう。また，小学2年生で習う漢字から間違いが目立つので，偏や旁などのパーツを覚えきれていない可能性があります。

　　そこで，漢字の練習をするときは，書き順にそって「ヨコ，タテ，ナナメに大きくハラウ」などと一角ずつ声に出すとよいでしょう。リズムをつけるとより効果的かもしれません。草かんむりや日偏など，よく使う部首カードを作り，パーツとパーツを組み合わせて漢字を作る活動をするのも楽しいですね。また，ほかの教科でも，このようにパーツから取り組んだり，言葉にしたりする工夫がおすすめです。

　　※おすすめ教材──『唱えて覚える漢字九九シート』(学研)，『ミチムラ式漢字学習教材』(かんじクラウド)

例文2：算数については，理解力はある半面，練習量が不足しているために定着が遅れているように思われます。これはほかの分野でもいえることです。練習量を増やす必要がありますが，まだ一人で行う自信がないようですので，少しわからないことがあると，そこでどうしたらよいかわからずに学習がストップしてしまう可能性が高いです。そこで，今は少人数か個別で課題を設定し，学習方法をナビゲートしてくれる支援者がいる環境で学習する必要があるでしょう。

3 フィードバック面接の実際

(1) 保護者を対象としたフィードバック面接

　保護者との面接は，これから子どもをどう支援していくかの作戦会議であるため，まずは検査結果をもとにした情報（子どもがもつ強み，弱み）を共有する。その情報をもとに，強みを活用して，今まで達成できなかったことをどう解決するかについて相談する。学力は，熟達（習熟）することで身につくものである。子どもの現在地（学力）の確認と到達地点（目標）の設定，そして到達地点までどのように進むか（方略設定）を共有したうえで，家庭ですること，学校で行うことを決めていく。本事例のヨシトさんの保護者との面接では，子ども理解と今後の方向性と役割分担の二つを柱に置いた。

──面接の実際（抜粋）

検査者：ヨシトさんは，継次処理型の学習方法が得意です。継次処理型の人は，言葉を用いて，ものごとを順序だてて理解したり考えたりすることが得意です。ですから，一つ一つ段階を追って順番に説明することで理解しやすくなります。

保護者：私も順番に説明しているつもりですが，ヨシトにはなかなか理解してもらえません。

検査者：説明が長いのかもしれません。順番に説明するのはよいのですが，一つ一つの説明が長いと，ヨシトさんは，話を聞いている間に自分が何をしたらよいかがわからなくなってしまうのです。

保護者：では，ヨシトにとっては，どう説明すればわかりやすくなりますか？

検査者：ポイントは，できるだけ短い言葉で伝えることです。例えば，「割り算の答えを分数で表すときは，①割る数を分母に書く，②割られる数を分子に書く，③約分できるか考える……というように一つ一つの手順を短い言葉で説明します。

保護者：なるほど，そういうことですか。では，英語はどうしたらいいのでしょうか。ヨシトは単語を覚えるのが苦手です。

検査者：単語の暗記の仕方として，声に出しながら書いて覚える人もいますが，ヨシトさんは作業しながら覚えることは苦手ですから，そのような方法はむずかしいと思います。そこで，pictureなら，まずは「写真はピクチャー」と唱えて覚えます。そのうえで「ピー・アイ・シー・ティー・ユー・アール・イー，picture」と綴りを一文字ずつ音で覚えます。その二つの作業を行ってから，「写真」という日本語を見て「picture」と書くというやり方です。最近の英語学習では，英語の文字と発音の関係のルール（phonics）を覚えることから始めますが，例外のルールが多いため，そこから始めるのは今のヨシトさんにはむずかしいでしょう。

保護者：では，家で練習させてみます。ありがとうございました。

⑵　子ども (中学生)を対象としたフィードバック面接

　ヨシトさんは，石隈 (1999) の「三段階の心理教育的援助サービス」で分類すると，特別に個別の援助を必要とする「三次的援助サービス」を要する生徒と校内委員会で判断されている。ヨシトさんの検査を担当した筆者は，本校の特別支援教育コーディネーターでもあったため，検査結果から導かれた個別指導・支援をしやすい環境にあり，保護者と本人も個別指導を望んでいた。また，検査実施前から指導を行っていたため，信頼関係も築かれていた。そのため，あえてフィードバック面接を設定しなくても，ヨシトさんの得意なところを生かして「今日はこれをできるようにするよ」といった声かけによって個別指導を始めることが可能であった。これは，学校に勤務する者の強みであると考える。

──面接の実際 (抜粋)

検査者：今日は勉強をする前に，以前に行った検査の結果を説明するよ。ヨシトさんは，授業中に立ち歩いているって聞いたけど，どうしてかな？

ヨシト：別に，知らんし。

検査者：先生が言っていることがわからないからかな。あなたはね，長い話で説明されるより，ひとことで指示されたほうがいいんじゃない？

ヨシト：えっ，なんでわかるの？　長い話やと，無理やし。

検査者：では，短い話だとどうなの？

ヨシト：短い話でもわからんときがある。

検査者：私の話はどう？

ヨシト：わかる。

検査者：どうしてかな？

ヨシト：やることをはっきり言ってくれるもん。

検査者：それがヨシトさんの得意なところなんだよ。ほんとうはわかりたいけれど，何をしていいかわからないときに，しないことがあるんだよな。

ヨシト：うん。

検査者：それに，覚えたことは忘れないんじゃない？

ヨシト：そうかなぁ……。

検査者：ヨシトさんは覚える力が強いんだよ。でも，単語の綴りを見て書きながら発音も練習するというのは苦手なんだ。でも順番で練習したら覚えられるよ。まず，①写真はピクチャー，②ピクチャーはp，i，c，t，u，r，eと声に出して練習する。③覚えたかどうか「写真」という日本語を見て「picture」と書いてみる。これから一緒に練習しよう。

ヨシト：うん，やってみる。

⑶　面接後の経過

　ヨシトさんへの支援には継次処理の中でも，「一度に耳から覚えられる量の多さ」を活用した。ただし，いろいろな情報を一度に与えると混乱して効果が上がらなかった。「見て聞いて声を出す」というように，記憶しながら操作することは苦手であったため，単純に耳で聞いて覚える学習を採用した。

　このように最適な学習方法を教えた後，保護者（母親）に家庭学習を支援してもらった結果，学習効果が上がり，学力が飛躍的に向上した。図7-5は，学習支援をしていた期間に行われた定期テストの結果である。

　ヨシトさんの成績は向上したが，覚える力や作業スピードに比べ，情報をまとめ，そこから判断したりする力は総体的に弱い。そこで今後は，学習内容が高度化するなかで，どこまで学習の定着が図れるかが課題となる。

　また，ヨシトさんは余計な刺激に反応しやすく，行動の制御が苦手で，雑然とした環境にいるとさまざまな情報に反応してしまう。そのために必要な情報を取り損ない，学習機会を逸している面もあると思われる。これについては，教育だけで考えるのではなく，医療と連携しながら改善を図っていきたいと考えている。

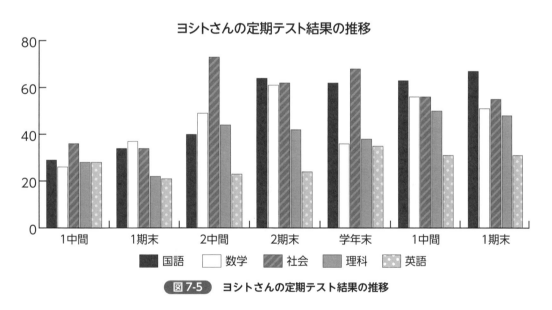

図 7-5　ヨシトさんの定期テスト結果の推移

〔第7章2節　引用参考文献〕
・石隈利紀（1999）．学校心理学―教師・スクールカウンセラー・保護者のチームによる心理教育的援助サービス―．誠心書房.
・藤田和弘監修, 熊谷恵子・柘植雅義・三浦光哉・星井純子編著（2008）．長所活用型指導で子どもが変わる〈Part 3〉．図書文化社.
・小野純平・小林玄・原伸生・東原文子・星井純子編（2017）．日本版KABC-Ⅱによる解釈の進め方と実践事例.　丸善出版.

触法行為があった高校生への
「説明レター」を用いたフィードバック

和光大学教授　熊上　崇

学校や家庭内での日常の問題行動に加え，触法行為があった高校2年生（女子）に対して行ったフィードバックである。本人への報告書は「説明レター」とし，本人が行動の特徴や傾向を理解できるように，語りかける文体で記している。

司法の領域で行う知能検査フィードバックの意義

　心理検査は，医療・福祉・教育領域のほかに，少年非行などの司法に関する領域でも行う場合がある。家庭裁判所や鑑別所などの司法・法務機関では，おもに処遇を判断するための資料として心理検査を行うため，検査結果を本人や保護者にフィードバックする機会は少ない。子ども自身がなぜ非行にいたってしまったのか，どうすれば学習をやり直すことができるのかがわからないまま処罰を受けるだけだと，かえって立ち直りへの意欲が乏しくなってしまうことがある。子どもの立ち直りへの支援のために，司法関係のアセスメント結果を，本人にわかりやすくフィードバックすることが求められる。それによって検査を受けた子ども本人が，自分の行動の特徴や傾向を理解でき，今後どうすれば触法行為を防げるかを自分自身でわかるよう援助するのである。

　さらにいえば，子どもの学校・地域での生活を支援するために，本人を含めた支援チームで検査結果を役立てることが望まれる。

1 事例の概要

対象者：高校2年生，女子，ノリコさん（仮名）

相談経緯と検査の目的：高校の教員の話では，ノリコさんは，脈絡もなく教室で大声を出したり，攻撃的になったり，家庭内でもときどき暴れることがあったという。今回はスーパーで万引きをして警察から学校にも通知があり，当生徒を心配した学校が，心理職（著者）にアセスメントを依頼した。

インテーク：生活状況や家庭状況を聞いた。質問に対して大声でまくし立てるように多くを語っていたことから，気持ちを聴いてもらいたい様子がうかがわれた。

おもな検査結果：認知・知的能力の把握のためにKABC-Ⅱ，心理面の把握のためにSCT（文章完成法）とバウムテストを実施した。

○KABC-Ⅱ：認知総合尺度80（継次尺度90，同時尺度88，計画尺度71，学習尺度83），習得総合尺度79（語彙尺度91，読み尺度88，書き尺度，80，算数尺度70）

○SCT：全体的に勢いのある文字・文章でエネルギーがあふれている様子であった。特に家族に関してはネガティブな感情表出（例：母に対しては父の悪口を言わないでほしい，父とは一緒にいたいがなかなか会えないなど）があり，それについて質問すると待ちきれないようにたくさん話をしていた。

 図7-6　バウムテストの結果

○バウムテスト：全体的に筆圧が高く枝や根がはみ出していて，自分でもコントロールできない様子が感じられた。その一方で，元気がよく，エネルギーが余っていて活動的な様子であることもうかがえた。

2 検査結果報告書「説明レター」の実際

⑴ 報告書の構成

　本事例では，一般的な報告書に加えて，「説明レター」（熊上，2017）を作成した。説明レターは子ども宛の書面であり，面接後も子ども自身のタイミングで読み返せるため，フィードバック手段の一つとして中高生年代にはおすすめしたい。これは保護者・教員等にもコピーして渡すとよい。説明レターの構成は，次の三つである。

❶ 認知・知的側面，学習習得度

❷ 心理的な悩み，感情

❸ アドバイス（本人の行動・感情パターン，対処法など）

⑵ 報告書作成上の配慮

　非行にいたった子どもの心理として，他者に理解してほしい，守ってほしいという気持ちと，他者への不信感とが葛藤しやすい。このため，説明レターでは，検査者が子どもを一人の人格として尊重している姿勢を示すことが大切である。子どもは，「理解してもらえた」という安心感があると，自己理解や行動の改善がしやすくなる。そこで，本人向けに説明レターを作成する際には，次の3点に配慮したい。

① 本人や保護者にわかりやすい言葉を使い，語りかけるような文体で書く。

② 「こうすれば望ましい行動になる」「こういうときは望ましくない行動になる」という二つのパターンの説明および対処法を書く。

③ 本人の困り感や感情を代弁（アドボケート）するつもりで書く。

説明レター

心理アセスメント結果について

　ノリコさんはこのたび，KABC-Ⅱ，バウムテスト，文章完成法という心理検査を受けました。また，面接ではあなたの状況について大変熱心にお話ししてくれました。あなたの思いやよさを知ることができて，とてもうれしかったです。それでは検査結果を説明します。

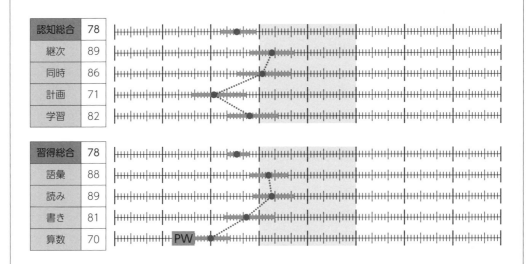

1　KABC-Ⅱの結果について

●「認知」面の特徴

　今回受けた検査のうち，KABC-Ⅱでノリコさんの中でよくできたものに，「数唱，絵の統合，模様の構成」があります。「数唱」がよかったということは，聴覚的記憶（耳で聞く記憶）が得意であることを示します。また，「絵の統合」「模様の構成」がよかったということは，視覚的な処理（目で見て作業する）が得意であることを示します。そのため，進路を考えるときは，「聴覚と視覚を活用した」職業・職種などがノリコさんには向いているといえます。

　一方で，ノリコさんが苦手なことに「計画」があげられます。つまり，全体の流れをみて推理したり，これからやることを考えたりすることが苦手だといえます。洗濯が苦手，作業が苦手，目先の友達関係にとらわれるなども，こうした特性の表れかもしれません。そこでノリコさんには，手順を図で示す，作業表を作るなどの工夫が必要になります。「自分で考えて」「先のことを想像して」と言われてもむずかしいかもしれませんので，先生や保護者の方にもサポートしてもらいましょう。

●「学習」面の特徴

ノリコさんの場合は，言葉の力の面で「読み」と「語彙（ボキャブラリー）」が優れています。検査のときも「読む」課題はとても得意そうでした。「語彙」も多く，おしゃべりが得意ですね。

これはあなたのよいところです。ぜひ伸ばしてください。そのためには，「本を読む」時間を多くとるとよいと思います。「話す」ことも大変得意ですので，勉強したりものごとを進めるときには，聞くだけ，見るだけでなく，「言葉で説明する」などと，さまざまな感覚を使うとよいと思います。

　一方で，「算数」は低めです。自分でも感じたと思いますが，分数の通分や正負の数などの，小中学校の学習で抜けていたところがあります。例えば，日常生活では計算機を使うとよいかもしれません。授業の中味に集中するために，数学の時間にも計算機を使えるかについては，学校の先生とよく相談してください。

　何度かお話をする中で，ノリコさんにはよい点がたくさんあることがわかりました。

　言語表現力が高く，ボキャブラリーが豊富で，人をひきつける話し方ができ，感情表現も豊かです。ですから，今後の進路としては，コミュニケーション能力を生かした業務や役割が向いているかもしれません，あるいはノリコさんには，弱者を助ける正義感があるため，人とかかわり，人をサポートする仕事もよいかもしれませんね。ノリコさんは，ほめられると素直に喜べる人なので，人の気持ちをわかってあげる仕事がよいでしょう。

　ぜひ，ノリコさんよいところを生かして，高校生活をがんばってほしいですし，家庭内や学校内でのトラブル防止にも生かしてほしいです。

2　心理的なことについて

　ここからは，ノリコさんとの面接の中で聞いた，家庭や学校の話，バウムテストと文章完成法の結果も書いていきます。

（1）心理的な状況について

　ノリコさんは，感情の起伏が大きく，急に怒り出すことがあるようですね。また，先生に注意されて反発し，けんか腰になってしまうときや，友人とうまくいかないときがあると聞きました。また，生活面で，部屋が汚れたままになっていたりして，家庭内でトラブルになると聞きました。

　一方で，「欠席はしないで卒業したい」という意欲があり，「注意されるとカッとなり先生をにらんでしまうなど，態度に出てしまうところを直したい」という前向きな気持ちを話してくれました。

　次に，どんなときにカッとなってしまうのかと聞いたところ，「お父さんのことでトラブルがあったとき」と聞きました。離れて暮らすお父さんにときどき会いに行き，一緒に食事したりして楽しいのに，そのことをお母さんに話すと，お父さんの悪口を言ったり，聞いてくれなくてけんかになり，そのイライラが学校で出てしまうということでしたね。また，お父さんからお小遣いをもらっているのだからと，お母さんからはお金をもらえず，かわいいバッグを持っているクラスの友人にイライラした態度をとってしまうというお話でした。

　こうした気持ちを私に話してくれて，とてもうれしく思い，私もノリコさんの事情や，

イライラする原因を理解することができました。このことは，ノリコさんの了解を得られたら，学校の先生や支援チームのみなさんにもお伝えして，ノリコさんのイライラの理由をみんなで共有して，サポートしたいと思います。

（2）心理テストについて

　木を描くバウムテストは人の内面を表すといわれています。このテストですべてがわかるわけではありませんが，ノリコさんの描いた木は，全体的にパワーがありました。半面，トゲトゲしていたり，コントロールできなかったりして，困っているようにも感じました。ノリコさんがそんな自分の感情に気づくことができるとよいと思います。

　文章完成法では，ご両親がノリコさんにとって大切な存在であることがわかりました。しかし，お母さんがお父さんの悪口を言ったときに，イライラが高まってしまう様子がみられました。そのイライラするパターンも，ノリコさんが自分で理解できるとよいですね。

　面接の中でノリコさんは，すてきなことも話してくれました。貯金するためにお弁当を作っていることや，電車では高齢者に席を譲るし，障害のある人を見下したりしないとも話してくれました。ノリコさんはがんばり屋でやさしい気持ちをもっていると思います。

3　アドバイス

　ノリコさんの意欲や集中力が欠けるときは，両親とのトラブルが関係しているようです。

　ノリコさんには「自分の気持ちを聞いてほしい」「お父さんもお母さんもどちらも大切」という気持ちがあるようです。ですから，学校の先生や親御さんには，ノリコさんがイライラしているときは，「何か両親のことであったかもしれない」と思って，話を聞いてもらえるようになるといいですね。ノリコさんも，「実はこんなことがあったからイライラするんだ」と話すと，大人も聞いてくれると思います。

　また，ノリコさんには，友達への引け目があり，「どうして自分だけが」という被害的な感情，お父さんへの複雑な感情（会いたい気持ちと嫌な気持ちの両方の感情）などがあり，お母さんとお父さんの関係がうまくいかないと，学校での生活の乱れや反抗，意欲低下として表れることが多いように思いました。ノリコさんは，こうした自分の心の動きも知って，イライラしたときに，周りの人に相談することが失敗しないコツだと思います。

　高校の先生たちも，ノリコさんが悩んでいるときは，ぜひ相談にのりたいと言っています。遠慮なくお話ししてくださいね。先生方は，いつもあなたの味方です。

〇年〇月〇日

茗荷谷教育センター　熊上　崇

図7-7　本事例における「説明レター」

3 フィードバック面接の実際

⑴ 子ども＋保護者＋教員を対象としたフィードバック面接

　本事例のフィードバック面接では，子ども本人 (高校生) と母親，学級担任，特別支援教育コーディネーターが参加した。ここでは，本人との会話を中心に抜粋して紹介する。

──面接の実際 (抜粋) あいさつが終わった後から

検査者：ノリコさん，最近の様子はいかがですか？

ノリコ：まあ，普通かな。たまにイライラするけど，学校は楽しいですよ。

検査者：どんなことでイライラするのかな？

ノリコ：お母さんとけんかするときかな。早く学校に行けとかうるさいから。

検査者：けんかするとイライラしちゃうよね。お母さんから早く学校に行けと言われるんだね。

ノリコ：まあ学校は行かないとね。でも今日も数学があるからあまり行く気がしなかったけれど。

検査者：それでも学校に登校しているのは偉いね。

ノリコ：そうかな (笑)。

検査者：大したものですよ！　ところで，今日はノリコさんが先日受けたKABC-Ⅱの結果の説明をしようと思います。KABC-Ⅱをやってみてどうでしたか？

ノリコ：楽しかった！ 数学とかむずかしいのはちょっと嫌だったけれど，模様を作るテストや絵を見るテストは，よくできたから。

検査者：なるほど！ では，KABC-Ⅱの結果を見てみましょう。確かに，「模様の構成」や「絵の統合」は，ノリコさんの中では特に得意ですね。目で見て手を動かすことや，細かいところによく気がつくのが，ノリコさんの長所といえます。

ノリコ：そうなんですよ。細かいところに気がつきすぎて，お父さんとお母さんとのちょっとしたことが気になってしまったりするんです。

検査者：なるほど。細かいところに気がつくのも，いろいろだね。それと，「数唱」といって数を復唱する課題もよくできていましたね。

ノリコ：あれも面白かった！ 私，人の話とかすごく覚えているんです。記憶力いいんだよね。なんでも覚えているから，逆にときどき嫌われちゃう (苦笑)。

検査者：それもまた，ノリコさんの特徴ですね。ノリコさんの長所，得意なところは「視覚や聴覚で示されたものを動作で再現すること」と言えそうです。ほかに，検査をやってみてノリコさんの得意なところはあったかな？

ノリコ：ちょっとわからないです。

検査者：「語彙尺度」「読み尺度」の得点がノリコさんの中では高いです。つまり，ボキャブラリーが

豊富，読むのが得意ということです。

ノリコ：読むのは速いし，マンガも本もたくさん読むし，国語はわりと得意です。おしゃべりについては，「マシンガントークが止まらない」って友達に言われます。先生からはときどき「黙ってろ」と言われるくらい。

検査者：なるほど！ 先生から「黙ってろ」と言われるくらい，おしゃべりが得意でボキャブラリーがある。これは実はノリコさんの財産なんですよ。

ノリコ：そうか，マシンガントークも財産なんですね。

検査者：そうなんです。それをこれからの生活や学習に生かせるとよいですね。ところで，検査で自分の苦手なところはわかりましたか？

ノリコ：目的地に最短で行く検査や物語を作る検査はむずかしかったです。想像したり空気を読んだりが苦手。友達からも「なんで周りの状況がわからないの？」と言われます。

検査者：確かに検査結果をみると「計画尺度」がノリコさんの中では低いですね。これは，周りの状況を見て，予想したり推理したりするのが苦手ということを表しています。

ノリコ：そう（笑）。だから，学校でもちゃんと指示してくれないと，何をすればよいかわからないときがあるのに「自分で考えて行動しろ」と言われても困っちゃう。

検査者：なるほど。今回の検査結果をまとめると，ノリコさんの得意なところは，「見ること，聞くことをフルに使って手作業をすること」「話したり読むこと，おしゃべりやコミュニケーションをすること」で，苦手なことは「周りの状況から推理したり判断すること」ですね。

ノリコ：ほんとうにそうなんですよ。なんでわかるの？　すごいですね。

保護者：ノリコの特徴がすごく出ていますね。周りを見て予測できないし，おしゃべりと語彙が豊富すぎてうるさいけど（笑），よい面についてもとても納得できます。

検査者：ノリコさんが検査に一生懸命取り組んでくれたので，得意・不得意をしっかりみることができました。ではノリコさん。今後の学校生活をどのように考えましょうか？

ノリコ：うーん，どうすればよいかな〜。

担　任：ノリコさんは推理や判断するのが苦手で，それでイライラしたり，けんかになったりすることもありますよね。だから，「自分で判断しなさい」ではなく，各教科の先生にも「次は体育だから，ダンスの準備をする」とか「次は数学だから，習熟度別のクラスに行って問題に取り組む」などと手順を具体的に話してもらったほうがよいですね。では，ノリコさんの得意な，話すコミュニケーションを生かすにはどうしたらよいでしょう？

ノリコ：最近お小遣いがたりないから，自分で稼ごうと思って，ガソリンスタンドのバイトに申し込みに行ったら，お店の人に「君はおしゃべりが得意だな」って言われてうれしかった。でも仕事がちゃんと覚えられるか心配です。

検査者：ノリコさんは，語彙が豊富でコミュニケーションが得意だから，ガソリンスタンドでのバ

イトはよいですね。ただ，臨機応変に判断するのが苦手だから，仕事内容についてはバイト先の人に手順を図や文章にしてもらうか，自分で使った手続きのメモを用意しておくとよいですね。あと，困ったときはだれに相談すればよいかなど，あらかじめ相談相手を決めてもらっておくといいと思いますよ。

ノリコ：あ，それはいい！　私はわからないとイライラして怒ってしまったりするから，前もって手順が書いてあればできる自信はありますよ。

担　任：ノリコさん，それはいいね。あと，学校や家のことでイライラすることがあったときや困ったときは，先生に相談してくれればいいからね。いつでも相談にのるから。

ノリコ：それはうれしいな〜。

保護者：先生方，ありがとうございます。今後ともよろしくお願いします。

　　　　──後略──

　KABC-Ⅱの結果について本人は，「算数は苦手だけど，読みと会話は得意」とうれしそうに話していた。面接ではこのほか，SCTやバウムテストの解釈を伝えたが，「そうなんですよ！」と本人も納得し，父母に対する思いを話したことでスッキリした様子であった。フィードバックを肯定的に受けとめていたようである。

⑵　面接後の経過

　後日，ノリコさんは，「父母が互いの悪口を言わないようになって，自分も少し落ち着いた」と話してくれた。それによって学校生活自体も落ち着き，先生や級友とも楽しく過ごせるようになったという。職業選択については，面談記録のとおり，アルバイト先のガソリンスタンドの仕事が，本人の得意な語彙やコミュニケーション能力を生かすことができ，そのまま続けられることになった。

　今回，検査結果を伝える際に「説明レター」という形式で渡した。これは，自分の気持ちを代弁してくれている」「自分の状況をわかってくれている人がいる」と本人が感じてくれることを目的としている。手紙はもらうとうれしいものである。心理検査のフィードバックも，このような手紙と面接を組み合わせ，心に響くものであれば，本人は検査の結果や自分のもつ課題についても，肯定的に受けとめやすくなるだろう。

〔第7章3節　引用参考文献〕
・熊上崇（2017）．学習意欲はあるが学習についていけない高校1年生─説明レターと学習アドバイスシートを用いたコンサルテーション─．小野純平・小林玄・原伸生・東原文子・星井純子編（2017）．日本版KABC-Ⅱによる解釈の進め方と実践事例.232-245.丸善出版.

4 特別支援学校に在籍する生徒への就労に向けた支援とフィードバック

北海道教育庁学校教育局特別支援教育課　坂内 仁

知的障害特別支援学校高等部第2学年に在籍する生徒に対して，WISC-ⅣおよびKABC-Ⅱを実施し，その結果から「就労アドバイスシート」を作成した。就労場面に生かすという視点から，学級担任に対して検査結果のフィードバックを行った。

1 事例の概要

対象者：知的障害特別支援学校高等部2年生，男子，ヒロムさん（仮名）

相談経緯と検査の目的：当該校は，障害の程度が比較的軽い生徒に対しては，企業での就労をめざし，作業学習など働くために必要な知識や技能，態度などを身につけるための学習を中心とした教育課程を編成しており，ヒロムさんも卒業後は企業での就労を希望していた。ヒロムさんは，知的障害およびASDと診断を受け，療育手帳を取得しているが，教員の指示を理解し，授業中，集中して作業に取り組める。また，教員やほかの生徒との日常会話が可能である。ていねいに作業を行える半面，作業速度が遅い，困ったときや間違えたときに相談するのが苦手，といった課題がある。

同学年では，ヒロムさんを含む7名が企業での就労をめざしている。教員がこれら生徒の特性を把握し，作業学習や現場実習での指導に役立てるとともに，進路選択の際の職種のマッチングや働くうえでの配慮事項，卒業後の進路先への引き継ぎに活用できる情報を得ることを目的に，筆者へ知能検査の実施を依頼してきた。生徒が自己の特性を理解し長所を活用して働き，苦手事項に対する環境調整や配慮を求めることが重要であるという観点から，筆者が学級担任へ検査結果のフィードバック面接を行い，学級担任がヒロムさんへフィードバック面接を行うこととした。

おもな検査結果：WISC-ⅣおよびKABC-Ⅱを実施した。

○ WISC-Ⅳ（検査時年齢16歳3カ月）

FSIQ78，VCI88，PRI72，WMI110，PSI70

WMIがほかの三つの指標得点より有意に高いことから，指示や説明を聞いて覚えておくことが得意であると考えられる。VCIがPRIやPSIより有意に高いことから，手順表ややり方を見るより，言葉で説明してもらったり，やり方を口に出して考えたりするほうが得意であると考えられる。PSIがVCIやWMIより有意に低く，下位検査「積木模様」

において，「積木模様：時間割増なし」が「積木模様」の評価点より有意に高かったことから，視知覚情報の素早い処理や操作が苦手であると考えられる。

○ KABC-Ⅱ（検査時年齢16歳3カ月）※認知尺度のみ記載

　認知総合尺度80，継次尺度85，同時尺度77，計画尺度78，学習尺度100

　継次尺度と同時尺度間に有意差はない。学習尺度がほかの3尺度より有意に高く，個人内差においてPSであることから，視覚と聴覚など複数の感覚を用いて，フィードバックを繰り返しながら学習することで，知識の定着を図る力が強いと考えられる。

2　検査結果報告書「就労アドバイスシート」の実際

⑴　報告書の構成

　生徒用のフィードバックシートとして，Ａ４・3ページで「就労アドバイスシート」を作成した。「❶WISC-Ⅳからみえる得意な学習方法」「❷KABC-Ⅱからみえる得意な学習方法」「❸得意な学習方法を生かした就労へのヒント」の3部構成とした。

⑵　報告書作成上の配慮

　知的障害のある生徒に対するフィードバックを前提とすることから，文章は可能なかぎり平易な表現とし文章量は少なくして，イラストを活用し，具体的な場面を想定して説明した。また，低い指標得点と尺度得点の示し方に配慮した。文章表現の配慮については，検査結果の説明文を，生徒が理解しやすい表現にすることが重要である。松田（2015）や熊谷（2017）を参考に，各指標得点および各尺度得点が表す意味からはずれないよう注意しながら一文で簡潔に表記した（⇒124ページの説明例）。

　場面設定の配慮については，対象となる生徒の生活環境，生徒が自分の得意な力を発揮することが期待される具体的な場面を想定することが重要である。特別支援学校に在籍する生徒，特に企業就労をめざす高等部に在籍する生徒については，教科等の学習場面だけではなく，卒業後の社会生活を見通した場面や作業学習など働くことにかかわる学習場面が想定される。知的障害のある生徒の特性上，学習によって得た知識や技能が断片的になりやすく，実際の生活場面の中で生かすことがむずかしいこと，実際の生活場面に即しながら，繰り返し学習することが重要であること（文部科学省，2019）を踏まえ，生徒が自己の得意な力を発揮しながら学習や日常生活が営める具体的な場面を設定することが重要である。

　就労場面についてはさまざまな職種があり，特別支援学校においても多様な作業種を取り入れた学習を行っていることから，対象となる生徒にとってなじみがありイメージしや

すい作業内容を取り上げること，一目で理解できるイラストとあわせて提示することで，生徒が本シートの内容を理解しやすくなると考えた。ヒロムさんについては，校内の作業学習で取り組んだことがある箱折の作業場面を選定して記載した。

　ほかより有意に低い指標得点および尺度得点に係る配慮については，対象生徒が自己の苦手な力を理解し，具体的な対応方法を理解できるように示すことが重要である。2016年に施行された「障害を理由とする差別の解消の推進に関する法律」において，障害者からの意思表明があった場合には合理的配慮をするように努めなければならないことが示された。さらに，「特別支援学校学習指導要領解説　自立活動編」において，「幼児児童生徒が，困難な状況を認識し，困難を改善・克服するために必要となる知識，技能，態度及び習慣を身に付けるとともに，自己が活動しやすいように主体的に環境や状況を整える態度を養うことが大切である」（文部科学省，2019）ことが示された。

　つまり，子ども自身が自己の得意なことだけではなく苦手なことを理解し，自分で環境調整を行ったり，環境調整を行うよう他者に合理的配慮の提供を求めたりする力を身につけることが必要になる。そのため，本シートでは，有意に低い指標得点および尺度得点について，具体的な場面の中での対応方法を提案している。

WISC-Ⅳの説明例

指標得点	説明	就労場面での生かし方
言語理解	言葉で理解し，考える力が強い	・作業のやり方を言葉で説明してもらうと理解しやすい ・作業のやり方を言葉に出すと考えやすい
知覚推理	見て理解し，考える力が強い	・手本を見せてもらうと理解しやすい ・見本や手順表を見ながらだと考えやすい
ワーキングメモリー	聞いて覚える力が強い	・指示を聞いて，覚えておくことができる
処理速度	見て覚える力，一つのことを続ける力が強い	・やり方の決まった作業を手早く，正確にできる

KABC-Ⅱの説明例

尺度得点	説明	就労場面での生かし方
継次処理	一つずつ順番に理解し，考えることが得意	・手順を一つずつ区切って順番に説明してもらうと理解しやすい
同時処理	全体を理解することが得意	・まず完全品（工程全体），それから細かなポイントを教えてもらうと理解しやすい
計画	自分で考えたり工夫したりすることが得意	・どうやったら作業を正確に，手早くできるかを考えることができる
学習	習ったことを覚えておくことが得意	・何度か正しいやり方を確認すれば，きちんと覚えることができる ・確認は，簡単な説明を聞きながらやり方を見せてもらうと覚えやすい

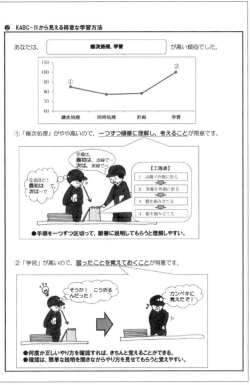

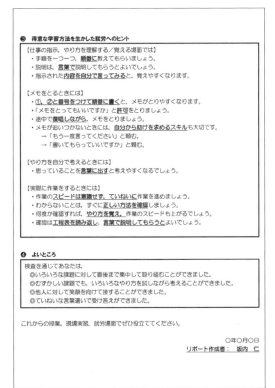

図7-8 本事例における「就労アドバイスシート」

⑶ 「就労アドバイスシート」解説

第1部「❶　WISC-Ⅳからみえる得意な学習方法」

個人内差を検討し，有意に高い指標得点を「あなたは，○○が高い傾向でした」と提示

　有意に高い指標得点についてそれぞれが測る力を簡潔な言葉で記載し，指示を聞いたり作業したりするなど就労場面における力の生かし方をイラストとともに記載した。

　指標得点が測る力やその生かし方の説明は，「指標得点解釈のサマリー」（松田，2015）の内容を「～する力が強いです」という表現に置きかえ，簡潔な言葉で記載した。ヒロムさんは，VCIとWMIがほかの指標得点と比較して有意に高い結果であったことから，「あなたは，『言語理解』『ワーキングメモリー』が高い傾向でした」と示した。VCIは，言葉を聞いて，理解して，考えることにかかわる力を表している（松田，2015）ことを踏まえて，「言語理解が高いので，言葉で理解し，考える力が強いです」と記載し，就労場面では「作業のやり方を言葉で説明してもらうと理解しやすいです」「作業のやり方を言葉に出すと考えやすいです」と一目でわかるイラストとともに示した。

　なお，グラフについては，当該校の教員と相談し，指標得点の大まかな結果や指標得点間の差を理解することができるよう，縦軸の目盛りを記載することとしたが，各指標得点の数値は記載しないこととした。

第2部「❷　KABC-Ⅱからみえる得意な学習方法」

個人内差を検討し，有意に高い認知尺度得点を「あなたは，○○が高い傾向でした」と提示

　上記以外の記載方法は，第1部と同様である。継次尺度や同時尺度の説明は，長所活用型指導のための指導内容の指針チェックリスト（熊谷，2017）の内容を，生徒の視点に置きかえ，簡潔な言葉で記載した。ヒロムさんは，継次尺度と同時尺度に有意差はなかったが，継次尺度が同時尺度より比較的高かったことから，「あなたは，継次処理と学習が高い傾向でした」と記載した。継次尺度については，継次型指導方略を踏まえて，「一つずつ順番に理解し，考えることが得意です」と記載し，就労場面では「手順を一つずつ区切って順番に説明してもらうと理解しやすいです」と示した。学習については，学習したことを記憶し，それを検索し答えを引き出すことができる，視覚的な情報と聴覚的な情報の組み合わせを学習する力がある（熊谷，2017）ことを踏まえて，「習ったことを覚えておくことが得意です」と記載し，就労場面では「何度か正しいやり方を確認すれば，きちんと覚えることができます」「確認は簡単な説明を聞きながらやり方を見せてもらうと覚えやすいです」と示した。

第3部「❸　得意な学習方法を生かした就労へのヒント」

WISC-ⅣとKABC-Ⅱの結果について下位検査や行動観察を含めて総合的に解釈

　WISC-ⅣとKABC-Ⅱの両検査の結果を総合的に解釈し，「仕事の指示，やり方を理解する／覚える場面では」「メモをとるときには」「やり方を自分で考えるときには」「実際に作業するときには」という仕事にかかわる四つの場面における具体的なアドバイスを記載した。有意に高い指標得点や尺

度得点だけではなく，有意に低い指標得点や尺度得点についてもふれ，不得意な力をどのように補うかという視点で記述した。

　ヒロムさんは，ほかの指標得点と比較してPSIが有意に低く，板書の書き取りや課題を終えるのが遅いなどのつまずきが考えられる（松田，2015）ため，「メモをとるときには」，WMIは高くても筆記速度が追いつかないことを想定して，「『もう一度言ってください』と頼む」など，「自分から助けを求めるスキルも大切です」と具体的な対処方法を提案した。また，普段の作業学習においても，ていねいであるがほかの生徒と比較して作業速度が遅いことを学級担任が指摘していたことから，「実際に作業するときには，作業のスピードは意識せず，ていねいに作業を進めましょう」と記載した。最後に，「❹　よいところ」として，知能検査全体を通しての当該生徒の印象を記載した。

3　フィードバック面接の実際

⑴　学級担任を対象としたフィードバック面接

　本事例では，筆者がヒロムさんの学級担任に対してフィードバック面接を行い，その後，学級担任がヒロムさんに対してフィードバック面接を行った。知能検査において検査者は，「治療的アセスメント」の理念に基づき，受検者やその支援者との協働のプロセスとしてフィードバックを行うことが重要である（熊上・熊上，2017）。

　ヒロムさんが，これまでの学習活動と検査結果を結びつけ，今後の学習活動に生かすためには，主たる支援者である学級担任からフィードバックすることが有効であると考えた。また，学級担任がフィードバックを行うことにより，学級担任自身が検査結果の理解を深め，ヒロムさんの特性を理解した指導や支援の実施につながることを期待した。そのため，筆者が学級担任へ行うフィードバック面接においては，その後，学級担任がヒロムさんに対してフィードバック面接を行うことを想定し，日々の指導において実施可能で具体的な支援方法を考えつつ，ヒロムさんの実態と検査結果を結びつけながら伝えるようにした。

──面接の実際（抜粋）

検査者：普段の作業学習の中で，先生の目から見て，ヒロムさんの得意なことや，もう少しがんばってもらいたいと思うことは，どのようなところですか？

担　任：ヒロムさんはとても真面目な性格で，どんな作業にも一生懸命に取り組むことができます。指示したことはある程度理解して，正確に作業することができています。がんばってほしいことは，ていねいすぎるため作業速度がほかの生徒より遅いことです。

検査者：なるほど。WISC-Ⅳからも，ヒロムさんの指示理解の得意さがうかがわれました。言葉で理解したり考えたりする力を表す言語理解の得点が高いため，この力の強さが授業場面

でも生かされていると思われます。

担　任：普段の授業では，言葉だけではなく，板書を活用して説明したり，メモをとる習慣をつけるよう指導したりしているのですが，そのような指導は有効でしょうか。

検査者：確かに，視覚的な支援は多くの生徒にとって，理解しやすくなるために重要な支援ですね。ただ，ヒロムさんは知覚推理が低く，視覚的な情報をとらえて考えたり見通しを立てたりすることは得意ではないのです。そこで，視覚情報はシンプルにして，先生の言葉での説明に注意を向かせるとよいでしょう。また，ヒロムさんに考えさせるときには，言葉に出して考えるよう支援すると考えやすくなると思われます。

担　任：「視覚的な支援は全員に対して有効」というわけではないのですね。メモをとることについてはどうでしょうか。

検査者：メモをとることは働くうえで重要なスキルですね。ヒロムさんは聞いて覚える力であるワーキングメモリーが強いので，メモをとるときにも，役立つ力だと思います。ただ，処理速度が低く，メモをとる筆記速度が追いつかないことが考えられます。

担　任：そのようなときには，どう支援したらよいでしょうか。

検査者：メモをとりやすくするために，復唱しながら書く，追いつかないときに「もう一度言ってください」と助けを求めるなどのスキルを身につけさせるとよいと思います。

担　任：ヒロムさんは他者に助けを求めることが苦手なので，今後の大事な指導のポイントですね。

検査者：ところで先生は，車で移動するとき，カーナビに一つ一つ道順を示されるのと，地図で目的地の大まかな位置を把握して向かうのでは，どちらがわかりやすいですか？

担　任：私は，地図を見て場所を把握できるほうが，見通しがもててわかりやすいですね。

検査者：では先生は，全体を理解することが得意な同時処理タイプかもしれません。私は，ナビで道順を示されるほうがわかりやすいので，一つずつ順番に理解し考えることが得意な継次処理タイプです。このように，私たちにはそれぞれ得意な理解の仕方，情報処理の仕方があり，それは生徒も同じです。ヒロムさんは，KABC-Ⅱの結果から，どちらかといえば継次処理が高いので，一つずつ順番に理解し，考えるほうが得意だと考えられます。学習尺度も高かったので，習ったことを覚えておくことも得意です。

担　任：授業場面ではどのような支援をしたらよいでしょうか？

検査者：作業の説明では，工程を細かく区切って手順を一つずつ順番に説明します。特に，順番をつけて，一つ目は……二つ目は……というように示すと理解しやすくなります。また，新しい作業種を行うときには，初めのうちは先生が近くで様子を見て間違えたときには正しいやり方を説明しますが，何度か繰り返すと正しいやり方をきちんと覚えて，一人でも作業を任せることができるようになります。

担　任：なるほど。今後はヒロムさんの特性を踏まえて，指導や支援を行いたいと思います。

(2) 面接後の経過

　学級担任へのフィードバック面接2カ月後に，ヒロムさんと学級担任に対して聞き取りを実施した。その結果，ヒロムさんは「フィードバック面接で自分の強みがだいたいわかった」「面接が自分のことを知るきっかけになった。結果を普段の生活に生かしてみたい」「得意な力をさらに生かしていくためには，自分でときどきアドバイスシートを見返す必要がある」と回答した。また，学級担任は「だいたいアセスメントの結果を指導に生かすことができた」「指導の際に，伝えすぎることなく，実態に応じて本人に考えさせる時間をとるようになった」「アセスメントとフィードバックによって生徒が自分の強みを生かしたやり方をするようになった」と回答した。

　この結果からいえることとして，まず学級担任は，実態に応じて本人に考えさせる時間をとるなど，ヒロムさんの得意な力を意識したかかわり方や指導を行うことができるようになった。それにより，ヒロムさんが自分の得意なやり方を生かしながら作業に取り組みやすい環境が整備され，自己理解の促進や自信の向上につながったと考えられる。

　今回の「就労アドバイスシート」は，知的障害のある生徒に対するフィードバックを想定していることから，支援内容を精選し平易な表現で記載した。これが学級担任にとってもわかりやすいものとなり，日常の指導や支援に生かすことにつながったと考えられる。

　今後は，生徒が自己理解を深め，長所を活用した取り組みを行うための仕組みが必要になるだろう。例えば，生徒と学級担任が本シートを一緒に振り返る機会の設定，作業学習以外のさまざまな場面での得意な力の生かし方について，検査者と学級担任，生徒が話し合う機会の設定などである。このように，1回のフィードバック面接で終わらない継続的な取り組みとすることが重要である。

　また，高等部の生徒については，学校だけではなく卒業後の企業において生徒の特性を理解したかかわりを行ってもらえるよう，個別の教育支援計画や個別の移行支援計画への位置づけを検討する必要がある。

〔第7章4節　引用参考文献〕
・熊谷恵子 (2017). 第4章　アセスメントから指導へ. 小野純平・小林玄・原伸生・東原文子・星井純子編. 日本版KABC-Ⅱによる解釈の進め方と実践事例. 丸善出版.
・熊上崇・熊上藤子 (2017). 第5章　検査結果の伝え方. 小野純平・小林玄・原伸生・東原文子・星井純子編. 日本版KABC-Ⅱによる解釈の進め方と実践事例. 丸善出版.
・松田修 (2015). 第3章　WISC-Ⅳによるアセスメントの手順. 上野一彦・松田修・小林玄・木下智子. 日本版WISC-Ⅳによる発達障害のアセスメント. 日本文化科学社.
・文部科学省 (2018). 特別支援学校教育要領・学習指導要領解説自立活動編　幼稚部・小学部・中学部.
・文部科学省 (2019). 特別支援学校学習指導要領解説　知的障害者教科等編 (上) 高等部.

私たちが検査に求めるもの　〜経営者の立場から〜

奥脇　学 (大阪LD親の会「おたふく会」副代表／㈲奥進システム代表取締役)

自身が経営する会社で障害のある人を戦力として積極的に雇用している奥脇学さんのお話から，就労と知能検査のフィードバックが果たす役割について考えます。

——障害者雇用促進法の施行や社会的認知の広がりにより，民間企業による障害者の雇用が増加する一方で，職場の定着が課題になっています。就職から1年後の職場定着率は，発達障害者71.5％，知的障害者68.0％，身体障害者60.8％，精神障害者49.3％（高齢・障害・求職者雇用支援機構，2017）。転職を繰り返す人は少なくありません。

「私（奥脇）が代表を務める奥進システムの社員の大半が何らかの障害をもっていますが，やはり転職してくる人が多いですね。転職の理由は，仕事が合わない，人間関係がむずかしいなど，人によってそれぞれですが，私のみたところ，総じてアセスメントがしっかりできていないという印象があります。保護者にお話を聞くと，それが顕著にわかります。保護者が思うその人の特徴と職場での実際は違う場合が多いのです。

親御さんが，『この子は忘れっぽいので，仕事の報告はできません』と言った場合でも，例えば，報告時刻をアラームで知らせる，パソコンの画面に表示する，スマートフォンのバイブレーション機能を使う，こちらから声をかける等の選択肢の中から，本人に話を聞きながらやりやすい方法を探り，選んだ方法を数回繰り返すうちに大抵できるようになります。『うちの子ができたんですか？』と親御さんにはよく驚かれます。こうしたことは，アセスメントを行っていないか，行っていたとしても検査結果が生かされていないため，親が子どもについて独自に解釈し，思い込んだまま現在にいたるためではないかと推測します。

私たち経営者は，社員各自の得意・不得意について，理解を深めることが大切になります。特に，不得意なことをどうカバーするかというとき，職場で活用できる知能検査の結果があるとありがたいです。例えば，『つい時間を忘れてしまうのは過集中のため』といった行動の背景がわかればこちらも理解しやすいですし，あわせて，『聴く力より視覚的な力のほうが強い』といった特性がわかれば，約束の時間になったらパソコン画面で視覚的に知らせるといった方法をすぐに選択することができ，スムーズな配慮につながります。

一般企業で障害のある人を雇用する際，職場の配慮が適切にできるかという不安から，雇用を躊躇するケースは少なくないと思いますが，その人のニーズがわかりさえすれば，職場では少しの工夫でできることも多いのです。環境整備ができれば，みなさん懸命に仕事に取り組んでくれます。ですから弊社では，彼らを障害者枠ではなく正規雇用しています」

——就労継続への課題が指摘されるなか，奥脇さんは，自社で働く精神疾患，発達障害のある人特有の「心の波」について，どう対応したらいいか考え，この人たちが無理なく働き続ける手だてとして，WEB日報システム「SPIS（エスピス）」を開発しました。日々の体調や心の変化，仕事の状況などを日報につけ，それをグラフ化して見ることで自己管理能力を育てるとともに，自分の状態を周囲の人に伝えることを通してコミュニケーションを助けます。担当者のコメント記入欄もあるため，見守られ感が生まれ，本人が精神的に安定しやすくなるといいます。現在，精神・発達障害者の就労定着・安定就労のための取り組みとして，内閣官房内閣人事局をはじめ，さまざまな企業や団体でSPISが導入されています。

　また，奥進システムでは，働きやすい環境づくりの一環として，新入社員入社時に，自分の障害の特性と配慮してほしい点を全員で紹介し合う「障害プレゼン」を行っています。

　「社内で自分の障害をプレゼンテーションする際，これまでにアセスメントを受けるなどして自己理解が進んでいる人は，より具体的なプレゼンができます。『私はものごとを平行して考えることが苦手です。ですから，一つの仕事が終わってから次の仕事に移るようにしていただけるとありがたいです』などと，自分の特性と配慮してもらいたい内容をはっきり伝えることができれば，周囲もそれを理解してフォローしようとします。弊社では，例えば，精神障害のある人の仕事の段取りは身体障害のある人がやる，というように，『その人が苦手なことは，得意な人がやればいい』という社内文化が育っています。

　社会に出れば，周りの人に助けを求める援助希求能力が必要になりますが，世の中にはこの能力が育ってない人が多いという印象があります。周囲にどう思われるかという不安から自分の障害についてクローズにしている人が多いと思いますが，オープンにできる世の中にしていく必要があるでしょう。

　それには，知能検査結果のフィードバックが重要な役目を果たすのではないでしょうか。自分の短所を他者に話せるようになるには，自尊感情を高めることが必要です。検査結果を本人に伝えるフィードバック面接の際，検査者の先生方には，子どもの自尊感情を高めながら，長所・短所について自己理解を促していただく。その一方で子どもは，長所で短所をカバーする術を身につけていくと同時に，カバーしきれない部分は他者に上手に援助を求める。このように，社会を渡っていくための自己対応力を伸ばす大事な材料が，知能検査結果のフィードバックだと思うのです。その人の人生がかかわる環境の中でうまく活用できる検査結果があれば，それは本人が継続して働き続け，幸せに生きていくための糧になります」

〔引用文献〕
・高齢・障害・求職者雇用支援機構 障害者職業総合センター（2017）．障害者の就業状況等に関する調査研究，調査研究報告書137．

5 子育てサポートとして行う保護者向けフィードバック

(株)日本保育総合研究所　熊上 藤子

子どもの発達の遅れを心配した保護者の子育て相談から，KABC-Ⅱを実施した。不安の強い保護者が安心して子育てができるよう，子育て支援を目的として作成した「子育てアドバイスシート」と，保護者へのフィードバックの様子を紹介する。

1 事例の概要

対象児：幼稚園年中児（検査時年齢5歳），男子，ショウ君（仮名）

相談経緯と検査の目的：ショウ君は，クラスの担任が産休に入ったため，年度途中で担任が代わったころから，体操や制作などの集団活動に参加したがらなくなったという。保護者（母親）は，以前できていたことができなくなっている息子の様子をとても心配に思い，幼稚園の先生や，地元の発達相談などにも相談したが，どこでも「同じクラスの子どもたちと自由に遊ぶことはできているし，新しい担任に慣れるまで様子をみましょう」と言われたそうである。

　このように，母親は，ショウ君の現状を理解したいと願う一方で，問題の要因が特定できないことへの不安を感じていた。「発達に遅れがあるのではないか」とさらに心配が膨らんだ状態で，筆者のもとに相談にみえた。そこで筆者は，保護者の子育て支援として対応したいと考えた。また，ショウ君は，障害や疾病の診断を受けたことはなく，乳幼児健診で指摘を受けたこともない。生育歴や環境面での課題はみられなかった。そこで,発達全体の遅れというよりも軽微な発達のつまずきがある可能性を考慮し，KABC-Ⅱを行うことにした。

　なお，このケースの対応は，「心理検査のフィードバックに関する研究」（研究代表者：熊上崇）の一環として行った。

おもな検査結果：KABC-Ⅱ

・認知総合尺度および習得総合尺度ともに「平均」の範囲。

・有意差がみられたのは，下位検査「手の動作」のみ（PW）。

検査中の様子：入室時は緊張がみられたが，検査が始まると集中が途切れずに取り組んでいた。

2 検査結果報告書「子育てアドバイスシート」の実際

⑴ 報告書の構成

　ショウ君の検査結果は，下位検査も含めて「平均」～「平均の上」の範囲であり，発達の遅れを心配している保護者にとっては，胸をなでおろすような結果ともいえる。一方で，ショウ君の現状として，幼稚園生活でつまずいている姿をどのように理解すればよいかわからずに，保護者がかえってとまどい，不安が生じる可能性もあると思われた。そこで，検査結果報告用に，オリジナルの「子育てアドバイスシート」（以下本シート，図7-9）を作成した。

　本シートは3段構成であり，はじめの2段はKABC-Ⅱのカウフマンモデルのおもな検査結果を説明するものである。認知検査の結果を「❶得意な学習方法」，習得検査の結果を「❷知識の習得レベル」と言いかえている。最後に，❶・❷を踏まえた「❸子育てのヒント」を記している。本シートは，熊上ら（2017）が作成した子ども向けの「学習アドバイスシート」を，保護者向けに修正したものである。

⑵ 報告書作成上の配慮

　本シートは，保護者の子育てを支援する目的で，保護者が受けとめやすいと思われる表現を用いた（下表参照）。ただし，検査者独自の用語変換が多すぎると，ほかの専門家が本シートを見た場合に混乱を招くため，各尺度の名称と数値は表に記した。数値は，標準得点と90％信頼区間を記載した。

子育て支援を目的とした表現例

検査結果	保護者が不安になる／わかりにくい表現	保護者が受けとめやすい／わかりやすい表現
認知尺度の下位尺度間に有意差あり	バランスが悪い 尺度間にばらつきがある	得意な学習方法は「○○型」
	継次尺度だけが高い 同時尺度だけが高い 計画尺度だけが高い 学習尺度だけが高い	継次処理型の学びが得意 同時処理型の学びが得意 計画型の学びが得意 連合学習型の学びが得意
認知尺度の下位尺度間に有意差なし	統計的にみると個人内差がない ばらつきがない	バランスのよい知能を有している
習得尺度の結果が低い	年齢相応の知識・技術をもってない 抽象的な語彙の習得が困難 算数が苦手 算数は小学校5年生レベルの課題ができていない	会話に用いる語彙を豊かに身につけている 分数のたし算など，小学校4年生レベルの計算まで身につけている

○○幼稚園　年中クラス
大崎 ショウ さんの保護者様

検査日 ＿＿＿＿＿＿＿＿＿

報告日 ＿＿＿＿＿＿＿＿＿

子育てアドバイスシート

　お子さんの KABC-Ⅱ検査結果から，まずお子さんの「❶得意な学習方法」と「❷知識の習得レベル」について，お伝えします。最後に，お子さんのよりよい発達につながる「❸子育てのヒント」をアドバイスします。今後の子育てに，ぜひ参考にしてください。

❶　お子さんの得意な学習方法は，**連合学習** 型 です！

　お子さんの，全体的な知的水準は 95（88-102）で「平均」のレベルであり，各尺度に統計的に意味のある差はみられませんでした。ただし，継次処理 92（86-99），同時処理 94（84-105）に比べて，学習が 104（94-113）とやや高いようです。また，継次処理の下位検査にはばらつきがあり，特に「手の動作」が低い結果でした（PW）。以上のことから，お子さんは何かを学ぶとき，見ただけで学ぶよりも，言葉で聞いたり，声に出したり，実際に動いてみたりといった方法を組み合わせる，連合学習が得意といえそうです。

認知検査	標準得点	信頼区間(90%)
【認知総合尺度】	95	88-102
継次尺度	92	86-99
同時尺度	94	84-105
計画尺度	―	―
学習尺度	104	94-113

1 バットを軽く握る
2 頭の位置を固定する
3 ボールをよく見る

「継次処理」 型
一つ一つ段階を踏んで学び，順序立てて考えるのが得意。
例：バッティング動作ごとにのポイントを書いたカードで確認する。

「同時処理」 型
全体的に理解し，関連づけて考えるのが得意。
例：動画でバッターの動きを見てから，バッティングのポイントを話し合う。

❷　お子さんの知識レベルは，

> 年齢相応の語彙（ボキャブラリー）があります。
> それから，算数に関連する豊富な知識が身についています。

　お子さんの基礎的知識は 106（99-112）で，「平均」のレベルにあります。このうち，語彙は 102（94-110）であり，年齢相応のボキャブラリーを有しています。算数においては 112（99-122）で「平均の上」であり，数字を読んだり，数を使って考えたりするための知識が豊富です。なお，知識の範囲には興味による偏りやムラはみられませんでした。このことから，これまでの生活経験を通して知識を獲得し，しっかりと身につけてきているようです。

認知検査	標準得点	信頼区間(90%)
【習得総合尺度】	106	99-112
語彙尺度	102	94-110
読み尺度	―	―
書き尺度	―	―
算数尺度	112	99-122

❸　子育てにおいて，お子さんの得意な学習方法や長所を生かしていきましょう！

　お子さんは，バランスのよい知能を有しており，年齢相応の基本的な知識を豊富に身につけています。また，検査に取り組む様子からは，集中力や粘り強さがあり，情緒的にも安定していることがうかがえました（検査時間：約60分）。一方で，視覚的な短期記憶はやや苦手なようで，相手の手や体の動きを見てすぐにまねることはむずかしいと思われます。このため，幼稚園の制作や運動などの活動に参加しにくい可能性が考えられます。

　お子さんに動作を教えるときには，まず見本を見せたうえで，言葉と動作のイメージが結びつくように援助してあげるとよいでしょう。例えば，ご家庭で料理のお手伝いをする場面では，「左手はグーにして野菜を持つよ。右手で皮をつまんで，下にグッとひっぱるよ。ほら，きれいにむけたね」というように，手の動きに注目させながら短い言葉で伝えてみてください。声に出して復唱させてみる方法もあります。お子さんの自信につなげていきましょう。

リポート作成者：茗荷谷教育センター　熊上 藤子

図 7-9　本事例における「子育てアドバイスシート」

⑶ 「子育てアドバイスシート」の解説

❶ お子さんの得意な学習方法は，○○型です！

得意な学習方法（認知検査）─認知尺度の個人内差について，長所として強調

ショウ君は検査時年齢が５歳であったため，実施した下位検査は継次，同時，学習の三つであった。下位尺度間を比較すると，継次や同時と比べて学習がやや高い結果であり，見出しは「連合学習型」と記載した。このように，「○○型」の部分には，認知尺度内で最も高い尺度を取り上げる。ただしショウ君の場合は統計的に明らかな個人内差はないため，解説文には「バランスのよい知能を有しています」と表現している。下位尺度間で有意差がみられる場合は，統計的に意味のある結果である旨を解説文に記す。

なお，KABC-Ⅱは継次と同時の差を優先的に解釈するため，計画または学習が最も高い結果でも，継次と同時に有意差がみられた場合は，「継次処理型」または「同時処理型」と記す。

❷ お子さんの知識レベルは，○○が身についています！

知識レベル（習得検査）─習得尺度について，身につけてきた知識・技能として強調

ショウ君は検査時年齢が５歳であったため，下位尺度は語彙，算数の二つであった。このように，習得検査の結果，同年齢児の平均と比べずに，その子どもなりにできていることに着目する。「○○が苦手です」などと固定的な表現にせずに，「○○が身についています」という語尾を用いて，これまで積み上げてきた学びとして説明する。

❸ 子育てにおいて，お子さんの得意な学習方法や長所を生かしていきましょう！

子育てのヒント─保護者の主訴に応じる形で，検査結果を踏まえたアドバイスを記入

ショウ君は，認知尺度と習得尺度との比較や，習得尺度の下位尺度間の比較でも，有意差はなかったが，下位検査レベルで「手の動作」がPW（Personal Weakness）であったため，この点をショウ君の苦手さ，負担感として取り上げた。そして，ショウ君の「❶得意な学習方法」を生かす支援の手だてを書いた。また，支援の例は料理のお手伝い場面を取り上げた。これは，インテーク面接時に母自身の最近の楽しみをたずねた際，幼稚園の弁当作りをあげていたためである。このように，子育てのヒントは一般的なアドバイスではなく，カウフマンモデル（❶，❷），CHCモデル，下位検査，行動観察も含めて根拠を示しながら行う。さらに，保護者が無理なくできそうなかかわりまで提案するものである。

3 フィードバック面接の実際

⑴ 保護者を対象としたフィードバック面接

保護者が安心して検査結果を理解できるよう，対話を重視しながら面接を進めた。面接の前半は検査結果の解説を行い，後半は「子育てアドバイス」を取り上げた。

——面接の実際（抜粋）

検査者：今日お話ししたいことを１枚のシートにまとめましたので，こちらをご一緒に見ながら話しましょう。まず，一つ目と二つ目が，検査結果を解説した部分です。一つ目は，生まれもった知的能力といえる結果で，二つ目は，生活の中で得た知識についてです。ショウ君は，どちらも「平均」の水準でした。

保護者：平均ってことは，まあ，普通……ということですか。遅れはないっていうこと？

検査者：同年齢の子ども集団の中で平均という結果ですので，この結果をみて遅れがあるとは言わないです。ショウ君は，ものごとを理解する力をバランスよくもっていますし，これまでの生活経験を通して年齢相応の知識を身につけてきているようです。

保護者：幼稚園の先生から大丈夫とよく言われるのも，間違いじゃないということですか？

検査者：大丈夫，と言われるんですね。私は幼稚園生活を見ていないのですが，ショウ君なりにがんばっている姿を，先生方は前向きにとらえていらっしゃるのだと思います。

保護者：そうですか。担任の先生はお若いから，親としての私の心配が伝わらないだけかと思っていました。こうして検査結果としてみると，私も心の整理ができそうです。

検査者：ショウ君の集団活動のことを，とても心配なさっていましたものね。ショウ君は，検査中の様子も言葉は少なめでしたが，知らない大人と個室で１対１という状況で，適度に緊張を保つことは大変なことです。そんな中でも，「トイレに行っていいですか？」とショウ君からたずねてくれて，コミュニケーションも上手だなと思いましたよ。

保護者：そのあたりは，義理の両親が教えてくれているんです。近所に住んでいるので，ショウは一緒に食事をすると，箸の上げ下ろしから細かく……しつけられています。

検査者：なるほど。義理のご両親がお近くに住んでいるんですね。ショウ君の手のことでいうと，検査中の様子で気になったことが一つありました。「手の動作」という検査は，私が行った手の動作をまねてもらう課題です。ショウ君は体を前傾させて私の手元をよく見て取り組んでいましたが，むずかしくなると無言で手を引っ込めていました。

保護者：それは，手を使うことに自信がないということですか？

検査者：自信がないようにも見えますし，もしかすると，もともと「見たとおりにまねて動く」ことが少し苦手なのかもしれません。このシートの文章中に，手の動作（PW）と書いてあります。PWは，ショウ君の検査結果同士を比較した際に，統計的にみて明らかに低かったことを指しています。同じ年齢の子どもたちと比べたときには大きな差ではないのですが，ショウ君がもつほかの能力に比べると，手の動作だけが「弱い」という結果です。さきほど話に出た，箸を覚えるときはどうでしたか？

保護者：箸は，私も義理の両親の手前，きちんとさせなくてはと何度も直させて，最近ようやく安定してきました。

ただ，ついこの間，おじいちゃんから紙飛行機の作り方を教えてもらったのですが，形が
うまくできなくて，何度も直してもらっていました。

検査者：箸は何度も練習して，上達してきたのですね。ショウ君，がんばりましたね。紙飛行機を作
るときに必要な力の一つに，視覚的短期記憶というものがあります。「視覚」，つまり目で見て
短時間記憶して，そして手を動かすというプロセスのどこかが，ショウ君は少し弱いのかもし
れません。検査のように初めてのことをするときには，かなり気合をいれてがんばってくれた
のだと思います。視覚的短期記憶を使う場面は，実は生活の中に多くあります。例えば，お
家では，お手伝いしてもらうときもそうですね。幼稚園では，体操をするとき，当番活動，折
り紙や工作もそうですね。パッと見てすぐに動作をまねることに負担感があるので，幼稚園
の活動を見学しているのは，お友達の姿から動作を理解しようとしているのかもしれませんね。
──後略──

　本事例の面接では，「（義両親に対して）子どもがきちんとしている姿を見せなくては」
という保護者の気負いがやや感じられ，検査者が一方的にアドバイスをしてしまうことで，
保護者の不安が増幅される懸念もあった。そこで，ショウ君への支援について話す際は，
保護者から話が出た「箸の上げ下ろし」や「紙飛行機作り」などを取り上げ，解説した。日
常生活をイメージしながらショウ君の現状を理解できるようサポートし，保護者の自信に
つなぎたいと考えたためである。

　また，ショウ君の「手の動作」の弱さについては，本人が感じているかもしれない負担
感を代弁するようにした。今後，「書き」能力など学習面で課題が顕在化してくる可能性も
否定できないため，「平均の能力があるから大丈夫」などと断言しないよう留意した。

⑵　面接後の経過

　この面接実施の少し前に，ショウ君の希望でサッカーを習い始めていた。しかし，ショ
ウ君が見学ばかりするため，父親はよく「やらないなら辞めなさい」などとしかっていた
そうである。両親は，検査結果を踏まえてショウ君の視点から考えてみたところ，その意
欲を少し気長に応援したいと思えるようになったという。その後，ショウ君はサッカーも
楽しめているそうである。幼稚園でも，活動に途中から参加できることが増えたというこ
とである。

〔第7章5節　引用参考文献〕
・熊上崇・熊上藤子（2017）．第5章3項　検査結果の伝え方．小野純平・小林玄・原伸生・東原文子・星井
　純子（2017）．日本版KABC-Ⅱによる解釈の進め方と実践事例．65-70．丸善出版．

6 幼児を対象としたフィードバック面接（共同作業形式）

（株）日本保育総合研究所　熊上 藤子

小学校入学を間近に控え，子ども自身が得意・不得意を知るために，知能検査結果の一部（個人内差）を子ども本人にも伝えた。子どもの年齢および障害特性を踏まえ，「一緒に遊びながら」共同作業形式で行った面接の様子を紹介する。

1 事例の概要

対象児：保育園の年長児（5歳児クラス），女子，カオリちゃん（仮名）

診断名：自閉スペクトラム症

相談経緯と検査の目的：カオリちゃんは，年少（3歳児クラス）から保育園に入所し，はじめは集団で行う遊びを拒んで，ほとんど1人遊びをして過ごしていた。年中組になると友達とのかかわりが出てきたものの，自分の思いが伝わらないと大声で数十分間泣き続けるといった日々が続いた。

　保護者（母親）が心配して療育センターへ相談したところ，医師からASDの診断を受けた。しかし療育クラスは満員で通えないまま年長児になった。身支度などの生活動作は自立しているが，自分なりの手順にこだわって行動するため，クラス全体の流れから遅れがちで，友達から「遅いよ」と指摘を受けると怒り出すという。

　母親は役所の就学相談窓口に行き，担当者にWISC-Ⅳの結果を示したところ，『IQが高いようなので，小学校に上がったら担任と直接相談してください』と言われただけだった。その後，母親は，相談先が見つからず，どのように子育てをすればよいかという不安や悩みを抱えて筆者のところへ相談にみえた。

　そこで筆者は，上記の経緯を踏まえて，子どもをより理解するためのサポートとして，KABC-Ⅱ実施を提案した。なお，このケースの対応は，心理検査のフィードバックに関する研究（研究代表者：熊上崇）の一環として行った。

おもな検査結果

・小児科で実施——WISC-Ⅳ：FSIQ 110。四つの指標得点に有意差なし。

・筆者が実施——KABC-Ⅱ：認知総合尺度「平均」。同時処理優位。CHC尺度で視覚処理125（NS）の結果。

2 フィードバック面接の実際

(1) 幼児を対象としたフィードバック面接

　子どもに行う知能検査結果のフィードバックは，おもに保護者に対して行われる。ケースによっては，日ごろ支援にあたっている保育者や教員にもフィードバックされるが，10歳未満の子ども本人に，検査結果を直接伝える機会は少ない。しかし筆者は，子どもの言語理解力や心理状態によっては，本人の自信と自立につなぐためのフィードバックにも意義があると考える。

　今回，面接時に6歳であったカオリちゃんに，直接フィードバックを行うことにしたきっかけは，本児自身が検査結果を気にしていると，保護者から聞いたためである。また，「先生と呼ばれる存在からの話は，家族の話よりもはっきりと記憶していて，実行しようとする」との情報もあり，保護者を通じて話してもらうよりも，検査者が直接話すことで，本人が結果を受けとめやすいのではと考えた。

　面接の事前準備は，子どもへのフィードバックの理論に従い，「内容」と「方法」の二つの視点から行った（⇒36～38ページ参照）。筆者が，本児へのフィードバック面接前に決めておいた配慮は，以下のとおりである。

内容	・視覚情報の読み取りや試行錯誤が得意である一方，話を聞いて作業に取り組むことが苦手であることを伝える。 ・検査結果の数値や図表は提示しないが，本児は文字や数字が読めるため，メモを書いて渡す。 ・イラストや図表は必要に応じてメモにつけたす。
方法	・プレイルームで遊びながら，共同作業形式で行う。 ・時間は45分程度とし，子どもと1対1で話す。

　内容については，年齢的に，検査結果を自己理解に結びつけることはむずかしいため，フィードバックとはいっても結果の一部を取り上げることにした。特に，「視覚処理」の強さを強調することで，自信につなげたいと考えた。

　また，本児は数字やひらがなやカタカナなどの読み書きがすらすらできる状態であったため，口頭での説明に加えて，視覚的手がかりとして，文字やイラストをメモとして書いて見せることにした。

　方法は，面接形式ではなく共同作業形式とした。母親から本児の保育園での様子を聞くと，「自由遊びの時間は1人遊びが中心だが落ち着いている」とのことであったため，検査者とのラポール形成も兼ねてプレイルームでの面接とした。

──面接の実際

検査者：こんにちは。このお部屋，久しぶりだよね〜。

カオリ：……（室内のカーテンをじっと見る）

検査者：私の名前は○○です。前にもここで，KABC-Ⅱっていうお勉強をしたよね。カオリちゃん，
　　　　とってもがんばったね。4時にお父さんが迎えに来てくれるよ。この紙に書いておくね。「4
　　　　じ，おむかえ」っと。お父さんがお迎えに来るまで一緒に遊ぼうか。

カオリ：うん。……（検査者の手元の紙をじっと見る）

検査者：ここにはいろんなおもちゃがあるんだよ。今日はどれで遊んでもいいよ。カオリちゃんは
　　　　どんなおもちゃが好きかな。

カオリ：カプラ！　まあ，ユリちゃんがいつも最後に倒しちゃうんだけどね。

検査者：そうか。ユリちゃんは保育園の友達かな？　カプラ，面白いよね。う〜ん，残念。ここに
　　　　はカプラはないけれど，積み木を使って，こんなふうにビー玉を転がせるおもちゃがある
　　　　よ。やってみる？

カオリ：へー，ピタゴラスイッチみたい。

検査者：やってみようか。じゃあ，カゴを運ぶから，一緒に持ってくれるかな。

カオリ：……（積み木のカゴに駆け寄り，1人で運び始める）

検査者：カゴをしっかり見ながら持ったね。手の力があるね〜。一緒にやろうかなと思ったけど，
　　　　1人で大丈夫？

カオリ：ゾウ組さんだからね！　1人でできます。

検査者：ゾウ組さんは年長さんだもんね。頼もしいなあ。さあ，ここに置いてね。

カオリ：だめだめ。もうちょっとこっち。（検査者が示した場所と違う場所にカゴを置く）

検査者：なるほど，広いほうがいいかな。よし，そうしよう。カオリちゃん，足に当たらないよう
　　　　にそーっと降ろそうね。せーの！　ありがとう。

カオリ：これ，全部使っていい？（視線は積み木に向けたまま話す）

検査者：いいよ〜。出す前に「使っていい？」って聞いてくれてありがとね。私の手を見てみて。ビー
　　　　玉は，こんなふうに転がして使うよ。転がしたいときに使ってね。

カオリ：へー……。（黙々と積み木を積み上げる）

検査者：ビー玉が転がる道を考えているのかな？

カオリ：うーん，え？　あー，できたら教えるね。ビー玉，ください。

検査者：そうか。じっとビー玉を見ていたから，話しかけられても気づかなかったんだね。ビー玉
　　　　どうぞ〜。わー，うまく転がったね！

カオリ：ここをこうして〜。やっぱりこうしよっかな。（試行錯誤する）

──積み木が崩れたタイミングで

検査者：少し休憩しようか。カオリちゃんは，目で見るのが得意なんだね！

カオリ：得意って何？

検査者：得意っていうのは，上手にできるっていうことだよ。

カオリ：ドレスを着るのが好きだけど。それも得意？

検査者：ドレスを着るのが好きなんだね。

カオリ：ハロウィンで着たからね。でも速くは着られない。ママに手伝ってもらうよ。

検査者：ドレスを1人で速く着られるようになったら，着るのが得意になるね！　好きと得意は，同じこともあるし違うこともあるよ。カオリちゃんの好きなことは，『ドレスをきること』って書いておくね。

カオリ：へー……。ドレスを着るのは好きだけど，得意じゃない。

検査者：好きで何度も何度もやっていたら，これから得意になるかもしれないね。さっき，一緒に積み木の箱を持ってくれたときも，グッと手に力を入れるのが上手だったよ。目で見て，手や体を動かすのが得意だからだなって思ったよ。

カオリ：へー……。でも，カイト君はもっと運ぶのが速いよ。

検査者：保育園のお友達かな。カイト君の得意なことも運ぶことなんだね。カオリちゃんと同じだね。お友達より遅くても，カオリちゃんが上手にできることは「得意」って言っていいんだよ。

カオリ：そっかー。カオリちゃんは，字が書けるよ！　読めるし！

検査者：字を書くことも読むことも得意なんだね。得意なことがたくさんあるね。もしかすると，絵を描くことや何かを作ることも得意なのかな？

カオリ：得意じゃなーい。オオハシ先生は，「なんでもいいから，好きなものを描いて」って言うけど，ドレスを描くと「違うよ」って言うし。わかんない。

検査者：そうか。保育園の先生から「何でも好きなものを描いていいよ」って言われると，わからなくなるんだね。

カオリ：あと，ユリちゃんが「速くして」って言うから嫌。いじわるだよ。

検査者：そうかー。「速くして」って言われると，悲しい気持ちになっちゃうかな。カオリちゃんは，さっきビー玉を転がしているときも，じーっとたくさん見ていたよね。カオリちゃんは，目で見るのが得意なんだね。この箱を置くときにも，部屋の中をよく見て「ここがいいよ」って気がついてくれたよね。

カオリ：それが，見るのが得意ってこと？

検査者：そうだよ。カオリちゃんの得意なことは，「めでみること」。目の絵も描こうか。この間，ここでKABC-Ⅱっていう検査をしたときも，カオリちゃんは目で見ることが得意だってわかったんだよ。見ることが得意だから，何かをじっと見ているときに話しかけられても気がつかないのかもしれないね。

カオリ：ユリちゃんは，掃除当番のときも「速くして」って言うから嫌。いっつも。

検査者：なるほど。カオリちゃんは何かを見ながら，どうやって掃除しようかなって考えているのかな。今，掃除のことを考えてたのに，っていう気持ちなのかな。その気持ちを友達にもわかってもらいたいよね。さっきビー玉転がしをするときに，カオリちゃんは，「できたら教えるね」って言ってくれたでしょう？　それで私は，カオリちゃんの気持ちがよくわかったよ。ユリちゃんにも，「できたら教えるね」って言うのはどう？

カオリ：あー。うーん……。まあ，いいかもね。

検査者：ここで練習してみようか。カオリちゃんは見るのが得意だから，私がやるのを見たらすぐに覚えられるかも！

カオリ：え？　ちょっとわからなかった。どういうことか書いて。

検査者：いいですよ。紙に書くと，目で見えるからよくわかるよね。文字と絵も描いてみるね。まず１番め，私がカオリちゃんのまねっこで掃除当番をするよ。２番め，カオリちゃんは，お友達のまねっこをして，私に「速くして」って言ってみてね。そうしたら３番め，私が「できたら教えるね」って返事をするよ。この三つをやるよ。

カオリ：わかった……「もう，速くして！」

検査者：「できたら教えるね」……こんな感じだよ。お友達のまねっこ上手だったね。見てまねっこするのは，カオリちゃんの「とくいなこと」だね。じゃあ，交代してやってみようか。

　　　　　──後略──

　本児自身は，友達とかかわりたい，活動に取り組みたいと思っているものの，ASDの障害特性もあり，苦戦している様子がうかがえた。そして，その困り感をアサーティブな態度で示すスキルがないため，怒りとして表現しやすいものと思われた。

　そこで面接後半に，「できたら教えるね」と言うスキル練習を行った。これは，本児がすでに使えていたスキルであるが，友達から「速くして」と指摘されるというストレス状況においても使えるように，ソーシャルスキル教育（佐藤，2015）の視点で取り入れたものである。

　また，幼児期からスキル練習を積み重ねていくためには，両親の理解が欠かせない。そのため検査者は，ワンウェイミラー越しに観察していた両親にとって，スキル練習のモデルになることをめざしてかかわった。

かおりちゃんが　すきなこと
・ドレスをきること

かおりちゃんが　とくいなこと
・めでみること
・はこをはこぶこと
・じをかく，じをよむこと
・みて，まねっこすること

かおりちゃんが　にがてなこと
・「なんでもいい」っていわれること
・みみできくこと
・「はやくして」っていわれること

こうしてみよう！
1　そうじとうばんをしているとき
2　「はやくして」っていわれた
3　「できたらおしえるね」っていってみる

図 7-10　カオリちゃんと面接をしながら書いたメモ（再現）

⑵　面接後の経過

　この面接後，別の日に両親との面接も行った。父親は，検査者の質問に対してカオリちゃんの回答がずれたり，視線が合わなかったりする様子を気にしていたが，母親は，カオリちゃんが集団生活上の困り感を話せたことを喜んでいた。今回の検査結果について，検査者からは，カオリちゃんが今後の園・学校での生活で必要な支援（合理的配慮）を受けつつ，周囲に支援者を増やしていくために役立ててほしいと伝えた。

　その後，保護者は，検査結果報告書をコピーして保育園に渡し，「この子は『視覚処理』という力が強いので，目で見ると理解しやすいようです。言葉でていねいに教えてもらうよりも，動作の見本を示してもらったり，絵や文字にしてもらったりすると学びやすいと思います」と説明したという。また，小学校入学前に，特別支援教育コーディネーターにも検査結果を示しながら，学校での支援をお願いできたそうである。

　カオリちゃん自身は，保育園で相手に思いが伝わらないと大泣きする様子はまだみられるものの，少し落ち着いてから「先生，字に書いてくれたらわかるから書いて」と依頼するなど，自ら要求する姿がみられるとのことである。

〔第7章6節　引用参考文献〕
・熊上崇・熊上藤子（2017）．第5章3項　検査結果の伝え方．小野純平・小林玄・原伸生・東原文子・星井純子編．
　日本版KABC-Ⅱによる解釈の進め方と実践事例．65-70．丸善出版．
・佐藤正二編（2015）．実践！ソーシャルスキル教育　幼稚園・保育園．図書文化社．

7 フィードバックを生かしたチーム支援
——読み書きが困難な小学校3年生の事例

宮崎県立延岡しろやま支援学校　安井 安希子

県独自の「エリアサポート体制」における巡回相談から心理検査，支援へつながったチーム支援のケース例の実際と，保護者と複数の支援者が同席したフィードバック面接の内容を紹介する。第3章とあわせて読むと理解が深まる。

　宮崎県は，平成25年度より県独自の「エリアサポート体制」（図7-11）を構築している。県を7エリアに分け，特別支援学校のチーフコーディネーター，小・中学校のエリアコーディネーター，通級拠点校の通級指導担当者を中心に，県内どの地域においてもすべての子どもが特性に応じた支援を受けられることをめざしている。今回は，そのエリアサポート体制における巡回相談から心理検査の実施，そして支援につながったケースを紹介する。筆者は，特別支援学校の特別支援教育コーディネーターとして本ケースに携わっている。

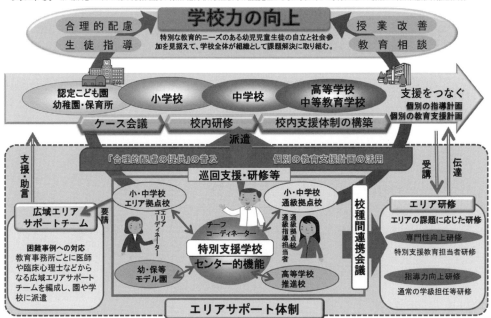

図7-11　「支援をつなぐ」特別支援教育エリアサポート充実事業（イメージ図）平成28年度

「みやざき特別支援教育推進プラン改訂版」（宮崎県教育委員会，平成30年）より

1 事例の概要

対象者：小学校３年生，男子，タケルさん（仮名），通常の学級在籍（H小学校）

相談経緯と検査の目的：タケルさんは，生後すぐに血糖値のコントロールのために入院している。幼児期には片足に装具をつけて生活するなど通院が多く，母親は心配が絶えなかった。就学前，保育園側は本児にみられた気の散りやすさや，文字・数概念の理解の遅れ等を心配し，保護者に市の就学相談を勧めたが，相談の希望はなく，そのままH小学校に入学した。入学後，読み書きの習得がなかなか進まず，１・２年時は，常に一番前の座席で学級担任から手厚く支援を受けていた。学習の困難さはあったが，多動や衝動性はみられず，学級内での対人コミュニケーションは良好であった。

　３年生になり，授業中のぼんやりした様子や手遊びが増え，目の前のことに取り組もうとしない様子が多くみられるようになった。家庭では，母親が熱心に勉強をみていたが，本児は机の下に隠れたり泣いたりして勉強するのを嫌がるようになった。

　対応に困った母親が担任に相談し，担任と同校の特別支援教育コーディネーターとで面談を行った。その中で，特別支援教育コーディネーターがエリア巡回相談によるタケルさんの実態把握の提案をしたところ，「本人への支援の手がかりがつかめるなら」と承諾された。校内で検討後，N小学校のエリアコーディネーターにエリア巡回相談を依頼した。心理検査は，特別支援学校コーディネーターが担当していることから，エリアコーディネーターから連絡を受けた筆者（特別支援学校コーディネーター）もエリア巡回に同行することになった。

　当日は，①打ち合わせ，②行動観察，③担任・学習支援員・特別支援教育コーディネーターからの聞き取り，④エリアコーディネーターから支援に関する助言，⑤心理検査の必要性について検討，という流れで巡回を行った。

　行動観察や聞き取りの結果，学習に対する意欲低下が著しく，学習の遅れも顕著であることから，心理検査の必要性が高いと判断した。

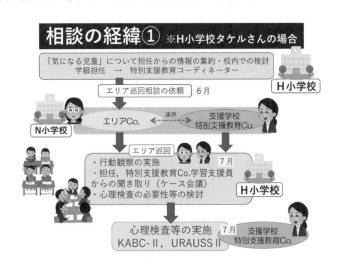

図7-12 タケルさんが心理検査実施にいたるまでの経緯

おもな検査結果：実態把握のため，KABC-Ⅱを実施した。習得検査において，読み書きの著しい困難がうかがえたことから，在籍学校の先生方に合理的配慮の必要性を示すため，比較的簡易に実施できる「小中学生の読み書きの理解」（URAWSSⅡ）を実施した。KABC-Ⅱ，URAWSSⅡの結果を学校・保護者にフィードバックした後，他校（M小学校）の通級指導教室につなぎ，通級指導教室においては，さらなる実態把握のために「『見る力』を育てるビジョン・アセスメントWAVES」を実施した。通級指導教室では，KABC-Ⅱ，URAWSSⅡ，WAVESの結果を生かした支援・指導を行った。

○KABC-Ⅱ（8歳8カ月）

　　全体的な知的水準は8歳の年齢と比べてやや低いものの，平均に近いレベルにあった。それに比べて基礎学力が低いことから，認知能力に見合う基礎学力が身についていないことがわかった。基礎学力にはムラがあり，特につまずきがみられたのは読みと書きであった。認知能力の中にも「同時処理＞継次処理」というアンバランスが認められた。同時処理が強いことから，タケルさんのつまずきに対しては，全体的・視覚的・運動的手がかりを利用した同時処理的指導方略を用いることが効果的であると考えられた。

○URAWSSⅡ（8歳8カ月）

書字速度（1分間）：12文字（3年生の平均20.8字／分）→評価B（要観察）

読み速度（1分間）：70文字（3年生の平均286.1字／分）→評価C（要精査）

読み課題（自分で読んだ後）正答数2／6問中

読みの介入課題（代読後）正答数6／6問中

本人の主観評価：「読んでもらうほうがわかりやすい」※

（※1.自分で読むとわかりやすい，2.どちらかといえば自分で読むとわかりやすい，3.どちらともいえない，4.どちらかといえば読んでもらうほうがわかりやすい，5.読んでもらうほうがわかりやすい，の五つから選択）

検査中の様子：タケルさんは検査者（筆者）とは初対面であったが，緊張した様子もなく検査には協力的だった。相手を見て話を聞くことができ，質問にもしっかり答えることができていた。どの課題にも集中して取り組むことができ，むずかしい課題にも根気強く取り組んでいた。書く課題や読む課題になると，できないなりに必死に取り組む様子がみられた。読みはたどたどしく，一文字ずつ読み進め，ひらがなでも読み間違いがみられた。カタカナや漢字はほとんど読めず，意味を理解するまでにはいたらなかった。文を声に出して言うことはできても，正しく書くことはできなかった。

2　フィードバック面接の実際

⑴　保護者と複数の支援者を対象としたフィードバック面接

　検査結果についてフィードバックし，今後の支援について検討するため，H小学校において支援会議を行った。参加者は,計7名で,H小学校からは管理職,担任,特別支援教育コーディネーター，学習支援員，母親，N小学校からはエリアコーディネーター，検査者である筆者が参加した。

　なおここでは，検査者の発言と保護者の反応，および状況説明について，抜粋して紹介する。

──面接の実際（抜粋）

　最初に，KABC-Ⅱ検査の概要を説明した後，検査結果は支援を検討する手段の一つであることを伝えるために以下のように述べた。

検査者：人は，だれでも得意なことや苦手なことがあります。今回の検査は，そうした特徴を客観的にとらえる手段の一つであって，医学的な診断や能力判定を目的としていません。検査の手引き書に基づいて実施していますが，検査時の心理状態や環境（場所や検査者等）によって十分に力が発揮できなかったり，今後の支援のあり方によって数年後の発達の特性が変化したりすることもあります。今回の検査結果が，タケルさん本人のすべてを物語るわけではありません。数値のみにとらわれず，タケルさんのもつ特徴について保護者や先生方が一緒に共通理解を深めながら，支援の方法を検討していく材料として活用していただけると助かります。

──次に，「標準得点プロフィール」を示しながら，検査結果について説明した。

検査者：今回の検査結果から，タケルさんは知的水準が同じ年齢の子どもさんよりも全般的に低いのではなく，もっている能力に凸凹があることがわかりました。この低い力（ここでは継次処理）が，日ごろのタケルさんの困りにつながっていると考えられます。学力については，語彙は年齢相応の力がありますが，読み書きの困難さが著しいことがわかると思います。算数も，読み書きほどではないですが，やはり苦労していることがうかがえます。日常会話には問題ないのに，学習になるとむずかしくなる日ごろの様子と一致していますね。

保護者：そうですか。ほかの子に比べて劣っているのではなく，能力に凸凹があるのですね。

──聞いた母親は，ホッとした表情になった。読み書きが身につかず，学習にまったくついていけないことから，将来に大きな不安を抱えていたためである。

検査者：タケルさんは，継次処理以外の力は年齢相応にあり，語彙力も高いので，これらの強い力

を生かして「タケルさんなりの学び方」を探ることで，もっと力を発揮できるようになると思います。タケルさんのように，通常の学級の中で学習面や生活面に困りのあるお子さんのために「通級指導教室」という個別の指導を受ける場所があるのですよ。

保護者：私には仕事がありますが，何とか時間を調整して，今できることをやりたいです。

——通級指導教室の利用を提案したところ，母親も通級指導教室に強い関心を示した。そして，読み書き困難には「見え方」の困難も考えられることから，WAVESを実施できるM小学校の通級指導教室を紹介した。手続きはH小学校を通して行うこと，M小学校の通級指導担当者に今回の検査結果を伝えることについてもこの場で承諾を得た。また，読み書きの困難さに対する合理的配慮については，URAWSSⅡの結果を提示することで，学校・保護者に必要性を理解してもらうようにした。

検査者：この結果をみると，授業中にノートをとるにはほかの子どもの2倍近い時間がかかっていることがわかります。読みに関してはさらに困難で，平均の4分の1程度のペースでしか読むことができていません。この状況では，ノートを書いている間は文字を書くことに必死で，先生の話を聞くことはできないと思います。読みについても，一文字一文字を読むことで精一杯なので，意味をとらえることは非常にむずかしい状態です。代読することで意味理解はできるので，一斉指導の中でほかの子どもさんと同じペースで学習を進めるためには，代読や代筆などの合理的配慮の検討が必要です。

——すぐに取り組む支援として，以下の3点を確認した。

① 授業中は基本的にノートに書くことは重視せず，先生の話を聞いて内容を理解することに集中するようにする。

② 家庭でプリント等に取り組む際は，母親が問題を読み上げ本人が口頭で答えるようにする。

③ 宿題は一人で取り組める課題にし，達成感が感じられるようにする。

また，学級内では，担任は全体の指導を優先することとし，授業中においては，学習支援員や特別支援教育コーディネーター等，ほかの職員が本人の支援に入れるように，校内支援体制を見直すこととなった。

検査者：タケルさんは，勉強では大変な思いをしているのに，毎日休まず学校に登校していて，よくがんばっていますね。人懐っこくて，お友達との関係もよいそうですね。お母さんからたくさん愛情を受けて育ってきたことが伝わってきました。

——このように言うと，母親は笑顔でこう言った。

保護者：タケルは学校が大好きで，お友達と遊ぶことが楽しいみたいです。

検査者：勉強に関してはこれからも苦労することが多いかもしれませんが，タケルさんのいいところを大切にしていきましょう。

——このように，今後も継続して支援にかかわらせていただくことを伝えた。

⑵　面接後の指導経過

①　通級指導の開始までの経緯

　支援会議後，H小学校の特別支援教育コーディネーターが，M小学校の通級指導担当者に教育相談の申し込みを行った。筆者は事前に情報提供として，保護者の了解のもと検査結果を通級担当者に手渡した。その際，通級担当者と一緒に検査結果を確認し，タケルさんに

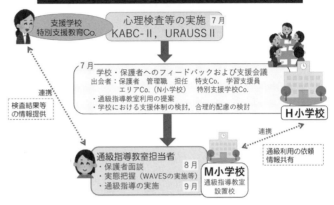

図7-13　タケルさんの心理検査後の経緯

対する通級での支援や視機能のアセスメントとしてWAVESの実施の必要性を検討し，同じ見解が得られた。

　通級担当者と本人・保護者との面談では，通級に来る時間の調整と指導内容についての確認が行われた。検査のフィードバックをもとに，文字の読み書きについて絵や図を利用した同時処理的な指導を行うことやWAVESを行うことなどが通級担当者から提案された。保護者の了解が得られたため，9月より通級指導を開始した（図7-13）。

②　通級指導教室における指導

　通級指導初回と2回目を利用してWAVESを実施した。さらに，具体的な指導内容を検討するために，ひらがな50音をどの程度正確に読み書きできるかの確認，1年生からの漢字の読みの確認など，詳細な実態把握を行った。ひらがなは，読み書きいずれも思い出すまでに時間がかかったり，正確性に欠けたりする文字があった。「書きしりとり」をすることで，綴りの間違いがないかの確認も行ったところ，音韻処理の弱さも疑われた。

　将来的にパソコンやタブレット入力等の代替手段を使うためにも，まずはひらがなの定着を最優先に，特殊音節，漢字の読み，短文の読解練習についても，タケルさんの様子をみながら進めていくことになった。また，WAVESの結果より，視覚と連動した手や指の動きの正確性，複雑な形や位置関係，方向などを正確に見分ける力に弱さがみられたため，線つなぎや位置覚えなどのビジョントレーニングを行うことで，読み書きのために必要な視機能や手と目の協応の向上もめざした。

③　在籍校（H小学校）における支援

　在籍校においては，学級における朝学習の時間（15分）を利用して，タケルさんの個別指導の時間を設定した。個別指導では，該当学年の内容ではなく，読みや数に関する基礎

的な学習を中心に行った。文字指導に関しては，通級指導教室で行っている教材や指導内容を個別指導の課題として取り入れた。授業中は，音読の際に学習支援員が横について小さい声で一緒に読み上げるようにした。ノートを書くことは重視せず，教員の話を聞くことに重点を置き，テストは読み上げ支援を行った。

⑶ 指導の成果と課題

　通級指導教室においては，タケルさんの同時処理の強さや語彙力の高さを生かしながら，ビジョントレーニングに取り組んだ。保護者も非常に意欲的で，家庭でもタブレットに本人に合いそうなアプリを入れたり，ワークブックを購入したりして課題に取り組んだ。9月から始まった10回程度の指導で，ひらがなを正確に読むスピードや書くスピードが上がり，3学期には，短文であれば読んで意味を理解することができるようになってきた。母親も「点つなぎを始めてから，ひらがなや漢字の書き順が正確になってきた」と，タケルさんの成長を感じて喜んでいた。

　在籍学校においては，学習への取り組みが以前よりも前向きになってきている面がある一方で，一斉指導の場面で学習支援員がタケルさんの近くに来て支援することを嫌がることもあった。今後，高学年になるに従い，一斉指導の中での支援は，タケルさんの気持ちを考慮しながら対応していくことがより重要になってくる。毎日の宿題については，通級指導教室で紹介された教材を活用して取り組んでいるが，ほかの児童が宿題として取り組んでいる授業の振り返りをどこで行うのか，改めて検討する必要がある。

　本人からの聞き取りでは，「教科書は字が小さすぎて読みにくい」，フォントは，「ゴシック体よりも，UD教科書体の細字のほうが読みやすい」という訴えがあった。このことは，学校での教科書の拡大支援や，教材を作成する際に反映できるとよいと考える。ひらがなの読み書きのスキルは向上してきたが，しばらく取り組まないと忘れてしまったり，あせると間違えてしまったりと，完全な定着がむずかしい。今後，タケルさんの文字の読み書きが同年齢の子どもたちと完全に同レベルまで向上することはむずかしいと考えられる。デジタル教科書の使用の検討，タブレットやパソコンでの文字入力や読み上げといった，読み書きの代替手段のスキルの向上が重要である。

⑷ 次のステージの支援へ

　筆者が心理検査のフィードバックを行う際には，以下の二つを心がけている。
　①　教員や保護者に，「子どもの行動（状態）の理由が理解できた」と少しでも実感していただけるような解釈と報告書の作成をすること。
　②　「よし，やってみよう」「それならできる」と思えるような，具体的な支援の提案を

すること。

そのためには，学校の状況（管理職の考え，職員体制，特別支援教育コーディネーターの経験値，支援の必要な児童生徒の割合），学校（担任）と保護者との関係性等，さまざまな条件も把握しておく必要がある。そこが欠けてしまうと，学校や保護者に「無理難題を押しつける」ことになり，支援につながらない可能性が高くなる。具体的に取り組めることが少なくても，フィードバックを通して「子どもをみる視点を変えてもらうこと」ができれば，自然と本人に対するまなざしや声かけが変わる。

保護者には，検査の結果に落胆したり，涙を流したり，これまでのことを後悔する場面はあっても，子どものよさについて再認識し，未来に目を向けてもらうきっかけになることが大切であると考えている。

本事例のように，読み書きに困難がある子どもの場合，保護者は「がんばればできるようになるのではないか」ととらえてしまいがちである。逆に，学校は「理解する力がないから読み書きでつまずくのではないか」と，子どもの能力を過小評価してしまうことがある。しかし，今回検査につながり，その結果をフードバックすることにより，母親がタケルさんの状態を理解し，支援を受ける必要性を実感してくれた。また，学校に対しても，タケルさんの学習上の課題は知的な遅れではなく，認知の偏りが原因であることを示し，具体的な支援の必要性を理解してもらうことができた。これらのことが相まって，通級指導教室の利用や校内支援体制の見直し等，タケルさんへの支援が次のステージに進むことができたことは，大きな成果であった。

この支援をこの先もずっとつないでいくことが重要であり，いずれはタケルさん本人の自己理解を促していくことが不可欠になる。

おわりに，筆者自身が検査者としての自己研鑽を重ねることはもちろん，地域や学校の実情に即した支援が提案できるよう，日ごろから関係諸機関との連携を大切にしていきたい。

〔第7章7節　引用参考文献〕
・河野俊寛・平林ルミ・中邑賢龍著（2017）．小中学生の読み書きの理解．URAWSSⅡ（Understanding Reading and Writing Skills of SchoolchildrenⅡ）．AtacLab.
・竹田契一監修，奥村智人・三浦朋子著，中山幸夫企画製作監修（2014）．『見る力』を育てるビジョン・アセスメントWAVES．Gakken.
・小野純平・小林玄・原伸生・東原文子・星井純子著（2017）．日本版KABC-Ⅱによる解釈の進め方と実践事例．丸善出版.
・宮崎県教育委員会（2018）．みやざき特別支援教育推進プラン（改訂版）．共生社会の形成に向けた特別支援教育の推進.

九州保健福祉大学　松山 光生

8 発達障害が疑われる大学生の自己理解を促進するフィードバック

本事例では，フィードバックを行う前の検査結果の解釈について詳細を掲載している。どのような解釈のうえでフィードバックを実施しているのか参考にしてほしい。

1 事例の概要

本稿では，大学の定期試験で合格点がとれず，発達障害が疑われるが自己理解ができていない大学１年生のエリナさん（仮名，女子，18歳８カ月）を支援するうえで，自己理解促進の一手段として，知能検査の結果を本人にフィードバックした際の経緯を紹介する。

エリナさんにはこれまで発達障害に関係する生育歴や既往歴の情報はなかった。しかし，今回受けたスクリーニング検査の結果，成人期ADHD検査もカットオフポイントを上回りADHDの基本症状すべてをほぼ呈した。これらから，教科学習や臨床実習で何らかのつまずきが予想された。そこでKABC-Ⅱを実施し，「自己理解シート」を作成し，面接時にフィードバックした。

KABC-Ⅱの結果から，次の４点が明らかになった。

① 認知総合尺度と習得総合尺度の標準得点には有意差が認められず，自らの認知能力を活用して知識の習得に努めてきたことがうかがわれた。

② 学習尺度は認知尺度の中で最も高く，エリナさんは聴覚刺激と視覚刺激の対刺激を記銘し保持することが比較的得意であると考えられた。

③ 詳しい分析では，「有意味刺激（視覚）」が「抽象刺激（視覚）」よりも有意に高く社会的文脈のある具体的な事柄の操作が得意であると考えられた。

④ 「近道さがし」と「模様の構成」では顕著な衝動的反応が観察され，ケアレスミスの一因になると考えられた。

そこで，「検査結果」と「定期試験に向けた提言」で構成される「自己理解シート」を作成し，面接時にフィードバックした。「定期試験に向けた提言」では，試験勉強の方法として，①対連合記憶が得意であることから，１問１答形式のノート作りをする，②聴覚刺激と視覚刺激の対提示の学習が得意であることから，キーワードを見つけて前後の文章を音読する，という２点を提案した。

試験の答案作りとしては，①新規で抽象的な刺激の操作が苦手であることから，「見たことがない問題」は後回しにする。②セルフモニタリングが苦手であることから，答案の見直しの方略を提示する。以上を提案した結果，筆記試験や実技試験の科目で再試験となったが，単位修得して2年次に進級できた。

⑴ 相談経緯と検査の目的

まず，大学教育の状況について概説する。独立行政法人日本学生支援機構の「障害のある学生の修学支援に関する実態調査」などによれば，発達障害のある学生の増加は近年顕著であり，診断はないが配慮を必要とする学生が多い。さらに，教員や専門家などからみて，発達障害が疑われるが自己認識のない学生も少なくない。

学生の潜在的な支援ニーズを早期に把握するためにはスクリーニングが必要である。そのうえで，支援の必要性が示された学生に対して，置かれている環境や取り巻く状況も含め学生の個人内差や特性をより詳細に把握する必要がある。発達障害が疑われる学生の自己理解の必要性に関し，大学生活はそれまでの高校生活と異なり，さまざまな場面で自主的解決が求められる。

高橋（2012）は，「大学生活は高校までの生活に比べて構造化の度合いが低く，あいまいで自己判断が多く求められる環境である」と述べている。その意味で，個々の場面や活動を取り上げ，具体的なスキルを伝授するには限界がある。そこで，学生自身が自己の長所と短所について客観的に理解し，解決方法を見いだしていく必要がある。その一つの有効な手段として，「自己理解シート」を活用した知能検査のフィードバックがある。

エリナさんは，医療・福祉系学部生用自己困難認知尺度（大橋・松山，2015）によるスクリーニングの結果を踏まえ，発達障害としての支援ニーズが高いと考えられた。特に，本人は医療系国家資格の取得をめざすため，1年次から必修専門科目が多く進級規定が厳しい。そのため，単位修得に向けて本学生の長所と短所を把握し支援を行いたい旨，担当教員から要請を受けた。また，担当教員から，自己の長所と短所について理解しておく必要性を本人に説明すると，KABC-Ⅱなどの受検を前向きに受け入れた。

⑵ おもな検査結果

① 成人期ADHD検査（福西，2016）の結果

「ADHD」評価カテゴリーは55点でカットオフポイント（52点）を上回り，ADHDの三つの基本症状をほぼ呈していた。特に目立ったのは「多動性」で，「落ちつきがなく，じっとしていられない」と「順番待ちをするのは苦手である」の2項目に「しばしば」と回答した。「衝動性」では「計画を立てて実行するより，思いつきで行動する」と「欲しい物があるとす

ぐに買ってしまう」の２項目に「しばしば」と回答し，「他の発達障害の合併」の評価項目では「決まった順番にこだわる」の項目に「しばしば」と回答した。

② KABC-Ⅱの結果

● 検査中の行動観察

・熱心に取り組み，わからない問題も途中で投げ出すことはほとんどなかった。

・教示を聞き返して忠実に課題を遂行する様子が何度かみられた。

・「模様の構成」において，できた模様がモデルと一致しているか確認しない場面が複数回観察された。

・「近道さがし」では，試行錯誤することなく即座に反応してしまい，誤答のすべてがケアレスミスであった。

・１問あたりの反応時間の平均をみたとき，「近道さがし」が3.3秒（２〜７秒），「模様の構成」が16.5秒（５〜42秒）と短く，衝動的反応がケアレスミスの一因であると考えられた。

● 各尺度と下位検査（カウフマンモデル）の結果

・認知総合尺度の標準得点76（71-82）は「非常に低い」から「低い」，習得総合尺度の標準得点81（78-85）は「低い」から「平均の下」であり，両者に有意差は認められなかった。これより，十分なレベルとは言いがたいが，概して自らの認知能力を活用してこれまで知識を習得し，学業に取り組んできたことがうかがえる（図7-14）。

・四つの認知尺度の標準得点平均は82で，その中で比べると，学習尺度92はPSで，尺度の中で最も高く，継次尺度77との間に有意差が認められた。他の尺度間には有意差が認められなかった。このことから，学習尺度を構成する下位検査を考慮すると，聴覚刺激と視覚刺激を同時に記銘し保持することが比較的得意であると考えられる（図7-15）。

・習得尺度において，語彙尺度の標準得点86（80-92），読み尺度84（78-91），算数尺度82（77-88）は「低い」から「平均の下」，書き尺度84（77-93）は「低い」から「平均」であり，語彙尺度のみが認知総合尺度よりも有意に高かった。エリナさんは小学生のときから読書に熱心であり，認知能力を注いで語彙の獲得を達成したことがうかがえる（図7-16）。

・同時尺度では「絵の統合」がPS，「近道さがし」がPWであった。語彙の豊富さに加え，視覚情報の単純な操作が得意といえる。

・詳しい分析の結果，「有意味刺激（視覚）」が「抽象刺激（視覚）」よりも有意に高いことが示され，抽象的な刺激の操作と比較して社会的文脈のある具体的な事柄の操作が得意であるといえる。

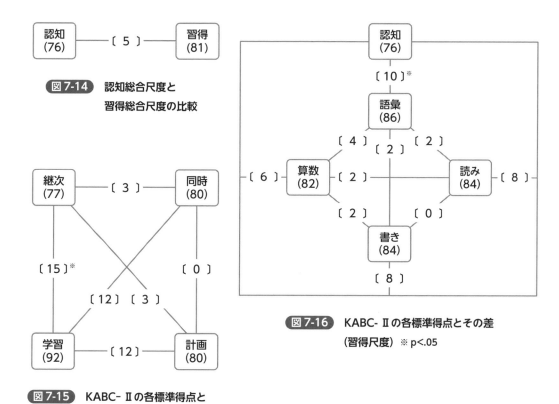

図7-14 認知総合尺度と
習得総合尺度の比較

図7-15 KABC-Ⅱの各標準得点と
その差（認知尺度）※ p<.05

図7-16 KABC-Ⅱの各標準得点とその差
（習得尺度）※ p<.05

2 検査結果報告書「自己理解シート」の実際

(1) 報告書の構成

先述したKABC-Ⅱの結果を踏まえ，熊上ら（2015）の高校生用「学習アドバイスシート」を参考に自己理解シートを作成した。

作成の基本方針は，以下の3点である。

① エリナさんの当面の課題は，科目を履修し2年次に進級することであるから，自己理解シートを「検査結果」と「検査結果に基づいた定期試験に向けた提案」から構成する。

② 「検査結果」では，長所と短所の両面を示すことで自己理解を促しつつ，長所を優先して記載することで本人の自己肯定感を低下させないように配慮する（図7-17）。

③ 「検査結果に基づいた定期試験に向けた提案」では，大学の科目の幅広さを考えて，個々の履修科目を取り上げず，多くの科目で自主的解決する手がかりを提示する（図7-18）。

○○大学1年
渋谷 エリナ さん

〇年〇月〇日

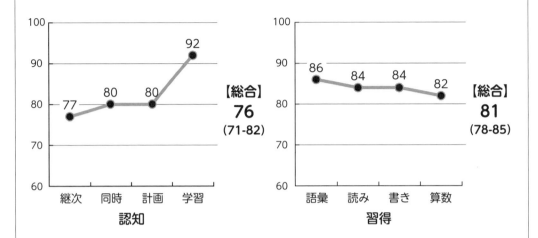

【総合】
76
(71-82)

認知

【総合】
81
(78-85)

習得

【おもな検査結果】

1．検査場面では，粘り強くまじめに取り組んでくれました。答えを必ず見つけようとしてくれました。その証拠に，「わからない」と答えたのが 2 問だけでした。

2．「**認知**（自分が本来もっている学習するための能力）」が 76（71 から 82 にある）であり，「**習得**（これまでの教科学習で蓄えられた知識）」が 81（78 から 85 にある）の水準です。
「認知」と「習得」はほぼ同じレベルであり，自分の能力を最大限発揮し，これまでの教科学習に一生懸命取り組んできたことが，検査結果からうかがえます。特に，語彙（単語）については，能力以上の学習ができています。

3．あなたは，認知能力の中で，「学習」が得意であるといえます。
1 問 1 答形式など，ものごとを対応づけて覚えること（対連合学習）が得意といえます。

〔解説〕
初めての事柄は覚えるのに多少苦労するかもしれませんが，いったん頭に入れると，長く記憶し続けることができて，その都度，役に立つ情報を引き出せます。
「継次」が高いと，ものごとを論理的に考え，手続きを正確に追うのが得意。
「同時」が高いと，ものごとを関連づけて考え，本質を見抜くのが得意。
「計画」が高いと，効率よいものごとのやり方を見つけ，計画的に学習するのが得意。
「学習」が高いと，新しい事柄を覚えて，一定期間残して，正しく思い出すのが得意。

4．目で見えた情報をまとめて，答えを導き出すのが非常に得意。

5．具体的で手がかりが多い問題は答えを導くのは得意といえます。

6．新規で抽象的な問題はかなり苦手といえます。

7．本来の能力からすれば，もっとできる問題がありました。
　①　答えを必ず出そうとするまじめさが手伝い，じっくり考えず速く答えてしまいがちです（反応時間が短く，ケアレスミスが多かった）。
　②　見直し作業をあまりしていなかったことが気になりました。

リポート作成者：**松山 光生**

図 7-17 本事例における自己理解シート「おもな検査結果」

【検査結果に基づいた定期試験に向けた提案】

1．試験勉強のとき，キーワード（重要な用語）を抜き出し，意味と一緒に記憶しよう。
　　① 教科書や資料に重要な単語に，マーカーを引こう。
　　② 用語とその意味を抜き出して一覧表にしよう（対連合学習が得意）。
　　③ 問題文の中になるべく多くの手がかりを見つけられるように，マーカーを引いた単語の前後の
　　　 文章を，何度も繰り返し読んだり書いたりしてみよう（具体的な手がかりのある問題は強い）。
2．見たことがない問題や考える必要がある問題と，すぐに答えられる問題を区別しよう。
　　→例えば，見たことがない問題や考える必要がある問題は後回しにする。
3．答案の見直しを必ずしよう。
　　→見直しのルーティン（決まったやり方）をつくろう。
　　　1　問題の意図を読み違えていないか。
　　　2　用語は正確に使っているか。
　　　3　漢字の書き間違えはないか。

図7-18 本事例における自己理解シート「検査結果に基づいた定期試験に向けた提案」

前述した基本方針に基づいて，「検査結果に基づいた定期試験に向けた提案」（図7-18）では，試験勉強の方法と試験の答案作りについて，次のように記載した。

試験勉強の方法について

① 対連合記憶が得意であることから，1問1答形式のノート作りをする。

② 聴覚刺激と視覚刺激の対提示による学習が得意であることから，キーワードを見つけて前後の文章を音読する。

試験の答案作りについて

① 新規で抽象的な刺激の操作が苦手であることから，「見たことのない問題」は後回しにする。

② 衝動的反応が多く，セルフモニタリングが苦手であることから，答案の見直しの方略を提示する。

(2)　報告書作成上の配慮

自己理解シートの作成にあたり，配慮した点は次の2点である。

① IQ値などを正しく把握するため，信頼区間を明示して知的水準を範囲で示すという山中（2005）の指摘にそって，認知総合尺度と習得総合尺度の信頼区間を示した。

② 本人が大学生であることを踏まえ，年齢相応に用語を用いた。

3 フィードバック面接の実際

⑴ 本人（大学生）を対象としたフィードバック面接

　面接（所要時間１時間）は，自己理解シートを提示しながら質問しやすい雰囲気をつくり，面接時には一方的にならないように相互のやりとりを重視し，質問にはていねいに答えるように努めた。全般的に検査結果や学習方法に興味を示し，受けとめた様子であった。本人がシートに目を通した後，筆者が以下の説明を行った。

　「ここに書いてあるとおり，エリナさんは，ほぼすべての問題で必ず答えを見つけようとして，検査の課題に熱心に取り組んでくれたことがわかりますよ。同じように，「認知」と「習得」がほぼ同じレベルである（信頼区間の説明は164ページ参照）ことからも，高校生までの勉強を一生懸命やってきたことが読み取れます。努力家ですね。そして，前に話してくれたように，読書が好きなためか，語彙が豊富であることもわかりました。でも，少しせっかちなところがありますね。ピースで指定された形を完成させる課題や，犬を使ってルールに従ってマスを進める課題では，ほぼ正解だったのにほんの少し間違えて不正解になった問題が結構ありました。時間はまだ余っていたから，しっかり確認すればかなり点数が上がりましたよ」と説明した。

　するとエリナさんは，「よく理解できました。私は国語が得意です。凡ミスが多くてあわて者，と人に言われたこともあり，自分がよく表れていると思います」と述べた。

　さらに，「絵の統合」の得点の高さについて，視覚的な情報からものごとを判断することが非常に優れていると告げると，自信をもった様子であった。また，シートにある「対連合学習」の意味について，筆者に質問した。そこで，英単語を覚えるときの単語帳を例にあげて，次のように，説明すると大変興味を示した。

　「エリナさんも中学生や高校生のとき，単語帳を使って英単語や熟語を憶えたでしょう。単語帳は英単語が一つ，表に書いてあって，その裏にその英単語の意味を書きましたよね。単語帳は，１枚の紙に，例えば，『Dog』と『犬』のように，英単語とその意味がペアになっていて，そのペアを覚えていきますよね。あの勉強法を対連合学習といって，あなたは得意であることがわかりました。単語帳は使わなくてもいいと思います。ノートの１ページを使って，左側にキーワード，右側に意味や関係する事柄を書いてもいいでしょう」と提案した。

　それを聞き，即座に，「私，そのノートの作り方ならばうまくできそうです。今日，帰って作ってみます」と応答した。その後，検査結果からケアレスミスが今後，頻繁にあることが予想されることを告げ，試験の際のセルフモニタリングの方略を提案した。具体的には，次のような言葉で説明した。

「今，あなたが言った凡ミスのことをケアレスミスと言うのね。検査のときみたいに，今後，試験のときなどに，ケアレスミスが心配されます。試験のとき，それが少なくなるようにするため，見直しをしっかりしましょう。そうしないと，試験で，せっかく答えが導けても，例えば，漢字を少し間違えたりすると，減点になったり不正解になってしまいます。見直しをしっかりするには，決まったやり方や順番，言いかえると，ルーティンをつくっておくことです。例えば，この『自己理解シート』に書いてあるように，3番の『答案の見直しを必ずしよう』の1〜3をするとよいでしょう。もちろん，自分で順番を変えてもいいし，新しく項目をつけ加えてもいいんですよ。ただ，大切なことは，一度決めたら，すべての項目について，順番を変えずに毎回することです」と勧めた。

その言葉を聞き，エリナさんは納得した様子であった。

⑵　面接後の経過

フィードバック面接の前後の流れを，図7-19に示す。前期試験では，エリナさんは，専門科目の7科目中2科目が再試験となり1科目が未修得となった。再試験となった科目では，本試験の際，問題用紙の裏面に設問があることに気づかなかった。また，未修得となった1科目は，クラスの約2割が不合格となったものである。試験期間中，提示した勉強方法をとり入れて試験に臨むようにしているというコメントが得られた。

後期試験では，専門科目6科目中4科目再試験となり，すべて合格になった。また，後期試験では，臨床実習の実技試験があった。試験内容は，患者の状態（聴覚障害や失語などの設定）に応じて，声の大きさやコミュニケーション手段を変え，必要な情報を聞き出し，それらを掘り下げて聞くという課題が出された。

本試験では，問診の際，①最後に質問し忘れがないか確認をせず，記録をみると途中の質問が空欄になっていた。②「環境への気配りや患者の反応に応じて声の大きさやコミュニケーション手段を変えることができていない」と教員のコメントが記載されており，不合格となった。

再試験では，「本試験の自分自身の問診についてビデオを見直したうえで，教員からの改善点等のフィードバックにより，再試験では大きく改善していた」と担当教員のコメントが得られた。

また，エリナさんの話では，再試験に向けて，本試験に合格した3名にエリナさんが依頼し，一緒に復習したという。その結果，再試験は合格となり2年次に進級できた。

2年次になり，エリナさんは，「学生自己理解シートを活用して，KABC-Ⅱの結果と定期試験の勉強の手がかりのフィードバックが役に立った」と振り返った。特に，「1問1答形式など，事柄を対応づけて覚えること（対連合記憶）は得意と指摘されたのが勉強法を

考えるうえで大きな手がかりとなった」と述懐した。ちなみに、エリナさんは4年間で大学を卒業し、国家試験を2回受験して、現在は言語聴覚士として働いている。

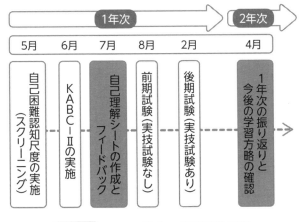

図7-19　フィードバック面接前後の流れ

〔第7章8節　引用参考文献〕

・高橋知音 (2012). 発達障害のある大学生のキャンパスライフサポートブック―大学・本人・家族にできること―. 学研プラス.
・大橋徹也・松山光生 (2015). 医療・福祉系学部を専攻する発達障害学生の支援ニーズアセスメント―自己困難認知尺度を利用して―. 同朋大学論叢, 99,126-112.
・福西勇夫 (2016). 成人期ADHD検査. 千葉テストセンター.
・熊上崇・船山紀子・池上雅子・新井里依・後藤琢磨・熊谷恵子 (2015). 公立高校1年生の数学習熟度別クラスにおけるKABC-Ⅱの実施とフィードバック. K-ABCアセスメント研究, 17,23-32.
・山中克夫 (2005). 当事者である本人やその家族に対する知能検査の結果報告の在り方―実際に報告を行った事例をもとに―. 筑波大学学校教育論集, 27,35-44.

第Ⅲ部

用語編

説明のための用語集

本書で取り上げる用語とページ構成

　本稿では，実際の面談の場面を想定して伝え方のモデルを示す。特に，WISC-Ⅳと KABC-Ⅱで用いる用語を多く取り上げ，検査結果についてどのように保護者の理解と活用を促すかを提案する。用語の分類は，次の四つである。

1 一般的な検査の用語

2 WISC-Ⅳのおもな用語

3 CHC 理論のおもな用語

4 KABC-Ⅱのおもな用語

　各ページの構成は，検査者など専門家向けに用語を理論的に解説する「用語解説」，非専門家である「保護者向けの説明例」の二つである。検査者自身が，まず用語の理解を十分に深めたうえで，保護者向けの説明例を参考にしてほしい。保護者向けの説明例は，フィードバック場面をイメージしやすいよう，口語で説明する設定で，具体的なセリフで示している。もちろん実際のフィードバックにおいては，本書記載のとおりに読み上げるのではなく，相手の反応をみながらより伝わりやすい表現を選ぶ必要がある。

　また，いくつかのページでは，用語の理解を助けるための「たとえ」や，身近な教材や支援ツールにも触れている。こうした説明があると保護者やクライエント本人の印象に残りやすく，さらに日常の支援に結びつきやすいためである。

　ただし，特定の言葉やツールだけが一人歩きしてしまい，子どもの検査結果の意味から離れて理解されるリスクもある。こうした影響を十分に考慮したうえで，合理的配慮やよりよい支援，そしてクライエント自身の自己理解や意欲に役立つと思われる場合に用いるようにしてほしい。

注意：本章で取り上げた用語の中には，WISC-Ⅳの「ワーキングメモリー」とCHC理論の「短期記憶」のように，非常に近い概念のものもあるが，ここでは用語間の関係性は詳述しない。

1 一般的な検査の用語

知能および知能指数 (IQ)

▶ 用語解説

　現在の知能理論は，CHC理論が主流であり，図のように，第1階層の「限定的能力」（読解，語彙の知識など），第2階層の「広範的能力」（読み書き，結晶性能力，流動性推理などの各能力），第3階層の一般能力 (g) から成る (gはgeneralの頭文字)。知能指数（偏差IQ）はこの一般能力(g)を表す数値であり，年齢集団内での相対的な位置を表している。

〔引用参考文献〕大六・前田 (2013)，ホーガン著，繁枡ら訳 (2010)

▶ 保護者向けの説明例

　現在，知能は，下図のように，いくつもの能力が組み合わさったものと考えられています。これらさまざまな能力を包括する一般知能 g を数値で表したものが知能指数（IQ）です。一般知能 g とともに，それぞれの能力のバランス（個人内差）をみることが大切です。

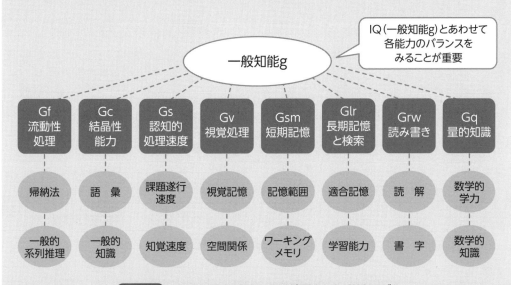

図 8-1 KABC- Ⅱ と WISC- Ⅳに適用された CHC モデル

　CHCモデルでは，一般知能 g の下層に十の広範的能力が想定されており，KABC- Ⅱでは Gs を除く七つ，WISC- Ⅳでは Glr，Gcg，Grw を除く五つが測定できる。そこで本章では，これらの検査で測定できる広範的能力として八つを示し，次の二つは省略している。

　・反応時間／決定速度（decision/reaction time or speed；Gt）　・聴覚処理（auditory processing；Ga）
　各能力の説明は，173 〜 179 ページ「CHC 理論のおもな用語」を参照。

※知能指数 (IQ) について実際に伝える際には，保護者の受けとめ方を考慮し，十分な配慮を行う (⇒ 167 ページ)。

信頼区間

▷ 用語解説

　知能検査などで算出される得点は，測定誤差があるため，IQなどの数値は「点」だけではなく「区間」で示す必要がある。一つの絶対的な点だけではなく，その幅を示すのが，信頼区間である。

　ウェクスラー式知能検査やKABC-Ⅱでは，90％または95％信頼区間を算出し，IQや尺度得点を，点だけではなく区間で示す。

〔引用参考文献〕ホーガン著，繁枡ら訳（2010）

▷ 保護者向けの説明例

　知能指数（IQ）は，一つの数値だけではなく，幅がある数値として理解することが大切です。この幅のことを「信頼区間」といいます。具体的には，真の値が90％（または95％）の確率でこの範囲に入る，という幅が示されます。

　お子さんの検査結果は「IQ82」と書いてありますが，信頼区間（90％）は77 − 87 です。つまり，お子さんの知能指数（IQ）は，82という数値を中心に，下図のように77から87までの区間に入る確率が90％あるということです。

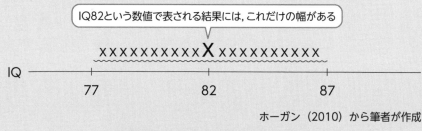

ホーガン（2010）から筆者が作成

　図8-2　信頼区間（保護者向け説明図）

　知能検査の結果は，検査時の環境やお子さんの体調なども影響するため，仮に何度受けたとしても必ず同じ点数になるとは限らず，上下することがあります。また，どんな検査にも誤差があり，検査の数値は絶対的なものとはいえないため，検査結果の数値には「信頼区間」という幅が設定されているのです。

※信頼区間について実際に伝える際は，知能指数，標準得点などとあわせて説明する（⇒ 167 ページ）。

一般的な検査の用語

標準得点

▶ 用語解説

　知能検査では，下位検査の得点をまず粗点 (raw score) で算出するが，それだけでは集団内での相対的な位置がわからないため，正規分布に応じた数値に変換する。ウェクスラー式知能検査やKABC-Ⅱでは，標準得点はz得点 (被検査者の得点―母集団の平均) ／母集団の標準偏差) を，平均100，標準偏差15となるように変換した数値である。この式は，ウェクスラー式知能検査の偏差IQの算出方式と同じである。算出して得られた数値を，標準得点という。

※下位検査まで説明する必要がある場合は，評価点も同様の考え方で算出されることを説明する。評価点は，一つ一つの検査の粗点を，平均が10，1標準偏差は3になるように変換した数値である。評価点に変換することによってほかの下位検査との比較が可能になる。

〔引用参考文献〕ホーガン著，繁枡ら訳 (2010)

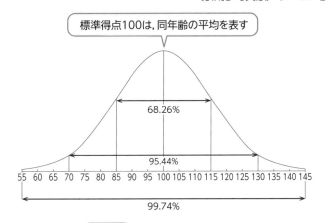

標準得点100は，同年齢の平均を表す

68.26%

95.44%

55 60 65 70 75 80 85 90 95 100 105 110 115 120 125 130 135 140 145

99.74%

図 8-3 正規分布と標準得点

▶ 保護者向けの説明例

　IQや各指標得点は，標準得点というもので示されています。この標準得点は，100点満点で行う学力テストとは，得点の表し方が異なるので注意が必要です。

　標準得点は，同じ年齢集団の平均が100となるように値が調整されています。平均より高い場合は，110，120と高くなり，平均より低い場合は90，80と低くなります。

　また，正規分布といわれる統計モデルにより，標準得点85から115の間に約68%の人が，70から85，あるいは115から130の間に，それぞれ約14%の人が，70以下および130以上はそれぞれ約2%の人が入るとされています。

　標準得点で表すと，どの検査の得点も平均が100に揃うので，比較が容易になります。

※標準得点について実際に伝える際は，知能指数，標準得点などとあわせて説明する (⇒ 167 ページ)。

1 一般的な検査の用語

個人間差・個人内差

用語解説

　個人間差とは，同年齢の集団内での相対的な位置を示すもので，他者との比較である。NS (normative strength) とNW (normative weakness) で表される。NSは集団内で相対的に強い能力で，同じ年齢集団の平均から1標準偏差を超える位置にあるものを表す。NWは集団内で相対的に弱い能力で，1標準偏差を下回る位置にあるものを表す。

　個人内差とは，検査を受けた本人の中での，強み・弱みを表したものである。PS (personal strength) とPW (personal weakness) で表される。PSとPWの判定は，各尺度の標準得点をその子どもの標準得点平均と比較し，平均より有意に高い場合はPS，平均より有意に低い場合はPWとする。この判定はWISC-ⅣやKABC-Ⅱのマニュアルに掲載されている換算表にある年齢に応じた基準値を用いて判断する。

　知的障害などの判定は個人間差をみて，同年齢の全体における位置を目安にすることになるが，臨床上，あるいは支援に際して参考にするのは個人内差であり，IQの高低にかかわらず，その人の強み・弱みがどこにあるかを明らかにすることが大切である。

〔引用参考文献〕カウフマンら著，藤田ら訳編（2014）

保護者向けの説明例

○検査結果のグラフにあるNS, NWは，「個人間差」といって，お子さんと同年齢の子どもたちとの比較を表しています。それぞれの指標を同年齢集団の中でみたときに，集団の平均の範囲より有意に高い，あるいは有意に低いかどうかということを

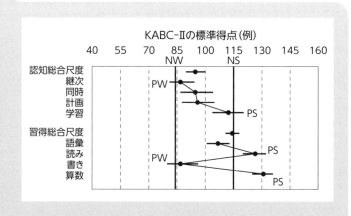

表しています。「有意に」とは「誤差の範囲ではない」という意味です。言いかえると，同年齢の子どもたちと比べて，強い能力がNS，弱い能力がNWです。
○検査結果のグラフにあるPS, PWは，「個人内差」といって，その子がもつ力同士を比べたときのバランスを表しています。他者と比べてではなく，お子さんがもつ力の中で，強いといえる能力がPS，弱いといえる能力がPWです。

166

知能に関して保護者に伝えるとき

保護者に対して子どもの知能検査等の数値を伝えるのは，デリケートな場面です。特に，知能指数（IQ）の場合，その数値によっては，子どもの今後の人生を決定づけられたように感じ，保護者がショックを受けることがあります。伝え方によっては，保護者が検査者に不信感を抱いてしまい，子どもと保護者の意欲喪失にもつながりかねません。

このため，IQ について伝える際には，数値と用語説明に終始することなく，保護者の心情に十分配慮しながら話すことが重要です。説明時には，客観的に数値を伝えるだけでなく，子どもの強みを評価し，これまでの保護者の努力を労います。そのうえで弱い能力や主訴を裏づけるような分析結果を伝え，これから保護者と共に考えていくという検査者の姿勢を示しながら，「主訴を解決していくために，子どもの強みを生かして今後はどのような支援をしていくか」について提案することを大切にしたいものです。

以下，知能について説明する際に添える言葉の例を示します。保護者をサポートするという意識をもちながら，状況に応じてアレンジしてください。

○「IQ は，頭の中で考える力，先を予測する力，新しい知識を獲得する力，周りの環境に適応する力，記憶力など，人間のさまざまな能力を総合的にとらえた数値です。けれども今回の IQ の値と人間の価値や幸福とは関係がなく，お子さんの人生が決まるというものでもありません」

○「IQ は，長時間勉強をして努力すれば上がっていくものではありません。現在のお子さんを理解するための一つの目安だと思っていただくとよいと思います」

○「検査で測定される IQ 値は，そのときの本人の心理状態や身体状態などのコンディションによっても多少の違いが生じます。大切なのは，IQ だけをみるのではなく，お子さんの強いところと弱いところを理解して，今困っていることの解決のために強い能力を活用し，弱い能力を補っていく具体的な支援方法を考えていくことです。そしてお子さんが，『みんなから守られている，支援されている，自分を理解してくれている』と実感できるよう，いかにサポートしていくかが大事です」

○「IQ が高くても苦戦している子どもはいます。その場合，『IQ が高いのに，学校のテストの成績がよくないのは怠けているからだ。叱咤激励してやる気を出させよう』と考えがちですが，そうとは言いきれません。この検査結果の中身をみると，お子さんが苦戦している背景がわかります」

このように，保護者（受け取り手）の見方を変えたり，深めたりできるような伝え方を心がけましょう。

言語理解指標（Verbal Comprehension Index; VCI）

▶ 用語解説

　言語理解指標（VCI）は，言語能力を測定する下位検査から構成される語彙力や言語によって推理，理解，概念化する能力のことである。語彙の量だけではなく，語彙から想起・推理できる力や，単語と単語の共通点の比較・類推，ある語彙からほかの語彙の想起など，言語理解と表出に関する能力であり，WISC-Ⅳの四つの指標のうち全体知能（FSIQ）への影響が最も大きい。

※WISC-Ⅴ（2021年度発売予定）では，言語理解指標（VCI）はCHC理論の広範的能力の一つであるGc（結晶性能力）に相当する。

〔引用参考文献〕プリフィテラら著，上野ら訳（2012）

▶ 保護者向けの説明例

　WISC-Ⅳの「言語理解」指標は，言語の理解度や言語を使う力を測ります。聞く・話すの能力ともいえます。

【言語理解の能力が強い子どもの学校生活】
　聞いたり話したりすることが得意なので，先生や友人と対話したり，文章を作るような学習を楽しく感じることができるでしょう。書くことが苦手な場合には，タブレット端末やPC等での音声入力を活用し，単語や文章を綴る代替手段を用いることも考えられます。

【言語理解の能力が弱い子どもの学校生活】
　言語のみの指示や説明がむずかしく感じることがあります。わからない言葉を聞き飛ばしているようにみえたり，答えようとしたことがうまく言葉にならないことも多くあります。会話がかみ合わないと感じることもあります。そこで，支援としては，本人の学びやすさに合わせることが大切です。
　言語理解が弱く，視覚処理が強い場合には，写真やイラストにして見せながら言葉で説明するなど，視覚的手がかりを用いながら伝えるとよいでしょう。絵カードの活用も考えられます。また，カルタや絵本などを使った言葉遊びで，語彙を広げたり，言葉の意味や使い方について確認する機会を設け，絵や写真，シンボルによってすぐに気持ちが伝えられるように準備しておくとよいでしょう。

② WISC-Ⅳのおもな用語

知覚推理指標 (Perceptual Reasoning Index; PRI)

用語解説

　知覚推理指標 (PRI) は，言語によらない (非言語) 情報を知覚したり，状況を推理したり，空間を把握したりする能力である。非言語性の流動性推理能力，つまり状況を把握する能力ともいえる。

※WISC-Ⅴ (2021年度発売予定) では，知覚推理指標 (PRI) は，CHC理論の広範的能力であるGv (視覚処理) とGf(流動性推理)に相当する。

〔引用参考文献〕プリフィテラら著，上野ら訳 (2012)

保護者向けの説明例

　WISC-Ⅳの「知覚推理」指標は，見たものを理解する，あるいは場の状況や関係の理解をする力です。それを元に，予測や推理をする力も含めます。

【知覚推理の能力が強い子どもの学校生活】

　周囲の状況をよく見て次の作業を推測できるので，先生に言われなくても取り組めることが多いでしょう。独力でわからないときでも，図表や絵で示されると理解しやすいと思います。また，言葉の学習や，理科・社会等の概念の学習では，マインドマップや概念マップを活用することで，言葉と言葉の繋がりを全体的にとらえながら理解することができるでしょう。

【知覚推理の能力が弱い子どもの学校生活】

　授業中に状況が把握できなかったり，「自分なりに考えよう」というあいまいな指示では何をしたらよいかわからなくなってしまうため，一見すると消極的にみえたり，不真面目だと誤解されることもあります。書字や描画，計算や筆算，地図や図形の読み取りが苦手になることも多くみられます。方向や場所の見当をつけることが苦手なので，物の管理がうまくできないことや，状況が読めずにその場に合った行動がとれないことも多くなります。

　知覚推理が弱くても言語理解力が強い場合には，支援として言語で説明してあげるとよいです。例えば漢字の練習では，見本を見て書かせるだけでなく，「漢字書き歌」にしてあげる方法があります。状況説明や作業の指示をするときには，言葉にして聞かせる，あるいは文字で示すと理解しやすくなります。一連の流れを見せながら，言葉で解説してくれる動画を用いることも効果的でしょう。

ワーキングメモリー指標 （Working Memory Index; WMI）

▶ **用語解説**

　WISC-Ⅳで測定するワーキングメモリー指標とは，聴覚的，音声的な情報，エピソードなどを一時的に保持することにより，二つの作業を同時に行う力や，注意を保持して集中して考えをコントロールできる能力といえる。

　なお，一般的なワーキングメモリーの概念は，聴覚的ワーキングメモリーだけでなく，視覚的ワーキングメモリーもある。

〔引用参考文献〕プリフィテラら著，上野ら訳（2012）

▶ **保護者向けの説明例**

　WISC-Ⅳのワーキングメモリー指標は，聴覚的な情報を脳の中にいったん留めながら操作する力を測っています。ワーキングメモリーは，作動記憶あるいは作業記憶とも呼ばれ，「心のメモ帳」「脳の作業台」と言われることもあります。学校生活では，先生の話を聞いていっとき覚えておくなど，学習の際に重要な力です。

【ワーキングメモリーの能力が強い子どもの学校生活】

　先生から複数の指示を出されたときにも，その情報を整理してしばらく覚えておくことができるでしょう。

【ワーキングメモリーの能力が弱い子どもの学校生活】

　複数の指示を出されると，頭の中がフリーズしてしまい，どれか一つしかやり遂げられない，またはどれも中途半端のまま進まないという状況になりがちです。

　支援として，指示を伝える際には一つに絞り，本人の理解しやすい指示の出し方にするとスムーズに行動ができるでしょう。お子さん自身で課題に取り組む際にも一つずつ取り組めるよう，作業を小分けにする，忘れても見直しができるようにスケジュールや作業内容を掲示しておく，などの環境調整をサポートしましょう。

　また，お子さんがデジタル機器を使える場合には，スケジュールや作業工程，「やることリスト」などのツールを活用できるよう教えるとよいでしょう。このようにすれば，何をするかをお子さん自身が目で見て確認できますし，アラーム機能を使って予定を忘れないようにするなどの自己管理も身につくでしょう。

❷ WISC-Ⅳのおもな用語

処理速度指標 (Processing Speed Index; PSI)

▶ 用語解説

　処理速度指標 (PSI) は，子どもが視覚情報を素早く正確に読み込み，処理する能力のことである。新しい情報の理解や把握の能力，視覚的短期記憶や注意，視覚−運動の協応の指標でもある。

〔引用参考文献〕プリフィテラら著，上野ら訳（2012）

▶ 保護者向けの説明例

　WISC-Ⅳの「処理速度」指標は，見たものを正確に速く処理する力を測ります。書き写す，見比べてチェックするなど，比較的単純な作業に集中して取り組むために重要な力です。

【処理速度の能力が強い子どもの学校生活】

　比較的シンプルな課題にすばやく取り組み，効率よく完了することができるでしょう。書類の作成など事務的な作業も得意なほうだと考えられます。また，これが強すぎると考える前に行動してしまうということもあります。

【処理速度の能力が弱い子どもの学校生活】

　黒板の文字を素早くノートに書き写したり，漢字の書き取り練習などを大量に繰り返すことに苦痛を感じます。処理速度への支援として，提示する量を減らす，書き写す代わりに黒板の写真を撮る，授業を録音する，課題に取り組む時間の延長などの合理的配慮などがあげられます。また，1人1台端末の場合は，キーボード等での入力によって代替することも合理的配慮となるでしょう。

　目で見て探すことが苦手な場合は，「いつも同じ場所に物を片づけること」といった環境の調整を行うとよいでしょう。

　文字の読みに困難がある場合は，その子どもにとって読みやすいフォントを使ったり，読むところを強調したり表示するツール（リーディングトラッカーやリーディングルーラーなど）を使用すると読みやすくなる可能性があります。

　また，お子さんが意欲をもてるように，提示する文章の目的や意味を先に伝えておく，提示する内容を覚えやすいようにリズムや抑揚をつけながら読み上げる，といった支援が役立つ場合もあります。

※WISC-Ⅳの処理速度 (PSI) は，CHCモデルの認知的処理速度 (Gs) に相当するものです。

ICT 機器を活用した支援とフィードバック

永田 真吾（山梨大学准教授）

「GIGA スクール構想の実現」（文部科学省,2019）により，「ICT 機器は教師がおもに用いる教具から学習者が主体的に用いる文具」という考え方へと変化し，特別な教育ニーズのある子どもにも ICT 機器の効果的な使用が求められています。

知能検査結果がその要請に応えられるでしょう。例えば,認知処理過程（⇒180ページ）の「入力」に焦点を当てた場合，文字情報の入力がむずかしい読字が苦手な子どもには，DAISY やデジタル教科書，端末自体の音声読み上げ機能の活用を考えます。同時に，VCI ／ Gc と WMI ／ Gsm が強いかどうかについても考慮します。「出力」に焦点を当てた場合，書字が困難な子どもには，キーボード入力か音声入力により，文字に変換するという代替手段が考えられます。前者を選択するとき，PSI がキーボード入力の速さと関係してきます。読みの困難が書きの困難の要因である場合は，キーボード入力を最初の手段にすることがむずかしくなるため，音声入力から始めるとよいかもしれません。知的障害がある場合にはシンボルや絵，写真を用いた VOCA（Voice Output Communication Aids）の使用も考えられます。このように，本人の認知処理様式と得意・不得意の能力を考慮に入れながら ICT 機器の活用法を考えていく必要があります。特に，読み書き困難に対する支援には，読む・書くという学習手段の習得のみにとらわれず，手段の習得の先にある知識・概念の獲得や表現という高次の目標のための方略も考えていくことが重要です。

また，動画配信を手段とした学習は，すべての子どもたちにとって有効な手段だといえます。WMI /Gsm が低い子にとっては，動画を何度も見返したり，字幕や台本を読んだりできるでしょう。e ラーニング（コースウェアによるオンライン学習）では，習得状況によって学習内容を自由に選択できる場合もありますし，繰り返し学習が可能ですので，Glr が高い子も低い子にも非常に強力なツールとなり得ます。画面上の物をドラッグ＆ドロップするなど操作しながら学べるものや，問題解決のヒントや動画解説が用意されているものもあります。記憶や注意を支援する todo リスト，アラーム，ログアプリの活用も，学校や日常生活を支えてくれるでしょう。ICT 機器というと視覚情報の活用が強調されやすいですが，録音機能のあるメモ・ノートアプリやポッドキャスト・ネットラジオ，音楽など聴覚情報を活用するための機能やコンテンツもあるので，子どもの認知面に合わせて活用することが求められます。

現在は AR（拡張現実）や VR（仮想現実）を用いたアプリや学習環境の開発が進められており，学びの方法も多様なものとなっていくことでしょう。この学びの多様さが，子どもの認知能力の多様さを支えてくれることと思います。何より，1 人 1 台タブレット端末時代の到来によって，ICT 機器を活用した支援が円滑に進むことを願ってやみません。

③ CHC 理論のおもな用語

流動性推理 (fluid intelligence；Gf) KABC-Ⅱでは fluid reasoning

▶ 用語解説

　流動性推理 (Gf) は，応用力や推理力を用いて新しい状況を把握し，柔軟に問題解決を行う能力のこと。これまで直面したことのない新奇場面での判断や解決などの知的活動をいう。

　これには，パターン同士の関係を把握したり，未来を推理したり，課題解決するために情報を再構成化したりする能力，さらに，帰納や演繹などの能力も含まれる。結晶性知能 (Gc) と対をなす概念である。

〔引用参考文献〕カウフマンら著，藤田ら訳編 (2013)，フラナガンら編，上野ら監訳 (2014)

▶ 保護者向けの説明例

　「流動性推理」は，推理力や判断力を用いて，新しい状況に対して問題解決をしたりする力のことです。初めての場面や困惑する場面でも，状況を把握して，どうすればよい結果になるかを予測し，効率的に行動するために重要な力です。

【流動性推理が強い子どもの学校生活】

　先生が簡単な指示を出しただけでも自分なりのやり方を見つけて進めていき，途中で修正することができる場合もあります。

【流動性推理が弱い子どもの学校生活】

　新しい場面や課題に直面したときに，どのように解決していったらよいかとまどいます。また，先の見通しを推測してどのように進めていけばよいかわからなくなってしまいます。そのため，初めて行う課題に取り組めない，あるいは困っていても SOS の出し方がわからずに立ち往生してしまうことが多くなります。

　支援としては，「きちんとやって」などといったあいまいで抽象的な提示ではなく，「10 分たったら机を後ろに動かして，ぞうきんで床をふく」というように，お子さんの理解度に基づき，具体的な言葉かけをするとよいでしょう。

　学習では問題解決のための方略や考え方の枠組みを教える必要があります。ものごとの考え方や情報を整理するために，図式化して一緒にノートに書いたりする方法（グラフィックオーガナイザー）も活用できます。

結晶性能力 (crystallized intelligence ; Gc)　KABC-Ⅱ では crystallized ability

用語解説

　結晶性能力 (Gc)は，その人が過去に獲得した知識の幅と深さ，その知識の効果的な適用の能力を表す。Gcには，宣言的 (静的)知識と手続き的 (動的)知識の二つが含まれる。宣言的知識には，事実，情報，概念，ルールなどがあり，それらは本来言語性のものである。手続き的 (動的)知識は，手順や工程などの動的な知識である。これを言いかえると，結晶性能力 (Gc)は，語彙や社会事象などの静的な知識と，作業手順 (例：大工仕事や料理などの動的な知識)から成る。一定年齢まで知識や作業の内容が深まっていくものといえる。

　長期記憶と検索 (Glr)との違いは，長期記憶と検索 (Glr)は情報や知識を検索・想起する能力であるのに対し，結晶性能力 (Gc)は知識や情報の幅と深さといえる。

〔引用参考文献〕カウフマンら著，藤田ら訳編 (2013)，フラナガンら編，上野ら監訳 (2014)

保護者向けの説明例

　「結晶性能力」は，人がこれまでに習得した知識の量と，それを使いこなす能力のことです。知識には，作業などの手順に関する知識も含まれます。過去に見聞きしたり体験したりした知識が結晶のように集積されることで，言葉でのやりとりがうまくなったり，もっている技術が磨かれたりしていきます。すると，人生経験とともに，その人の知識や技術に幅や深さが出てきます。例えるならば，結晶性能力とは，その人の人生の辞書・事典のようなものでしょう。探したい言葉をスムーズに見つけるために，付箋を貼ったりするのと同様に，自分が見つけやすい方法を探すとよいでしょう。

【結晶性能力が強い子どもの学校生活】

　読み書きや計算などの学習を積み上げて，年々学習の習得が進んでいき，過去に学んだことを生かすことができます。さらに，新たな学習の内容に入る前に既習事項を思い出すことで，より豊かな概念を習得することができるでしょう。

【結晶性能力が弱い子どもの学校生活】

　すでに習ったことを利用しながら，学習や作業をすることがむずかしいと思われます。支援として，学習したことを遡れるように，質問タイムを設ける，ヒントカードを利用するなどの方法をとってみましょう。不足している知識を補うことにつながります。

　また，新しい知識を覚える際は，お子さんの得意な学習方法 (同時処理・継次処理，あるいは視覚・聴覚などの感覚) を用いて，記憶の定着を図るとよいでしょう。

3 CHC 理論のおもな用語

視覚処理（visual-spatial abilities；Gv）

▶ 用語解説

　視覚処理 (Gv)は，視覚的に提示された刺激やパターンを知覚したり，操作・認識・分析したりして，それをもとに思考する能力である。心的回転 (頭の中で知覚した情報をさまざまなパターンに組み合わせたりすること)の能力も含まれている。

〔引用参考文献〕カウフマンら著，藤田ら訳編（2013），フラナガンら編，上野ら監訳（2014）

▶ 保護者向けの説明例

　「視覚処理」能力は，目で情報をとらえ，イメージを頭の中で操作・分析したりする力のことです。文字を識別したり，模様のまとまりに気づいたり，頭の中で地図や物の形を回転させたりするなどのために重要な力です。

【視覚処理が強い子どもの学校生活】
　黒板での板書，図表や写真など視覚的に提示された情報や教材を好んで取り組み，覚えることができます。そのため，デジタル教科書や視覚的に示す学習アプリなどを活用することで個別学習がしやすくなるでしょう。

【視覚処理が弱い子どもの学校生活】
　黒板の板書や書字，地図や図表の読み取り，見えていない部分を補って全体像をとらえるのがむずかしい場合があります。その結果，行動が消極的にみえたり，移動や片づけの際にウロウロして注意されてしまうといったこともあるでしょう。
　支援としては，周囲の人の表情や動きに注目させてヒントにしたり，言語能力が高い場合には状況を説明してあげたりするなど，お子さんが理解しやすい方法で状況を言葉にして解説してあげると，安心して行動できるでしょう。

短期記憶 (short-term memory；Gsm)

◗ 用語解説

　短期記憶 (Gsm) は，情報を瞬時に認識・反応し，取り込み，保ち，そして数秒以内に
それらを使用する能力である。それは限界容量のあるシステムで，このシステム内で一時
的に情報を保持することができる。

〔引用参考文献〕カウフマンら著，藤田ら訳編（2013），フラナガンら編，上野ら監訳（2014）

◗ 保護者向けの説明例

　「短期記憶」は，情報を一時的に保持する能力のことです。話に出てきた数字やキーワード
などの短いフレーズを，忘れないように頭の中にとどめ，そのままぱっと取り出して使うこ
とができる能力を指します。

　生活においては，例えば，頼まれた買物の商品名を一時的に覚えておく，パソコン操作中
に認証コードを入力するために一時的に覚えておく，伝言をする，といった場面に必要な力
です。

【短期記憶が強い子どもの学校生活】

　先生から指示されたことを容易に記憶できるので，比較的速やかに取りかかることができ
ます。

【短期記憶が弱い子どもの学校生活】

　先生から指示されたことを記憶しにくいため，課題をやり遂げられないことが多くなりま
す。指示されたことの内容はイメージできても，具体的なことが思い出せずにストレスを感
じることもあるでしょう。

　支援としては，指示や説明は短く伝える，漏れや抜けがないかを確認できるように持ち物
リストや作業手順を掲示する，お子さん自身が付箋やメモを活用できるように教えるなど，
見える形で具体的に提示するとよいです。

　授業を録画し，さらに先生の話したことを即時に文字にするアプリ（Word のディクテー
ション機能など）を活用すると聞き逃しても安心です。

③ CHC 理論のおもな用語

長期記憶と検索 (long-term acquisition and retrieval ; Glr)

▶ 用語解説

長期記憶と検索 (Glr) とは，学習した情報を記憶・保持し，貯蔵するとともに，新しい，もしくは以前に獲得した情報 (例：名前，アイテム，概念，考えなど) を長期記憶から検索する能力である。創造性と関係があるとされており，アイデアを生み出す力や発想・連想の流暢性にも関係があるとされている。

〔引用参考文献〕カウフマンら著，藤田ら訳編 (2013)，フラナガンら編，上野ら監訳 (2014)

▶ 保護者向けの説明例

「長期記憶と検索」は，記憶力とそれを引き出す力のことです。何を覚えているかよりも，記憶をしたり思い出したりする能力そのものを指します。人は覚えたことを忘れないように，頭の中で情報を音や文字，イメージなど，本人が扱いやすい形に変換します。また，そうして覚えた情報のすべてまたは一部を，適切なタイミングで引き出します。これは，これまでに頭の中に蓄積した学習や経験を組み合わせて，新しいアイデアや手順を考えるために重要な力です。

【長期記憶と検索が強い子どもの学校生活】

これまで覚えてきた学習の内容を着実に積み重ねており，つまずきが少ないか，もしくはつまずいているところが明確で，苦手なところを集中的に努力することでカバーできます。このようなお子さんは，ドリル学習することも効果的でしょう。

【長期記憶と検索が弱い子どもの学校生活】

新しく知識を覚える，あるいは覚えたことを思い出すことが苦手なため，学業不振につながることがあります。支援として，お子さんの認知特性に応じて，覚える量や内容をよく選ぶ，習ったことを覚えていられるうちに復習するなどが考えられます。

ただし，繰り返しが効果的ではないお子さんもいます。その場合は，同じ，もしくは類似のカテゴリをまとめて学習する，すでに知っている知識と関連づけるなど，お子さんの「好きなこと，得意なこと」と結びつけて意欲を高めていくことが大切です。

また，言葉から調べたり，画像から調べたりできる検索機能を用いることで，「あ，そうだった！」と気づきながら学習できる環境があることも大事です。

読み書き能力 (reading and writing skills；Grw)

▶ 用語解説

読み書き能力 (Grw) は，読みと書きの能力である。言葉や文字の読み書きに加えて，文章を読んだり理解したりする能力と，文章を書いたり構成したりする能力も含んでいる。

〔引用参考文献〕カウフマンら著，藤田ら訳編（2013）

▶ 保護者向けの説明例

「読み書き能力」は，文字や漢字を読む力，文章を読解する力，文字や漢字を書いたり，文を構成する力のことです。本を読んで内容を理解したり，テストの答案をスムーズに書いたり，伝えたいことを作文に書いたりするために重要な力です。

なお，KABC-Ⅱの習得度検査には，読み尺度と書き尺度があります。そちらは能力というよりも基礎的学力とみなして，読み書きそれぞれの習得度を測定したものになります。

【読み書き能力が強い子どもの学校生活】

自ら好んで読書ができ，漢字練習や作文に取り組むことができます。国語の音読なども自信をもって行えます。こうしたお子さんには，図書室などを利用してたくさんの本に触れさせてあげるとよいでしょう。

【読み書き能力が弱い子どもの学校生活】

国語に限らず，文章で提示されている教科学習全般でつまずくことが多くなります。本人が現在到達している読み書きのレベルを把握することが重要です。

例えば，ひらがな 50 音の読み書きは習得しているが，特殊音節の読みでつまずきがあるなど，学習の達成度を KABC-Ⅱなどの検査で大まかに測ります。KABC-Ⅱだけではわからない苦戦があるかもしれませんので，あわせて別の検査で読み書き能力をアセスメントする必要性も検討するとよいでしょう。お子さんにとって学びやすい方策を選んで習得していくようにしましょう。

読み書きに苦手意識が強い場合には，かるた，すごろく，絵日記など，遊びや生活の中で楽しく教えてあげると，文字や文章に興味をもちやすくなります。

それでも習得が困難な場合や高学年以上の場合には，自尊心を損なわないように，実態に応じて自動読み上げソフトなどの代替手段を柔軟に検討しましょう。

③ CHC 理論のおもな用語

量的知識 (quantitative knowledge；Gq)

▶ 用語解説

量的知識 (Gq) は，個人が獲得した算数・数学的知識を測定している (カウフマンら，2013)。KABC-Ⅱでは「数的推論」と「計算」で測定されるが，算数・数学的な知識・計算方法の手順などの能力といえる。

フラナガン (2013) によると，数的なシンボルを操作する能力をいい，Gqは算数や数学の学力検査で測られる。

▶ 保護者向けの説明例

「量的知識」は，算数・数学的な知識や推論，計算の手順などに関する力のことです。学校の教科としての算数・数学だけでなく，買い物をしたときにレジでだいたいお金をいくら出せばよいかなど，生活上の課題解決にも算数（数学）の知識は重要です。

【量的知識が強い子どもの学校生活】

日常生活においては合理的に行動する，論理的に考えて素早く行動することが得意です。算数や数学の習得がスムーズであり，成績にも結びつきやすいでしょう。

【量的知識が弱い子どもの学校生活】

さまざまな場面で損得の判断がむずかしく，目の前のことにとらわれやすい傾向がみられます。学習面では，算数や数学が苦手教科になりがちです。

学習の支援として，お子さんが現在到達しているレベルに立ち返って教材を用意し，本人にとって理解しやすい方策で習得しやすくするとよいでしょう。苦手意識が強い場合，大人と一緒に，生活場面で計算を役立てていくと，お子さんも興味をもちやすくなります。

例えば，果物やお菓子の分け方など，お子さんが興味を示すことから始め，気温の変化，時刻表を活用した電車の乗りかえ方，小遣い管理の方法など，徐々に高度なものに取り組んでいく方法をおすすめします。

それでも習得が困難な場合や年齢が高い場合には，自尊心を損なわないように柔軟に対応を模索し，電卓使用などの現実的な代替手段も検討しましょう。

認知総合尺度

▶ 用語解説

　認知総合尺度とは，KABC-Ⅱの認知検査であり，継次，同時，学習，計画の四つの尺度を総合したものである。認知総合尺度の値（標準得点）は，全般的な認知能力の水準を測定する数値であり，知能指数（IQ）に相当するものといえる。

〔引用参考文献〕カウフマンら著，藤田ら訳編（2013）

▶ 保護者向けの説明例

　KABC-Ⅱの「認知総合尺度」は，教科学習のみならず生活全般にかかわる知的活動全般の能力で，見聞きしたり体験したりしたことから，知識や技能（スキル）を獲得するための能力を総合的に示すものです。子どもが目や耳，手などの感覚器官から取り込んだ情報を，脳で情報処理し，新しい知識や技術として使うために重要な力です。

　支援としては，下位尺度である継次処理と同時処理のどちらが得意かによって，お子さんに合った指導方略を考えるヒントとすることができます。また，学習尺度や計画尺度が高い場合は，それらの能力を活用した学習方法を検討します。

【認知総合能力が強い子どもの学校生活】

　見たり聞いたりしたことを素早く理解し，状況を把握したうえで行動できます。

【認知総合能力が弱い子どもの学校生活】

　学習面や行動面でさまざまな苦戦を強いられます。どうすればよいかを考えるにあたっては，認知総合尺度だけで判断するのではなく，後述する各尺度で，お子さんの得意な能力，不得意な能力を理解してあげることが大切です。そのうえで，得意な能力を使って学習に取り組み，不得意な能力については，どのようにサポートすればよいかを，教師と保護者が一緒に考えていくとよいでしょう。

❹ KABC- Ⅱ のおもな用語

継次尺度

▶ 用語解説

継次尺度は，提示された情報や刺激を一つずつ，順番に取り入れ，時間の流れにそって段階的に処理する能力を測定するものである。情報の種類は視覚的・聴覚的など，さまざまな感受様式がある。

〔引用参考文献〕カウフマンら著，藤田ら訳編（2013）

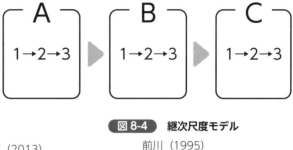

図 8-4 **継次尺度モデル**

前川（1995）

▶ 保護者向けの説明例

KABC- Ⅱ の継次尺度で測定される「継次処理」能力は，情報を，一つずつ，順番に，時間の流れにそって，部分から全体へと処理していく力のことです。次ページの「同時処理」能力とは対をなす能力です。

例えば，旅行先では，地図で場所を把握するよりも，地図アプリの音声案内を聞きながら目的地に向かうことが得意なタイプです。

【継次処理能力が強い子どもの学校生活】

同時処理と比べて，継次処理の能力が強いお子さんには，その能力を生かして学べるように支援しましょう。部分から全体へと，段階を踏んで教えるようにするのです。

おもに聴覚的・言語的，時間的・分析的な手がかりを活用します。例えば，説明の際に「最初に……」「次に……」「最後に……」など順序を表すキーワードを使ったり，数字で表して伝えることを心がけるとよいでしょう。

新しい文字を教える際は，「1．2．3……」などと筆順や画数を重視する，「ヨコ，タテ，真ん中から下のほうにグルーン」などと，文字の形や鉛筆の動きを言語化する，「トメル，ハネル」など，より細部の練習から始めるなどの方法があります。

同時尺度

◗ 用語解説

同時尺度は，全体的に提示される情報のパターンを知覚し，それを記憶し，操作したり，推理したり，提示された複数の情報を全体的・空間的に処理する能力を測定するものである。同時処理は，右図のように，複数の情報を関連づけて一つの全体に統合する能力ともいえる。

〔引用参考文献〕カウフマンら著，藤田ら訳編（2013），
カウフマンら著，藤田ら監修（2014）

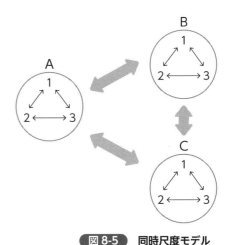

図 8-5 同時尺度モデル

前川（1995）を藤田改変（2019）

◗ 保護者向けの説明例

KABC-Ⅱの同時尺度で測定される「同時処理」能力は，複数の情報を，関連性に注目して，全体的に処理するというように，全体から部分へと理解していく力のことです。前ページで説明した，一つ一つの刺激の順序性を重視する「継次処理」とは対をなす能力です。

例えば，旅行先では，現在地と目的地の位置関係が把握できたら，途中の細かい経路は視覚的に把握しながら目的地にたどり着けるタイプです。

【同時処理能力が強い子どもの学校生活】

継次処理と比べて，同時処理能力が強い子どもは，その能力を生かして学べるように支援しましょう。

支援としては，視覚的・運動的，空間的・統合的な手がかりを活用します。例えば，説明の際にはゴールや全体像を先に示してあげる，情報は小出しにせず一つのまとまりとして見せる，関連性に注目した教え方をするなどを心がけるのです。

新しい文字を教える際には，イラストを示しながら「ありの，あ」「あひるの，あ」と意味のある言葉と関連づけて覚える，五十音の中から「お」「め」など形が似ている文字を見つけて比較するなどの方法があります。

手先が不器用でなければ，漢字カードを用意し，偏と旁の境目をハサミで切り分けるなど，動作を加えるのもよい方法です。

④ KABC-Ⅱのおもな用語

計画尺度

▶ 用語解説

　計画尺度は，新たに提示された情報から，状況を把握し，パターンを見いだしたり，課題を解決する方略を予測したりする能力，および推理能力を測定するものである。状況に応じた問題解決能力ともいえる。仮説を設定する能力，モニタリング能力，思考の柔軟性，衝動のコントロールの能力も関係する。

〔引用参考文献〕カウフマンら著，藤田ら訳編（2013），カウフマンら著，藤田ら監修（2014）

▶ 保護者向けの説明例

　KABC-Ⅱの「計画能力」は，現在の状況がこれからどのようになっていくかを推理・予想して見通しを立て，自分をコントロールしながら課題を解決していく能力のことです。新しい場面や困った場面に出合ったときに，問題解決の適切な方法を考え，自分の行動を選択・実行するために大切な力です。やがて，その実行が適切に行われているかどうかを自分自身でチェックする力にもつながっていきます。この能力は，検査では5歳以下では測定するのはむずかしく，6歳以上が測定の対象になります。

【計画能力が強い子どもの学校生活】

　自分で学習や行動の計画を進められるので，自立している傾向があります。「自分で考えて進めよう」と指示することで，お子さんは自分なりにものごとを計画して進められ，さらに自信がもてるようになるでしょう。計画能力が強くてもうまく使えていない場合には，質問することで，得意な計画能力を生かして学べるように支援しましょう。「そうするとどうなるかな？」と予想させたり，「どうすれば上手にできるかな？」と分析させたり，「ここまでの出来は何点かな？」などと振り返る機会を設けることで，お子さん自身でよりよい方法を選べるようにしましょう。

【計画能力が弱い子どもの学校生活】

　ものごとを要領よく進められずに課題の取り組みが遅れたり，次に何の行動をするかで立ち往生したりします。例えば，小学校高学年になっても朝の支度に一つ一つ迷って時間がかかりすぎ，家族から叱責されるといったことです。周囲の理解が得られないと，自信喪失などの二次的な問題にもつながりやすいといえます。

　継次処理が強い子どもには「どんなやり方をしていましたか？」「何か違う方法はありますか？」と段階的に学習方法を考えさせる発問をしましょう。同時処理が強い子どもには，「今日の学習目標は？」「どんなやり方が効果的だと思いますか？」と全体的・総合的に学習の仕方をたずねてみましょう。

学習尺度

▶ 用語解説

　学習尺度は，新たな情報を効率的に記銘し，それを保持・想起する能力を測定するものである。新たな情報を記憶・保持するにあたり，視覚・聴覚・運動など複数の感覚を用いた対連合学習（対連合記憶）に焦点を当てて測定する。この能力は，検査を受けた人の認知処理様式（同時処理か継次処理）や計画能力とも関係する。

〔引用参考文献〕カウフマンら著，藤田ら訳編（2013），カウフマンら著，藤田ら監修（2014）

▶ 保護者向けの説明例

　KABC-Ⅱの「学習能力」は，新しいことを効率よく記憶し，忘れずに覚えておいて，あとから必要なときに思い出す力のことです。見聞きしたものや体験から得た多くの知識を，いつでも使えるようにしておくために重要な力です。

【学習能力が強い子どもの学校生活】

　以前に学習したことを覚えているので，着実に学習や行動を積み重ねることができます。一つの教え方（覚え方）にこだわらず，視聴覚教材を用いたり，声に出したり体を動かしたりと，お子さんの得意な感覚を複数用いると，記憶が定着しやすくなる場合があります。

　例えば書字の支援では，書きながら読み上げる，机に指で書く，腕を使って空中に空書きする，リズムをつけて声に出すなど，いくつかの感覚を同時に使用するワーク（多感覚学習）を導入してもよいでしょう。お子さんの特性や理解力に応じた教材の工夫や配慮をすることで，学習能力がさらに引き出されます。

【学習能力が弱い子どもの学校生活】

　記憶や学習が定着しにくく，学業不振につながることがあります。支援として，継次・同時どちらか得意な方略で教える，忘れる前に復習する，確認ミニテストなどで定着できるようにすることなどで補うことができます。

　学習能力が弱い子どもは，得意な認知能力（継次処理，または同時処理）を生かして学習できるように支援しましょう。継次処理が強い子どもには，記憶力を補うために段階的な学習法であるドリル学習や，予行練習をして学ぶ（リハーサル）が有用です。同時処理が強い子どもには，まずは全体を大きくとらえる体制化を行うと，学習や記憶がしやすくなるでしょう。

4 KABC-Ⅱのおもな用語

習得総合尺度

▶ 用語解説

　習得総合尺度は，KABC-Ⅱの習得検査であり，語彙，読み，書き，算数という四つの尺度で示された習得度を総合した能力を測定するものである。その人の知識や技能の習得している水準を示しているともいえる。

〔引用参考文献〕カウフマンら著，藤田ら訳編（2013）

▶ 保護者向けの説明例

　KABC-Ⅱの「習得総合尺度」は，読み，書き，語彙，算数の下位尺度を総合的に測定するものです。すべての教科学習の土台となる基礎学力がどのくらい身についているか，同年齢の平均と比べてどの位置にあるかがわかりますし，その子どもの得意・不得意がわかります。

　お子さんが聞いて理解したり話したりできる言葉の量，文字（ひらがな，カタカナ，漢字など）や文章の読み書きの習得度，計算スキルや算数の文章題の理解度など，お子さんの得意な分野と苦手な分野，あるいは未習得の分野を把握することができます。現状の把握が，学習支援の第一歩になります。

【習得総合能力が強い子どもの学校生活】

　基礎学力が身についているため，教科学習の成績もよいと思います。「学習面は問題ない」と即断せずに，下位尺度である語彙・読み・書き・算数の各尺度の得意・不得意をみてみましょう。認知総合尺度と比較して習得総合尺度が高い場合は，本人が無理をしていないか，アンバランスはないかなど総合的に考える必要があります。

【習得総合能力が弱い子どもの学校生活】

　基礎学力が身についていないため，教科学習の成績が伸び悩んでいます。支援として，学習意欲を高めるためにも，お子さんの得意な認知能力を生かすアプローチを使いながら教えましょう。全体的に低いのか，下位尺度である読み，書き，語彙，算数のいずれかが極端に低いのかによって，支援が違ってくるため，ほかのアセスメントも用いながら支援をしていきます。

　認知総合尺度と比較して習得総合尺度が低い場合には，今の指導方法や日ごろのかかわりが，お子さんに合っていない可能性も考えられます。例えば，同時処理能力が強い場合には，漢字練習の際，文字の書き順やトメ，ハネなど，部分にこだわった教え方をしていないかなど，指導方法やかかわり方を見直してみましょう。

「田中ビネー知能検査V」の特徴と検査からわかること

　田中ビネー知能検査Vは，2歳から成人を対象としていますが，幼児や児童の個別式知能検査として，比較的多く活用されています。

● 知能のとらえ方の特徴

　ウェクスラー式の知能検査やKABC-Ⅱとの大きな違いは，田中ビネー知能検査Vは，子どもの知能を各因子に分かれた個々の能力の集合ととらえずに，「一つの統一体」としてとらえているところにあります。

　ここでいう「知能」とは，記憶力や弁別力，推理力など「さまざまな能力の基礎になる精神機能」を意味し，この検査結果は，子どもの基礎的な能力を把握するのに役立ちます。知的発達の遅速をトータルにとらえたい場合に活用されることが多いものです。

● 子どもの実生活に即した問題構成

　幼児の場合，乗り物の玩具や積み木のほか，日常生活で身近に接する物などを用いて検査に対する興味関心をひき，実生活に即した問題内容で構成されていることも，この検査の特徴の一つです。

　13歳までの問題は，各年齢級とも同年齢の子どものおよそ55〜75%までが合格できる内容で構成されていて，難易度順に並んでいるため，知的水準（精神年齢）が何歳程度かを推定することができます。

　さらに，実施したときの実際の年齢（生活年齢）をもとに割り出された知能指数（比率IQ　平均100）を求めることができます。

　検査は通常，子どもの生活年齢の問題から始めますが，合格できない問題があった場合には一つ下の年齢の問題を実施していき，すべて合格した問題の年齢の一つ上の年齢を「基底年齢」と呼びます。この基底年齢が生活年齢よりも大幅に下回った場合には，発達の遅れや偏りを考える必要があります。問題は子どもがすべて不合格する年齢級まで実施します。

　実施した年齢級の範囲が非常に多い場合，各能力に偏りが考えられますから，その場合には精神年齢よりもその子が合格した問題や不合格だった問題がどのような力を測っているかを確認し，その子の現在の得意・不得意に着目することが支援に役立つのです。

　また，14歳以上では知能について年齢との関係だけではとらえられないため，知能を精神年齢ではなく，分析的に「偏差知能指数」として算出します。

● 観察から得られる支援の情報

　田中ビネー知能検査も，数値だけではなく，検査中の「行動観察」が支援に役立ちます。

　例えば, 具体物や絵などをもとに語彙力を測る問題では, 答えられた言葉の数だけでなく, 幼児語や幼児音がどの程度残っているか否かを観察することができます。

　また, 見本と同じように図形を描く課題では, クレヨンや鉛筆を持つ手と押さえる手の使い方がうまくいっているかは, お絵かきだけでなく, はさみなど道具全般の操作力をも推測する手がかりとなります。回答を2回以上する問題では, 慣れや練習効果が表れて上達がみられる子どもがいる一方で, 最初よりも雑になったり時間がかかったりする子どももいます。それらは, 活動に対する注意力や集中力が関係しているかもしれないという情報をもたらしてくれます。

　検査時間は1時間くらいですが, 就学前の子どもの中には集中が持続しにくい場合があります。離席の有無や身体の動きやすさ, 前半と後半の態度の違いや途中休憩を何回行ったか, などの情報も大事です。さまざまな用具を使用して行いますので, どのような用具に興味・関心が高かったかは, 療育や教育, 支援を行うときに大いに役立ちます。

〔本コラム　引用参考文献〕
田中教育研究所編, 杉原一昭・杉原隆監修, 中村淳子・大川一郎・野原理恵・芹澤奈菜美著 (2003). 田中ビネー知能検査Ⅴ理論マニュアル. 田研出版.

〔第8章　引用参考文献〕
・大六一志・前川久男 (2013). 知能. 藤永保 (監修). 最新心理学辞典. 平凡社. 518-521.
・大六一志 (2018). WISC-Ⅳ検査結果と発達支援実践の橋渡し：正しい理解と活用. LD研究. 27(2). 178-183.
・A・プリフィテラ, D・H・サクロフスキー, L・G・ワイス編集, 上野一彦監訳, 上野一彦・バーンズ亀山静子訳 (2012). WISC-Ⅳの臨床的利用と解釈. 日本文化科学社.
・Alan S. Kaufman & Nadeen L. Kaufman, 日本版KABC-Ⅱ制作委員会訳編, 藤田和弘・石隈利紀・青山真二・服部環・熊谷恵子・小野純平 (2013). 日本版KABC-Ⅱマニュアル. 丸善出版.
・Daun P.Flanagan, Vincent C.Alfonso編, 上野一彦・名越斉子監訳 (2013). エッセンシャルズ 新しいLDの判断. 日本文化科学社.
・Alan S. Kaufman, Elizabeth O. Lichtenberger, Elaine Fletcher-Janzen, Nadeen L.Kaufman 共著, 藤田和弘・石隈利紀・青山真二・服部環・熊谷恵子・小野純平監修 (2014). エッセンシャルズ KABC-Ⅱによる心理アセスメントの要点. 丸善出版.
・上野一彦・松田修・小林玄・木下智子 (2015). 日本版WISC-Ⅳによる発達障害のアセスメント. 日本文化科学社.
・小野純平・小林玄・原伸生・東原文子・星井純子編 (2017). 日本版KABC-Ⅱによる解釈の進め方と実践事例. 丸善出版.
・T.P.ホーガン著, 繁桝算男・椎名久美子・石垣琢麿訳 (2010). 心理テスト─理論と実践の架け橋─.培風館.
・松田修 (2015). WISC-Ⅳの解釈と報告で使う心理統計用語. 日本版WISC-Ⅳテクニカルレポート #12.
・藤田和弘監修, 熊谷恵子・熊上崇・小林玄編著 (2016). 長所活用型指導で子どもが変わるPart 5. 図書文化社.
・藤田和弘 (2019). 「継次処理」と「同時処理」学び方の2つのタイプ. 図書文化社.

フィードバックに関する研修プログラム

　本稿では，大学生・大学院生および心理職を対象とした，知能検査のフィードバックの理念と技法を身につけるための研修プログラム（試案）を紹介する。

　心理職は，職場で知能検査の実施やフィードバックを身につけるOn the job training だけでなく，学部・大学院や入職前の教育でフィードバックの理念と技法を体系的に身につけることが望ましい。子どもや保護者，支援者にとって，子ども理解を促し，チーム支援体制を形成するためのフィードバックをどのように行うか——これまで本書では，フィードバックの理念や倫理，検査結果報告書，アドバイスシート，面接技法，支援チームへの共有等について述べてきた。ここでは，本書をテキストとして使用し，心理職への研修プログラム，大学生・大学院生への教育プログラムを実践できるように4コマ分のプログラムを試作した。これを実施者ごとにアレンジして活用いただきたい。

◇**研修時期の目安**

〇**大学生・大学院生**——「心理的アセスメント」など知能検査を扱う講義で，アセスメント，　面接技法，知能検査の実施，採点，解釈方法について学んだ後。

〇**心理職**——入職前か入職後の「フィードバックに関する1日研修（全4コマ）」として。

1コマ目 フィードバックとは何か，何のために行うのか

　⇒本書の該当箇所：序章，第1章，第4章

　フィードバックの倫理・理念，研究動向を学ぶ。また，保護者や教員は知能検査のフィードバックをどのように受けとめるか，について考える。

1）導　入

　以下の二つをグループで発表し合い，研修のアイスブレイクとする。

書き込みシート（※紙面の都合上，シートのスペースは狭いが，実際は広げて使用する。以下同じ）

これまでのフィードバックの実践	
フィードバックは， なぜ，何のために行うのか	

2）展　開

① 　序章と第1章を読みながら，Popeの知能検査のフィードバックに関する倫理（⇒24ページ），Finnの協働的アセスメントの概要（⇒55ページ）を学ぶ。

② 　職域ごとの倫理規範やAPA，特別支援教育士などの倫理規範（⇒1章2節）を読み，フィードバックは「だれに，何のために，どのように」行うか，倫理・理念的な知識を習得する。

③ 　2コマ目への導入も兼ねて，保護者や教員等がどのようにフィードバックを受けとめるかを講義する。

　　特に，フィードバックを受けるにあたって，保護者には期待だけでなく不安や混乱などネガティブな感情が生起すること，そのために書面や面接が充実していれば，学校などとの情報共有がうまくいき，支援につながることを強調する。その際に，以下の図を用いて，視覚的にも理解する。

　・「はじめに」の「フィードバックと生涯発達支援」（⇒4ページ）
　・「フィードバックの構造」（⇒22ページ）
　・「知能検査結果のフィードバックを受けた保護者の思い・願い」（⇒10ページ）

2コマ目　報告書の書き方

⇒本書の該当箇所：第2章，第5章，第6章，第8章

　模擬ケースを用いて，報告書を作成する。

1）導　入

　第5章の検査前の相談，第2章2，3と第6章の報告書の書き方，および第8章の専門用語の説明の仕方を解説する。

　また，第8章の復習で，専門用語，例えばIQや信頼区間，各尺度をどのように子どもや保護者，教員等に書面で伝えるかを検討する。

2）報告書作成とグループワーク

　模擬ケース「和光太郎さん」の事例（⇒194ページ）を読み，与えられた情報の範囲内で，どのような子ども・家庭像かを検討するグループワークを行う。

　そして，「和光太郎さん」のWISC-ⅣとKABC-Ⅱの結果をみて，実際に報告書またはアドバイスシートを書いてみる（学習アドバイスシートの作成例については，196ページを参照）。

3）ディスカッション

①太郎さんの知的能力，認知の特徴，習得の特徴は？／②太郎さんの強み（strength）を生かすにはどのような支援が必要か／③太郎さんの心理面の状況と支援策

ヒント：継次処理のほうが同時処理より得意，ほかに強いところ（strength）を探す。

> **課題** あなたが，あけぼの市教育相談センターの町田先生だとして，模擬ケースで与えられた情報の範囲内で，WISC-Ⅳ，KABC-Ⅱの結果や，参考資料を参照し，心理検査の結果報告書，アドバイスシート，子どもへの説明レターを作成しなさい。

①通常の報告書面（学会推奨の様式），②アドバイスシート，③子どもへの説明レター

　大学生や大学院生の場合，この3種類の書面作成は宿題として，時間をかけて作成させる。指導者が添削を行うか，グループワークで読み合わせを行い，各自の作成した書面のよい点と課題を出し合う（シェアリング）。心理職の研修プログラムの場合は，模擬ケースの報告書作成を事前課題とする。この3種類の全部ではなく割り振りをしてもよい。各自が作成した報告書の読み合わせをグループで行い，まずはよく書けている点をほめ合い，書き方や表現方法を共有する。そのうえで「こう書けばもっとよくなる」というアドバイスを行う。

検討シート

グループの人の書いた報告書のよい点，わかりやすい点	
このように書くともっとわかりやすくなる，支援につながる	

3 コマ目　フィードバック面接

⇒本書の該当箇所：第2章，第6章

　フィードバック面接の手順の確認，面接のロールプレイを行う。

1）導　入

　第2章「フィードバック面接の手順」を復習する。40ページの「フィードバック面接手順リスト」を用いて，面接の進め方を計画しておく。また，フィードバック面接においても，通常のカウンセリング面接技法と同様に，話す量は「検査者2割，クライエント8割」を意識することを確認しておく。

2）モデリング：悪い面接，よい面接の実例

● 悪いフィードバック面接の例

　「高校1年生ユウタさん」の学習アドバイスシートの例（⇒89〜91ページ）を使用して，以下のような一方的なフィードバックの例を示す。

「KABC-Ⅱの結果を説明します。認知総合尺度，これはIQに相当する数値です。お子さんは，認知総合尺度が78ですので，平均より下ということになります。信頼区間は73から84です。次に認知特性についてです。同時処理尺度が90，継次処理尺度が82で，同時処理尺度が高いので，お子さんの場合，全体的・視覚的に情報を提示するほうが得意といえます。継次処理が低いですが気にすることはありません。学習尺度が比較的高いですので，一度記憶すると忘れづらいです。学校の先生に説明するときは，同時処理が優位なので，それを配慮してもらうとよいと思います」

● よいフィードバック面接の例

よい例のモデルとして「高校1年生のユウタさん」の面接の実際（⇒94ページ）を提示し，その後，子どもへのフィードバック面接のポイントを解説する。「まず，講師が検査者役になり，受講者のだれかにユウタ役になってもらい，ユウタさんとの面接でのやりとりを声に出して演じます。その後，役割を交代して演じてみましょう」。

3）ロールプレイ

模擬ケース「和光太郎さん（中学校3年男子）の心理検査について」（⇒194ページ）を用いて，2コマ目で作成した報告書を用いながら，5〜10分程度のフィードバック面接を行う。3〜4人で1組となり，検査者役，和光太郎さん役，父親役，母親役を決める。順番を交代しながら，それぞれの役を経験する。

4）シェアリング

グループ内で，「検査者役はどう感じたか」「子ども役・保護者役はどのように感じたか」を話し合う。それをグループごとに発表し，指導者は黒板などにまとめていき，フィードバック面接で大切な点を受講者の言葉を用いながら要約する。

ロールプレイ振り返りシート

検査者役はどう感じたか	
子ども役はどう感じたか	
父親役はどう感じたか	
母親役はどう感じたか	

4コマ目　支援チーム会議での情報共有

⇒本書の該当箇所：第3章，第7章7節

チーム支援の基礎と情報共有のあり方，実践例からチーム支援の実際を学ぶ。

1）導　入

第3章で，検査結果のフィードバックのチーム支援への貢献と情報共有について押さえ，

第7章の7節の実践例でフィードバックを生かしたチーム支援の実際について解説する。心理職の研修の場合は，現場において，チーム支援会議で知能検査のフィードバックを行ったことがあるか，その状況についてグループで対話をする。

2）モデリング　悪い情報共有・よい情報共有の実例

●悪い情報共有の例

特別支援教育コーディネーター：和光太郎さんのチーム支援会議を行います。参加者は（中略）です。知能検査結果について，教育相談センターからご報告をお願いします。

検査者：本日はKABC-Ⅱの結果を説明します。認知総合尺度，これはIQに相当する数値です。お子さんは，認知総合尺度が90ですので，平均より下ということになります。信頼区間は85から95です。次に，認知特性について説明しますね。お子さんの場合は，同時処理尺度が100，継次処理尺度が85で，同時処理尺度が高いので，お子さんの場合，全体的，視覚的に情報を提示するほうが得意といえます。

●よい情報共有の例（※以下はあくまで例なのでアレンジしてほしい）

検査者：こちらのアドバイスシートをごらんください，どのように思われますか？

教　　員：同時処理尺度が高いですね。

検査者：そうです。同時処理尺度というのは，例えてみると，目的地に行くときに，ナビのように段階的に教示するよりも，地図のように位置関係がひと目でとらえられるようなものがわかりやすいです。太郎さんは，いかがですか？

保護者：そういえば，図工の制作は，すごく得意で，いつまでも家でやっているんですよ。

教　　員：たしかに，太郎さんは，美術の時間の制作はいきいきとしていますね。逆に数学で計算操作など段階的に教えているときは，集中できずにつらそうにしているときがあります。

検査者：親御さんや先生からみてもそうなのですね。太郎さんの得意なやり方は「同時処理」を生かした学び方のようですね。では，今後どのように支援していけばよいでしょうか？

教　　員：数学などを教えていくときに，全体図を作って，計算の仕方などを教えるのがよいかもしれませんね。逆に順序立てて説明すると，授業以外でもとまどってしまうので，予定表なども図にしてみるといいかもしれません。

保護者：私もついつい，言葉だけで説明しようとして，わかっていないとしかってしまうことがあるので……図や絵にして説明すればわかりやすいのかもしれませんね。

検査者：とても大切なことに気づかれましたね。そのような方針で，チームとして太郎さんの特性を把握し，その特徴を生かして指導や支援ができるとよいですね。

3）ロールプレイ

　和光太郎さんの事例（⇒194ページ）から，検査者役，子ども役，保護者役，教員役（例：担任，校長，特別支援教育コーディネーター）を決め，役割を変えながらチーム支援会議を行う。特に教員役は，検査者に心理検査結果の詳しい説明を求め，具体的な支援策について意見交換を行う。

4）シェアリング

　子どもの立場，保護者の立場，教員の立場ではどう受けとめたかを話し合う。
　よいチーム支援体制となるための説明や話し合いの仕方についても話し合いたい。

チーム支援会議でのフィードバック振り返りシート

検査者役はどう感じたか	
保護者役はどう感じたか	
教員（特別支援教育コーディネーター）役はどう感じたか	
教員（管理職）役はどう感じたか	
教員（担任）役はどう感じたか	

5）4コマ目の最後のまとめ

　本研修を終えるにあたり，受講前と後ではフィードバックに関して意識がどう変化したか，技法を身につけることができたか，レポートを作成したり発表したりする。

研修振り返りシート

受講前と受講後での意識の変化はどのようなものか	
今後のフィードバックについての考え，計画など	

● 筆者の実践例から

　著者は，大学における公認心理師の科目「心理的アセスメント」で，本プログラムを用いて，フィードバックの理念と技法を教えている。その際の学生・大学院生の様子は，報告書作成についてはみな苦労していたが，学生同士で読み合わせや相互批評を行うことにより，自発的にお互いのよいところを発見し，自分でも取り入れようとしていた。模擬ケースを用いたフィードバック面接やチーム支援会議のロールプレイも，学生たちは意欲的に，時に笑顔を交えて取り組んでいた。

　ロールプレイの際に，検査者役を行った大学生・大学院生からは，説明過多になってしまったことや，専門用語を説明しきれないもどかしさを感じていることがシェアされた。また，子ども役，保護者役，教員役も，それぞれの立場にたってどのような面接や報告書がよいのかを議論することができた。

　講義後のレポートでは，「子どもや保護者，教員等の支援チームには，わかりやすいフィードバック（面接・報告書）に加えて，よいよりチーム体制を構築するコーディネート能力が大切である」といった感想がみられた。このような体験的な研修プログラムの実施により，心理職をめざす大学生・大学院生や現職者が，フィードバックの理念と技法を実際的・体系的に学ぶ機会を増やすことができると思われる。

和光太郎さん（中学校3年・男子）の心理検査について

あけぼの市教育相談センター（仮称）

① 和光太郎さんは，中学校2年生の5月ごろから不登校傾向にある。

② 家庭は，父（和光一郎），母（和光紀子），妹（小学6年生，和光桃子）の4人家族。父親は都市部の企業に勤務しており，朝は7時に家を出て夜は22時ごろ帰宅することが多い。母親は民間企業で働いており，7時半に家を出て18時ごろに帰宅する。妹は，ぜんそくの持病があり，病気がちで学校も休むことが多い。

　　そのため，太郎さんは，父母がいないときに妹のぐあいが悪くなると，病院に連れて行ったり，食事を食べさせたりしていた。経済的には，特に問題はない。

③ 太郎さんの性格は，他人にはやさしくておとなしく，あまり活発なほうではない。人のことが気になりやすい。勉強については，小学校まで成績は中位であったが，中学に入ってからは特に数学がむずかしくなった。

　　最初はがんばっていたが，ある日，数学の授業で黒板を書き写すのが遅いことから課題が提出できないことがあった。その際,先生に「まじめにやりなさい」と，みんなの前で言われ,級友にも,「ちゃんとやれよ」と言われたのがきっかけで，学校に行きづらくなった。

④ 学校を休みがちの太郎さんに対して父親は，「どうして行けないんだ」と責めた。父親は母親に対して「きちんと指導しろ」と言い，母親も父親に，「もっと太郎とかかわってほしい」と言い返すなど，太郎さんの不登校を機に，夫婦間で言い争いになることが増えてきた。

　　父母ともに，「このままでは太郎さんにとっても，家族にとってもよくない」と考え，家族会議を開き，あけぼの市教育センターに相談に行くことにした。

⑤ 相談を受けたあけぼの市立教育センターの臨床心理士・特別支援教育コーディネーターの町田良江先生は，父母や太郎さんの話をじっくりと傾聴し，その後，心理検査を提案した。

　　実施した検査は，以下の三つである。

a. 基本的な知的能力を把握するためのWISC-Ⅳ

b. 認知スタイルと学習面の習得度を測るKABC-Ⅱ

c. 心理面の検査であるSCT，バウムテスト

⑥ さらに町田先生は，巡回相談であけぼの中学校に出向いて，学級担任，校長先生，スクールカウンセラーらと面談をした。学級担任からは「太郎さんは授業中に集中力がなく，ノートもとらないし，最近ボーッとして，クラスで友達と話している様子も少ない。教師が声かけしてもあまり反応がない」との報告があった。

❶ WISC-Ⅳの結果

	合成得点	信頼区間(90%)
全検査IQ	93	88-90
言語理解	113	105-119
知覚推理	74	70-84
ワーキングメモリー	82	77-90
処理速度	107	98-114

	下位検査	評価点
言語理解	類似	11
	単語	11
	理解	15
	知識	11
	語の推理	11
知覚推理	積木模様	5
	絵の概念	6
	行列推理	7
	絵の完成	10
ワーキングメモリー	数唱	7
	語音整列	7
	算数	6
処理速度	符号	9
	記号探し	14
	絵の抹消	4

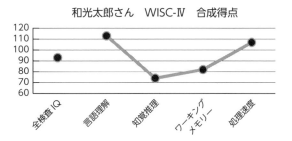

和光太郎さん　WISC-Ⅳ　合成得点

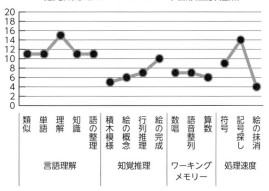

和光太郎さん　WISC-Ⅳ　下位検査評価点

❷ KABC-Ⅱの結果（カウフマンモデル）

	標準得点	信頼区間(90%)
認知総合尺度	91	86-96
継次尺度	112	105-118
同時尺度	88	80-97
計画尺度	75	68-85
学習尺度	94	86-102
習得総合尺度	87	84-91
語彙尺度	97	91-103
読み尺度	87	81-94
書き尺度	93	86-101
算数尺度	77	72-83

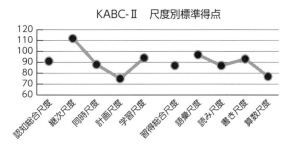

KABC-Ⅱ　尺度別標準得点

○ CHCモデル：CHC総合尺度88（84-93），長期記憶と検索94（86-102），短期記憶112（105-118），視覚処理90（82-100），流動性推理75（68-85），結晶性能力97（91-103），量的知識77（72-83），読み書き88（83-94）

❸ SCTとバウムテスト

SCT

子どものころ，私は	おとなしく，目立たないほうだったと思う
私はよく人から	ちゃんとやってない，なまけていると言われる
家の暮らし	お金の心配はない，妹が病気がちで心配している
私の失敗	授業でうまく答えられず，みんなに笑われたこと
家の人は私を	ちゃんとやってない，なまけてると思っている
私が得意なことは	あんまりない
私の父	家にあまりいないし，たまに会うとうるさい
私が嫌いなのは	父にきちんとやらないと高校に行けないと言われる
私のできないことは	いろいろ。勉強も最近できない
将来	不安。これから高校行けるのか

バウムテスト

あけぼの中学校3年生
和光 太郎 さん
〇年〇月〇日

学習アドバイスシート

あなたの KABC-Ⅱ検査結果から，まずあなたの「❶得意な学習方法」と「❷学習習得レベル」について，お伝えします。最後に「❸学習習得レベルアップ」につながるヒントをアドバイスします。今後の学習や生活にぜひ役立ててください。

❶ あなたの得意な学習方法は，継次処理 型 です！

あなたの場合，「継次処理」がやや高い結果でした。何かを学ぶとき，順序立てて，段階的に，部分に分けながら学ぶことが得意なようです。「学習」も高く，一度覚えたことは身につきます。逆に，「同時処理」「計画」が低いので，全体図を見て，予測して行動したり，数量でものごとをとらえることは苦手なようです。学習や作業に取り組むときは，一つ一つステップを細かく踏んで，手を使った作業をあわせるとよいでしょう。

（グラフ：継次　同時　計画　学習）

| 1 バットを軽く握る |
| 2 頭の位置を固定する |
| 3 ボールをよく見る |

「継次処理」型
一つ一つ段階を踏んで学び，順序立てて考えるのが得意。例：野球の場合，バッティングの動作ごとにポイントを書いたカードで確認する。

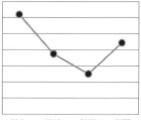

「同時処理」型
全体的に理解し，関連づけて考えるのが得意。例：野球の場合，動画でバッターの動作を見てから，バッティングのポイントを話し合う。

❷ あなたの学習習得レベルは

数学は文字式や正負の数，一次方程式までできています。
国語は読み・書きとも学年相当のレベルです。

数学は，計算は比較的身についていますが，文章題になると，理解がむずかしくなるようです。計算では，連立方程式や因数分解がこれからの課題ですが，なるべく段階的，部分的に学んでいくとよいでしょう。文章題を解くときには，文を区切って一つ一つステップを踏んでいきましょう。

（グラフ：語彙　読み　書き　算数（数学））

❸ 学習レベルをアップするためには，あなたの得意な学習方法と長所を生かしましょう！

あなたの得意な「継次処理」型を生かして，勉強や作業に取り組みましょう。継次処理型とは，段階的にスモールステップでものごとを理解する方法です。

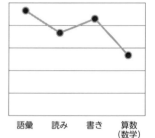

具体的には，学ぶときに「手順表」を作成し，書いてみましょう。問題の解き方を「①～，②～，③～，④～」のように表にするのです。あなたは記憶したり，手で作業する力は優れているので，手順表を書いて記憶したり，因数分解や連立方程式などの手順表をあらかじめ作っておくと，理解が進むと思います。数学だけでなく，日常の学校生活も手順表を活用し，手で作業をしながら知識を定着させるとよいでしょう。

知的能力は平均的ですが，数学が苦手で，真面目に取り組んでいないのではないかと誤解されることもあります。また，自信をなくしがちです。そんなときには，自分の特徴（得意・不得意）を理解し，周りの人に伝えられるように，先生や親と相談しましょう。最後に，あなたは礼儀正しく，あきらめない忍耐力があります。これは，何よりもすばらしいところです。あなたの長所を生かしつつ，さらに勉強や生活の問題を乗り越えていくためには，遠慮なく相談してみてください。

リポート作成者：茗荷谷教育センター　熊上　崇

フィードバック**Q&A**

**フィードバックの実施にあたり，
検査者自身が，心がけておくことは何ですか？**

フィードバックを行う検査者は，まず，現在の自分自身について，客観的に押さえておく必要があります。自分の価値観や考え方，感情，問題のとらえ方といった認知特性，検査実施やフィードバックなどのスキルレベルを知っておくことは，検査者として大事なことです。なぜなら，アセスメントのあり方だけでなく，検査者自身が子どもの援助資源になる可能性があり，保護者や子どもに影響を与えるからです。

検査者自身が自分を知るためには，「検査者自身の価値観や考え方のアセスメント」「検査者自身の子どもや教育に関する価値観や考え方のアセスメント」をすることです。そのうえで，援助者としてもちやすい堅い考え方（イラショナルビリーフ）を発見し，柔らかい考え方（ラショナルビリーフ）に修正していく必要もあるでしょう。フィードバックについては，自分の検査実施や報告書作成，フィードバックの経験や能力をアセスメントし，レベルアップを図っていくことが大切です。また，子どもとのかかわりの中で生かせるよう，自分の趣味や関心事を広げておくとよいでしょう。〔引用参考文献〕石隈利紀（1999）

知能検査の初心者です。毎回，結果の解釈に悩みます。報告書の作成やフィードバックも大変そうです。どのように行ったらよいでしょうか？

一人で完璧に行おうと力まないことが大切です。結果の解釈については，一つの検査からわかることの限界も考えて，相談内容（主訴）に応えるために必要な情報を集め，先輩などと相談しながらまとめましょう。まとめた資料と本書をもとに，個々の子どもの実態に合った報告書を作成し，フィードバック面接を実施してください。検査者の先輩や仲間と一緒に考えながら，よりよい支援方法を見いだしていってください。

フィードバック当日の準備のポイントは何ですか？

約束の時間と場所の確認をし，面接室の準備をしておきます。余裕をもって室温の調整や換気等，室内のセッティングをしておきます。使用する資料の再確認

をするときに，今回伝えたいポイント，協議したいことなどを中心に頭の中でシミュレーションをしておくと安心です。記録用の用紙を少し多めに準備しておくとよいでしょう。

 Q4 面接時の座席配置での配慮事項と工夫する点を教えてください

 A 面接の構成メンバーや人数によって異なりますが，保護者が1人で，検査者，学校関係者等の支援者が複数の場合には，保護者が不安に感じたり緊張感をもつことがないように，1人対複数人が向き合う座席配置は避けます。円卓がない場合は前後左右に顔が見えて，お互いにあまり近づきすぎないようにします。また，検査者が非公開のローデータを手元に置き下ばかり向いて話していては，相手に不安や不信感を与えてしまいます。穏やかな表情で相手の顔を見て話すようにしましょう。

 Q5 相手の緊張をほぐすための工夫を教えてください

 A 面接室への案内からフィードバックは始まっていると考えて，相手の緊張を和らげることが大切です。それには，いきなり検査の話題を出すのではなく，来所（来校）のお礼やねぎらい，今日の天気，最近の様子など，誠実な言葉遣いで和やかに語りかけます。話題については，相手に応じて事前に考えておくとよいでしょう。

Q6 保護者から，「下位検査名や下位検査の内容を詳しく教えてほしい」と言われた場合，どのように説明したらよいですか？

A 保護者の中には，「家庭で取り組んでいくために，わが子ができなかったことを具体的に知りたいので，下位検査やその内容を知りたい」という方もいるでしょう。このときのポイントは，下位検査の種類ややり方について教えるのではなく，下位検査の結果から導き出された子どもの強さや弱さを，実際の生活の中でイメージできるように伝えることです。実際の生活とつなげて報告するには，困ったときのエピソード，気になっていることを事前に把握しておく必要があります。そのうえで，実際の場面でありそうなこと，できそうなことを，具体的に説明するのです。

Q7 報告した検査結果（特に数値が低かった場合）に保護者が納得できず，気まずい雰囲気になった場合，どうしたらよいでしょう？

A 特に，保護者の予想よりも低い数値の場合には，落胆や時には検査方法等に対する不信や不満の気持ちが生まれることもあります。この場合，「今回の結果が子ど

もの力のすべてを表しているのではなく，現在の苦戦状況の背景となっている可能性があるため，周囲の支援者が子どもの特徴を共有して，今できる配慮や支援をしていきたい」という意図をしっかりと伝えることが大事です。そのうえで，具体策を提案して話し合いを深めるよう努力しましょう。希望する配慮や支援内容，通級利用，または転学に関することなど，最終的に保護者が判断し，決定することになります。

Q8 保護者が特別支援学級に否定的なイメージをもっている場合，どのように対応したらよいでしょうか？

A 保護者が特別支援学級のどのようなことに否定的なイメージをもっているのかを，具体的に話してもらうようにします。例えば「仲よくしていた友達と学校が離れてしまうため，交流がなくなってしまうのでは」「学習内容がやさしすぎて年齢に応じた刺激やよいモデルがなくなってしまうのでは」「将来の進路の選択肢が少なくなるのでは」などのさまざまな不安から，肯定的なイメージがもてない場合があります。

　保護者が抱く不安の背景には，情報不足や誤解があるかもしれません。まず，保護者の気持ちに寄り添いながら，正しい情報を提供することが必要になります。それには，検査者自身が特別支援に関する正しい認識・広い情報をもち，保護者の不安に応えられるように備えることが大切です。

Q9 検査中に，ほかの障害や疾病が疑われる様子が観察された場合には，率直に伝えたほうがよいでしょうか？

A 心理職は，今回の検査結果や検査中の行動観察を中心に話を進めていきます。ほかの障害や疾病が疑われるような様子が観察された場合，緊急性が高いと判断されたときは，適切な根拠が必要です。また，今後の受診の必要性を感じたときに，医療機関へ情報提供をする場合があります。ただし，個人の判断ではなく，保護者，スーパーバイザー，検査実施機関の責任者に報告・相談をし，慎重に行わなければいけません。

Q10 面接中，保護者自身の悩みも話題になってしまった場合，どのように対応すればよいでしょうか？

A 保護者に寄り添い，日ごろの努力や苦労をねぎらうことは大事です。
　保護者の状況が子どもの現在の苦戦状態に影響を与えている可能性が否定できない場合，保護者の負担にならない提案をすることも必要です。

※知能検査のフィードバックは，基本的に子どもの支援を考える面談であることを押さえたうえで，保護者のカウンセリングニーズが強い場合は，別な相談の場を紹介します。

子どもにフィードバック面接を行う際，気をつけることは何ですか？

A 　まず，その子どもの年齢や理解力に応じた言葉や表現を用いることが大事です。そのうえで，その子が「今困っていること」に応えられるように報告や提案をすることです。数値にとらわれずに「私（僕）のやり方が見つかった」「やってみよう。やってみたい」と思えるような説明を心がけ，「うまくいった」「こうすればできる」と思ってもらえるように手助けしていく姿勢をもち続けたいものです。

 子ども本人には数値を言ってはいけないのですか？

A 　本人の年齢や理解状況によりますが，保護者と同じように本人に伝えることもあります。保護者の希望を聞いて判断します。
　子どもの得意・不得意がはっきりしている場合に，フィードバックシートの折れ線グラフには，正確な数値を記載しない場合でも，同年齢との比較で平均ラインを入れておくと目安になります。「子どもが数値だけにとらわれず，自分の特徴を肯定的にとらえられるような伝え方は何か」を考えて，わかりやすい言葉で説明しましょう。

 面談終了時のあいさつの仕方は？

A 　特に決まりはありませんが，報告を聞いてくださり，これからの支援についての話し合いに協力してくださったことへの感謝に加え，これからも共に協力していきたい旨を伝えるとよいでしょう。

 フィードバックをしたら，そこで終了ですか？

A 　いいえ。その結果がどのように生かされたかどうか，さらに子どもの成長とともに，新たな課題が生じていないかを把握したいものです。検査者の立場上，なかなか実現できない場合もあるのですが，本人や保護者との再面接がかなわない場合でも，関係者との連携ができる環境づくりを，ぜひ行ってほしいと思います。

〔Q&A　引用参考文献〕
・石隈利紀（1999）．学校心理学―教師・スクールカウンセラー・保護者のチームによる心理教育的援助サービス―．誠信書房．

不測の事態時にできるサポートとは

星井 純子

2020年，新型コロナウィルス感染症の世界的な大流行により，私たちは「家にいること」を余儀なくされました。終わりがみえない休校に加え，行動や生活にも制限が増え，子どもたちのストレスの問題が取り上げられました。一方，保護者も，子育てと仕事とのバランスが崩れてしまうなど，さまざまな問題が浮上しました。

緊急事態宣言下では知能検査は実施できなかったケースが多いと思います。また，宣言解除後も，接触を避けるために結果のフィードバックが対面でできないケースは今後も出てくるかもしれません。学校関係者の場合，受検した子ども・保護者のカウンセリングニーズに応え，状況への対処の提案，家庭生活や親子関係の悩みを一緒に考える場面も出てくる可能性があります。感染症の流行による休校の場合，子どもの心の安定を図るため，初期に大切な2点を保護者に提案するとよいでしょう。その後，保護者の取り組みの確認や相談の継続ができればよいでしょう。

① 子どもに感染症のことを簡潔に教える。ネットニュースやテレビ番組等の中には過剰に不安をあおる表現や誤情報もあるため，情報をうのみにしないことも伝える。

② 子ども自身ができること，するべきことを感染防止と家庭生活・学習の二つの面から教え，家族での話し合いを促す。保護者の仕事の関係など大人の事情も簡潔に伝える。

感染症や予防法について保護者が子どもに説明する場合，視覚処理能力が高い子どもには，シンプルなイラストを使いイメージをもたせて行う方法があります。家庭での過ごし方については，継次処理が強い子どもの日程表は一列に表した時間軸を用いて，すべきことに番号をつけ，終わったときに一つずつチェックする方法があります。同時処理が強い子どもには予定を細かく分類せずに，午前・午後など半日単位で過ごせるよう見通しをもたせる工夫等の提案が考えられます。また，「この時間お母さんとお父さんはPCでお仕事，〇〇さんは宿題プリントNo.3をやる」という各人のスケジュールを言語やイラスト，表など子どもの得意な方法を用いた伝え方の提案など，家族全員が見通しをもてる工夫の提案も考えられます。

不測の事態時，特に子どもに発達の課題がある保護者の不安は大きくなります。このとき，「一緒に乗りきりましょう」と声をかけ，保護者と一緒にアイデアを出し合い，信頼できる情報の中から子どもの認知特性や性格，家庭環境に応じて選択できるとよいでしょう。これらを通して，安心して生活できるようサポートしていくことが大切です。

あとがき

　本書をお読みいただき，「思い描いた内容と違う！」と感じたところはありましたか。「そうそう，そのとおり」と思った方もいらっしゃるでしょうか。読後の感想には，みなさまがもつ心理検査，特に知能検査に対するイメージが影響しているかもしれません。例えば，「フィードバックは，いかにわかりやすく結果を説明するかが最も重要だ」と考えていた方は，本書で扱うテーマの多さにとまどわれたかもしれません。

　ここで強調したいのは，「心理職が行うフィードバックはすべて，クライエントの日常と生涯発達を支援するプロセスである」ということです。この視点に立てば，知能検査のフィードバックは「事務的な説明作業」にはけっしてなりません。知能検査のフィードバックは，応用技術であるがゆえに心理職同士でも誤解や齟齬が生じやすいものであり，時代の変化や新たな検査法の開発とともに変わる可能性があります。本書をマニュアルととらえずに，ご自身の気づきと信念を大切にしながら，フィードバック技術を築いていっていただければと思います。もちろん私自身も研鑽に努めます。

　ところで，本書と並行して編著者３名が制作した本があります。熊上崇・星井純子・熊上藤子（2020）『子どもの心理検査・知能検査──保護者と先生のための100％活用ブック』（合同出版）です。こちらはおもに保護者向けの内容です。保護者は，ネットを通じて専門知識に触れています。SNSでは，知能検査を受検した本人や保護者が不安を書きこんだり，つぶやきを契機にコミュニティが作られ，情報交換しながら励まし合ったりする展開もみられます。保護者もサポートや説明を「受ける」ことで終わらせずに，自ら情報をつかみ子どもの支援を「作り出す」ことができる時代といえます。そこで，保護者が読んで理解できる本が必要と考えました。心理職のみなさまには，保護者とのパートナーシップを築くヒントとして参考にしていただければと思います。

　最後に，後藤勝弘先生，坂内仁先生，安井安希子先生，松山光生先生，奥脇学様には，本書の分担執筆を快諾していただきました。「子どもの支援につながる」フィードバックという切り口から，先進的で多様な実践報告を寄せていただきました。また，永田真吾先生には，第８章「用語解説」の全文について多様な角度からの検証とICT機器を用いた支援をご提案いただきました。共編著者の星井純子先生には，私の拙い原稿にも必ずねぎらいと誉め言葉を添えながら導いていただきました。熊上家の娘たちは，オンラインでもオフラインでも「じゅんこ先生」に会えるのを楽しみにしていました（いつも会議に割り込んでしまい，すみませんでした）。本書は多くの先生方のご協力と，子どもの支援に対する情熱に支えられながら誕生しました。心より感謝申し上げます。

熊上　藤子

あとがき

　読者の中には，本書を用い，検査法を学ばれた後の「フィードバック」について学修を深められた方，あるいは，これまでの実践を振り返り，それらを確認するために読み進められた心理職の方もいらっしゃると思います。お一人お一人にとって，どのような収穫があったでしょうか。

　本書は知能検査の結果の伝え方や報告書の書き方をまとめたものではありますが，「はじめに」で熊上崇氏が述べられているように，単にスキルの紹介や解説に留まらず，その理念・倫理をしっかりと押さえています。そして，今まさに苦戦しておられるお子さんや保護者，支援者など，支援チームのメンバーすべての方に役立つ「フィードバック」をめざすための一助にしていただきたいという編著者3人の切なる願いを込めて執筆してきました。

　近年，検査を実施する機関が増え，知能検査の受検者数も増えています。検査に対する偏見や過剰な期待は少なくなってきていますが，その一方で，アフターフォローも含めて検査結果の活用は，まだ十分ではないように感じます。お子さん一人一人異なる課題の解決や成長を支えるために，本書をぜひ日常的に参考にしていただきたいと思います。なぜなら私自身，少し慣れたころ壁にぶつかり，基本に戻る必要があったからです。

　本書の編集作業中は，世界中が新型コロナウィルス感染の危機の真っただ中にいました。だれもが不安を抱きながら生活をしているときに，小さな心を痛めているお子さんたちに，たとえわずかでもお役に立つことができることを願って本書をまとめました。打ち合わせが対面でできない日々が続きましたが，その間のメールは多い時で日に何度も往復し，最初は心配だった在宅オンライン会議にも慣れ，熊上氏のかわいいご家族ともすっかり顔なじみになってしまいました。

　読者の方には，目の前の検査結果だけでなく，その先を見る目をいつも持ち続け，永く本書をご活用いただけたらありがたく感じます。

　本書制作に際し，長年ご指導を賜りました藤田和弘先生，熊谷恵子先生に，監修を快くお引き受けいただきましたことを心より感謝申し上げます。また，日本版KABC-Ⅱ制作委員の石隈利紀先生，小野純平先生をはじめ，多くの方々からご助言をいただきました。改めて御礼申し上げます。図書文化社の渡辺佐恵様，フリー編集者の辻由紀子様には，私たちの及ばない視点などご助言と励ましをたくさんいただき，常に執筆をリードしてくださったことに感謝と敬意を表します。

星井 純子

　この本の編著者代表である熊上崇氏は，「検査はだれのためにあるのか」ということを問いかけ，本人の権利や自己理解のために，さまざまな工夫に挑戦してきました。

　知能検査の結果には，言語理解，知覚推理，継次・同時処理能力などの抽象的な概念を表す用語が多数存在します。それを本人や保護者にわかりやすく説明する，また，ある場面での具体的な行動に置きかえて説明することは，抽象的な概念の用語を100％イコールの平易な言葉にするのは，それほど簡単なことではありません。わかりやすい言葉や場面限定の行動などに置きかえた場合，その概念のすべてを説明できるわけではないこともあります。この本を監修しているときにも，どう言いかえたら適切な言葉になるのか，頭を抱え，書き直しを重ねたことがたくさんありました。

　検査実施者の所属する機関によっては，子どもの普段の様子を十分に把握できないまま上司からのオーダーで，検査を実施し，報告書を作成しなければいけない，ということも現実にはあるかと思います。しかし，検査報告書を受けた本人や保護者がその結果が「何を書いてあるのか，むずかしくてよくわかりません」と有効に活用できなくなることは，それだけ，受検者本人や保護者にとって，また検査者にとっても無駄な時間を割くことになってしまいます。そのようなことのないよう，検査実施者等が，受検者本人のこれからの人生に生かせる，より簡易な言葉や言い方を知識としてもストックし，使用できるようにしていくことが望まれます。本書における言い方の数々をぜひ参考にしていただきたいと思います。

　検査結果のフィードバックでは，得意なことばかりではなく，不得意なことも伝える必要があります。そのときに，得意＝よい，不得意＝悪いではなく，得意があれば不得意があり，不得意があれば得意があるという表裏の関係であることを伝えることが大切になります。検査者が「よい，悪い」の価値観を加えて説明するとなると，不得意の説明がしにくくなります。もちろん，子どもに説明する場合にわかりやすい「よい点（ところ）」などと説明することはあるかもしれません。しかし，だれでも「得意なところも不得意なところもあります」と前置きをし，「こういう不得意なことがあっても，こういうことはできますね」と言い方の順番を工夫する，不得意に関して「今から挑戦する課題」などと表現の仕方を工夫するといったことができると思います。

　私も，これまでいくつか失敗を重ねてきた者の一人です。本書をきっかけに，自分を含め，検査報告書やフィードバックの実施に関して，検査実施者，心理職としてさらに学習を深め，研修プログラムの確立も考えていく必要があると思っています。

熊谷　恵子

監修者紹介

藤田 和弘 (ふじた　かずひろ)

筑波大学名誉教授，吉備国際大学名誉教授。東京教育大学教育学部助手，筑波大学心身障害学系講師，助教授，教授，九州保健福祉大学教授，吉備国際大学学長を歴任。日本K-ABCアセスメント学会元理事長（現：常任理事）。日本LD学会名誉会員。S.E.N.S名誉会員。日本リハビリテーション連携科学学会名誉会員。著書：『日本版WISC-Ⅳ知能検査法』（共訳編著，日本文化科学社），『日本版KABC-Ⅱ心理・教育アセスメントバッテリー』（共訳編著，丸善出版），『長所活用型指導で子どもが変わるPart 1〜5』（共編著，監修，図書文化社），『「継次処理」と「同時処理」学び方の2つのタイプ』（図書文化社）など。

熊谷 恵子 (くまがい　けいこ)

筑波大学人間系教授。学校心理士SV，特別支援教育士SV，臨床心理士，言語聴覚士，公認心理師。日本LD学会監事。日本K-ABCアセスメント学会副理事長。教育心理学会・特殊教育学会・発達心理学会・心理学会・応用心理学会等会員。著書：『通常学級で役立つ　算数障害の理解と指導法』，特別支援教育で役立つシリーズ『たし算・ひき算の計算ドリル』『たし算・ひき算の文章題ドリル』『かけ算・わり算の計算と文章題のドリル』（以上，学研プラス）。『長所活用型指導で子どもが変わる』Part1〜5（図書文化社）。『アーレンシンドローム：光に鋭敏なために生きづらい子どもたち』（幻冬舎）。『ライフスキルを高める心理教育：高校・サポート校・特別支援学校での実践』（金子書房）ほか。

編著者紹介

熊上　崇（くまがみ　たかし）

執筆担当：序章1節，第1章，第2章4節，第4章，第6章，第7章3節，第8章，巻末1，COLUMN 2，7

和光大学現代人間学部心理教育学科教授。公認心理師。S.E.N.S-S.V。日本K-ABCアセスメント学会常任理事。家庭裁判所調査官として19年勤務し，立教大学助教を務めた後，現職。筑波大学大学院人間総合科学研究科生涯発達科学専攻修了，博士（リハビリテーション科学）。モットーは，「『元気の出るアセスメント』『意欲が高まるフィードバック』，社会に貢献する研究・実践をめざします」。著書『ケースで学ぶ司法犯罪心理学』（明石書店），『子どもの心理検査・知能検査−保護者と先生のための100％活用ブック』（合同出版）など。

星井　純子（ほしい　じゅんこ）

執筆担当：序章2節，第2章2節，第5章，第6章，第7章1節，巻末2，COLUMN 3，5，9，10

東京都内の巡回相談心理士，発達障害相談・療育センター相談員，東洋大学・東京成徳大学短期大学部非常勤講師等として教育機関や福祉機関の職に従事。公認心理師。臨床発達心理士。学校心理士。S.E.N.S-S.V。自閉症スペクトラム支援士。日本K-ABCアセスメント学会常任理事。日本特殊教育学会会員。日本LD学会会員。吉備国際大学大学院社会福祉学研究科修士課程修了，修士。東京都の小学校・特別支援学校を務めた後，現職。著書『日本版KABC-Ⅱによる解釈の進め方と実践事例』（丸善出版），『子どもの心理検査・知能検査−保護者と先生のための100％活用ブック』（合同出版）など。

熊上　藤子（くまがみ　ふじこ）

執筆担当：第2章1節・3節・4節，第3章，第7章5節・6節，第8章，COLUMN 4

㈱日本保育総合研究所 発達支援課。学校心理士。公認心理師。日本K-ABCアセスメント学会会員。日本保育学会会員。筑波大学大学院人間総合科学研究科生涯発達専攻博士前期課程修了，修士（カウンセリング）。千葉県および東京都内の小学校で講師やスクールカウンセラーを務めた後，現職。著書『子どもの心理検査・知能検査―保護者と先生のための100％活用ブック』（合同出版）など。

編集協力

永田　真吾（ながた　しんご）　　　　山梨大学准教授，日本K-ABCアセスメント学会理事・事務局次長

事例執筆　50音順

奥脇　学（おくわき　まなぶ）	有限会社奥進システム
後藤　勝弘（ごとう　かつひろ）	津市立南が丘中学校
坂内　仁（ばんない　ひとし）	北海道教育庁学校教育局特別支援教育課
松山　光生（まつやま　みつお）	九州保健福祉大学
安井　安希子（やすい　あきこ）	宮崎県立延岡しろやま支援学校

2021年12月現在

心理検査のフィードバック

2022年 2 月20日　初版第 1 刷発行 [検印省略]
2024年11月20日　初版第 7 刷発行

監修者	藤田和弘・熊谷恵子
編著者	熊上　崇・星井純子・熊上藤子ⓒ
発行人	則岡秀卓
発行所	株式会社 図書文化社
	〒112-0012 東京都文京区大塚 1-4-15
	電話 03-3943-2511　FAX 03-3943-2519
編集協力	辻由紀子
本文組版・装幀	株式会社 オセロ　熊谷有紗・吉成美佐
印刷所	株式会社 厚徳社
製本所	株式会社 村上製本所